本书系重庆大学学院科技创新专项"公益诉讼当事人适格与判决效力扩张研究"（项目号：106112016CDJSK080007）、重庆大学法学院2017年度院级教学改革研究项目"卓越法律人才分类培养机制研究"（编号：LAW201704）的阶段性研究成果。

重大法学文库

民事确定判决反射效力研究

The Reflective Effect of the Final and Binding Judgment

廖浩 著

中国社会科学出版社

图书在版编目（CIP）数据

民事确定判决反射效力研究／廖浩著．—北京：中国社会科学出版社，2018.3
（重大法学文库）
ISBN 978-7-5203-2292-8

Ⅰ.①民… Ⅱ.①廖… Ⅲ.①民事诉讼-审判-研究-中国 Ⅳ.①D925.118.24

中国版本图书馆 CIP 数据核字（2018）第 065191 号

出 版 人	赵剑英
责任编辑	梁剑琴
责任校对	周 昊
责任印制	李寡寡

出 版	中国社会科学出版社
社 址	北京鼓楼西大街甲 158 号
邮 编	100720
网 址	http://www.csspw.cn
发 行 部	010-84083685
门 市 部	010-84029450
经 销	新华书店及其他书店

印刷装订	北京君升印刷有限公司
版 次	2018 年 3 月第 1 版
印 次	2018 年 3 月第 1 次印刷

开 本	710×1000 1/16
印 张	12
插 页	2
字 数	200 千字
定 价	56.00 元

凡购买中国社会科学出版社图书，如有质量问题请与本社营销中心联系调换
电话：010-84083683

献给

父亲　廖军先生

母亲　王琴女士

Meinem Vater

Liao Jun，

meiner Mutter

Wang Qin

gewidmet.

出 版 寄 语

　　《重大法学文库》是在重庆大学法学院恢复成立十周年之际隆重面世的，首批于 2012 年 6 月推出了 10 部著作，约请重庆大学出版社编辑发行。2015 年 6 月在追思纪念重庆大学法学院创建七十年时推出了第二批12 部著作，约请法律出版社编辑发行。本次为第三批，推出了 20 本著作，约请中国社会科学出版社编辑发行。作为改革开放以来重庆大学法学教学及学科建设的亲历者，我应邀结合本丛书一、二批的作序感言，在此寄语表达对第三批丛书出版的祝贺和期许之意。

　　随着本套丛书的逐本翻开，蕴于文字中的法学研究思想花蕾徐徐展现在我们面前。它是近年来重庆大学法学学者治学的心血与奉献的累累成果之一。或许学界的评价会智者见智，但对我们而言，仍是辛勤劳作、潜心探求的学术结晶，依然值得珍视。

　　掩卷回眸，再次审视重大法学学科发展与水平提升的历程，油然而生的依然是"映日荷花别样红"的浓浓感怀。

　　1945 年抗日战争刚胜利之际，当时的国立重庆大学即成立了法学院。新中国成立之后的 1952 年院系调整期间，重庆大学法学院教师服从调配，成为创建西南政法学院的骨干师资力量。其后的 40 余年时间内，重庆大学法学专业和师资几乎为空白。

　　在 1976 年结束"文化大革命"并经过拨乱反正，国家进入了以经济建设为中心的改革开放新时期，我校于 1983 年在经济管理学科中首先开设了"经济法"课程，这成为我校法学学科的新发端。

　　1995 年，经学校筹备申请并获得教育部批准，重庆大学正式开设了经济法学本科专业并开始招生；1998 年教育部新颁布的专业目录将多个部门法学专业统一为"法学"本科专业名称至今。

1999 年我校即申报"环境与资源保护法学"硕士点，并于 2001 年获准设立并招生；这是我校历史上第一个可以培养硕士的法学学科。

值得特别强调的是，在校领导班子正确决策和法学界同仁大力支持下，经过校内法学专业教师们近三年的筹备，重庆大学于 2002 年 6 月 16 日恢复成立了法学院，并提出了立足校情求实开拓的近中期办院目标和发展规划。这为重庆大学法学学科奠定了坚实根基和发展土壤，具有我校法学学科建设的里程碑意义。

2005 年，我校适应国家经济社会发展与生态文明建设的需求，积极申报"环境资源与保护法学"博士学位授权点，成功获得国务院学位委员会批准。为此成就了如下第一：西部十二个省区市中当批次唯一申报成功的法学博士点；西部十二个省区市中第一个环境资源法博士学科；重庆大学博士学科中首次有了法学门类。

正是有以上的学术积淀和基础，随着重庆大学"985 工程"建设的推进，2010 年我校获准设立法学一级学科博士点，除已设立的环境与资源保护法学二级学科外，随即逐步开始在法学理论、宪法与行政法学、刑法学、民商法学、经济法学、国际法学、刑事诉讼法学、知识产权法学、法律史学等二级学科领域持续培养博士研究生。

抚今追昔，近二十年来，重庆大学法学学者心无旁骛地潜心教书育人，脚踏实地地钻研探索、团结互助、艰辛创业的桩桩场景和教学科研的累累硕果，仍然历历在目。它正孕育形成重大法学人的治学精神与求学风气，鼓舞和感召着一代又一代莘莘学子坚定地向前跋涉，去创造更多的闪光业绩。

眺望未来，重庆大学法学学者正在中国全面推进依法治国的时代使命召唤下，投身其中，锐意改革，持续创新，用智慧和汗水谱写努力创建一流法学学科、一流法学院的辉煌乐章，为培养高素质法律法学人才，建设社会主义法治国家继续踏实奋斗和奉献。

随着岁月流逝，本套丛书的幽幽书香会逐渐淡去，但是它承载的重庆大学法学学者的思想结晶会持续发光、完善和拓展开去，化作中国法学前进路上又一轮坚固的铺路石。

陈德敏

2017 年 4 月

目　　录

引言 ……………………………………………………………………（1）

第一章　反射效力的缘起 …………………………………………（3）

　第一节　关联纠纷中实体法上依存关系的解析 …………………（3）

　　一　保证合同的从属性 ………………………………………（3）

　　二　各连带债务人相互之间的关系 ……………………………（11）

　第二节　关联纠纷裁判矛盾在诉讼法上的肇因 …………………（44）

　　一　既判力相对性原则及其例外 ……………………………（44）

　　二　既判力相对性招致的实体法窘境 ………………………（46）

　　三　诉讼中事实认定的特质 …………………………………（48）

　第三节　规避或解决问题的途径试析 ……………………………（49）

　　一　诉讼主体规模的扩大 ……………………………………（49）

　　二　前诉预决效力范围的扩张 ………………………………（60）

　　三　前诉判决效力主观范围的扩张 …………………………（62）

第二章　反射效力理论的提出和发展 …………………………（64）

　第一节　反射效力理论的提出 ……………………………………（64）

　第二节　反射效力的构成要件效力说和附随效力说 ……………（66）

　第三节　反射效力与既判力作用的趋同理论 ……………………（75）

第三章　反射效力理论的检讨及重塑 …………………………（78）

　第一节　反射效力本质的既判力扩张说 …………………………（78）

　第二节　反射效力本质的既判力对第三人效力说 ………………（88）

　　第三节　反射效力本质的争点效扩及第三人说 …………………（92）

　　第四节　否定反射效或既判力扩张的观点 ………………………（99）

　　第五节　域外反射效力理论重塑的现状 …………………………（102）

　　第六节　司法实践领域对于反射效力理论的探讨 ………………（112）

　　　　一　反射效力或既判力扩张的实定法依据问题 ……………（112）

　　　　二　第三人与他人间判决内容欠缺权利关联性的示例 ……（115）

　　　　三　本章观点的归纳 …………………………………………（119）

第四章　具体关联纠纷中反射效力作用的分析 ……………………（121）

　　第一节　合伙责任纠纷中反射效力作用的分析 …………………（121）

　　第二节　保证纠纷中反射效力作用的分析 ………………………（131）

　　　　一　保证的从属性及其例外 …………………………………（131）

　　　　二　保证中反射效力态样——既判力扩张 …………………（134）

　　第三节　连带债务纠纷中反射效力作用的分析 …………………（138）

　　　　一　连带保证与连带债务的关系 ……………………………（138）

　　　　二　连带债务人构成共同诉讼的类型 ………………………（140）

　　　　三　连带债务人一人所受判决效力与其他债务人的关系 ……（143）

　　第四节　共有物返还纠纷中反射效力作用的分析 ………………（149）

　　　　一　我国实定法框架下的情况 ………………………………（149）

　　　　二　其他法域与学说的考察 …………………………………（156）

　　第五节　转租关系纠纷中反射效力作用的分析 …………………（160）

　　第六节　反射效力作用的事例类型归纳 …………………………（163）

第五章　结论 …………………………………………………………（168）

　　第一节　关联纠纷解决的恰当途径 ………………………………（168）

　　第二节　反射效力的性质 …………………………………………（171）

　　第三节　反射效力的作用范围 ……………………………………（173）

余论 ……………………………………………………………………（175）

参考文献 ………………………………………………………………（177）

后记 ……………………………………………………………………（181）

引　言

在一些民事诉讼案件类型中，如债权人起诉请求合伙组织履行债务、保证的主债权人起诉请求主债务人履行债务、存有转租关系的出租人起诉要求解除租赁合同、共有人中一人请求无权占有人返还共有物、连带债务的债权人起诉请求债务人中的一人履行债务，常常出现棘手问题。那就是，在这些案件类型中，当事人所获胜诉或者败诉的本案判决生效，如前诉中的当事人又对未实施诉讼的其他人提起诉讼或申请强制执行，其前诉判决之效力是否应当及于后诉的被告？兹以保证及连带债务关系诉讼为例，提出以下的问题：

例一：设有自然人乙向甲借款 300 万元，于借款合约订立之际，商请 A 担任保证人，A 表示同意。于是甲乙之间订立借贷合同，并将钱款按约定数目足额交付于乙；A 也与出贷人甲订立保证合同。不久，甲乙间借贷返还期限届满，乙无力偿还；于是甲以主债务人乙为被告，依借贷合同诉请乙返还借款，法院判决甲胜诉的判决生效后，因乙无资产可供执行，甲于是再以 A 为被告，依保证合同诉请 A 履行保证义务。在甲对 A 提起的后诉中，法院可否认定甲对乙的借贷关系不成立，进而根据"保证合同的从属性"认定甲、A 间的保证合同亦不存在，最终判决 A 无须对甲负担保之责？

例二：假设在例一中，法院在前诉中以甲对乙的借贷关系不成立为理由判决债权人甲败诉。在该判决生效后，在后诉（主债权人对保证人提起的诉讼）中，保证人能否援引法院在前诉中做出的"甲对乙的借贷关系不成立的判断"或由法院依职权根据前诉中甲对乙的借贷关系不成立的判断，按"保证合同的从属性"判决 A 无须对甲履行保证责任？

例三：债权人以连带债务人中一人为被告，请求其返还 5 万元连带债务，在诉讼中被告主张该笔借款已在诉讼外全部还清，法院认定双方系争债务已经清偿而消灭，因此判决驳回原告诉讼请求。判决生效后，原告债权人又向其他连带债务人请求履行同一笔连带债务。此时该其他连带债务人能否援引或由法院依职权采用前诉中的"债权人债权已经清偿而消灭"的判断？

例四：假设在例三中，如果前诉中主张连带债务人该笔借款已在诉讼外全部清偿，但法院认定该抗辩不存在，判决其败诉，则在后诉中债权人能否援引或由法院依职权采用"前诉中债权人债权存在"之判断？

从实体法和程序法的不同视角分析上述问题，可以得出饶有兴味的结论，并由此呈现民事判决反射效力理论的缘起。

第一章

反射效力的缘起

第一节 关联纠纷中实体法上依存关系的解析

在对上述设例进行深入解析之前，笔者还看到与上述设例相类似的存在实体法上依存关系的示例众多。典型示例包括：合伙债权人对合伙组织及合伙人之间的关系、复数连带债务人对主债权人之间的关系、承租人与转租人对出租人之间的关系、共有人与无权占有人之间的关系。笔者将上述情形中所发生的纠纷称为"关联纠纷"。在这些示例中同样也有上述示例中的疑问。作为诉讼法上分析的依据乃至于一般理解的前提，充分地探讨各种实体法律关系中所存在的彼此依存的关系具有重要的意义。为集中展示最为典型的实体法上依存关系现象，本书将讨论范围限定于保证关系和连带债务关系这两种关联纠纷的分析上。

一 保证合同的从属性

在对上述设例进行深入解析之前，需要充分理解民法上保证合同从属性的真实含义。民法上的保证合同具有从属性，其来自保护保证人的需求。债权人基于保证合同所能对保证人主张的权利的状态系依照主债务的状态而定。[1] 一般而言，保证合同是否存在、保证合同中所约定的保证责任的范围和数额等问题都是依照主合同而定。首先，保证以主合同中权利

---

[1] Vgl, Muenchener Kommentar zum BGB, 7. Auflage 2017, Habersack, BGB § 765 Rn. 61.

或义务关系的存在为前提。① 当然这样也有例外，《最高人民法院关于适用〈中华人民共和国担保法〉若干问题的解释》（以下简称《担保法解释》）即规定了主合同无效时保证人的责任。一般而言，理论上，如果主合同不复存在，则保证合同虽非无效，但因为保证标的不存在而失效，除非依据当事人约定的意思能够解释出其有对主合同所衍生的不当得利、返还或损坏赔偿请求权承担保证责任的意思，例如在格式保证合同或条款中记载"保证人对于因主合同解除、撤销、不当得利或其他类似原因所发生的债务承担保证责任"②。尤其是主合同是可归责于债务人的原因而出现效力瑕疵时，更容易认为保证合同有继续保持从属性的必要。例如，主合同因为债务人欠缺民事行为能力由效力待定状态到最终无效，③ 或者主合同债权人是因为欺诈而与债务人订立双务合同，主合同债权人发现后撤销该合同，使其无效。另外，如果保证人对合同履行有固有的经济利益，也可以做上述解释，使其对主合同所衍生的不当得利、返还或损坏赔偿请求权继续承担保证责任。例如有偿融资租赁、企业经营者与消费者之间订立分期付款买卖合同，有偿融资分期付款合同，因保证人能从主合同的履行中享有利益，那么在主合同不复存在时由其继续对主合同债务所衍生的债务承担保证责任，也不能谓有失公平。④ 在保证人针对主合同债务所衍生的债务承担保证责任的情形中，甚至包含保证人对因主合同约定违反公序良俗而无效所发生的不当得利返还请求权承担保证责任的情形；例如，主债权债务合同约定的利息远超当时的市场利息一倍，这时主债权债务合同约定因违反公序良俗而无效，而债权人已经给付的借贷本金则依不当得

---

① 因此，在主债权人对保证人提起的请求履行保证责任的诉讼中，对于被保证债权——主债权是否存在的主张及证明责任应依一般原则，亦即，依据相当于在债权人与债务人之间诉讼的证明责任分配基准为之（主张责任之分配依随证明责任的分配）。原则上债权人应主张并证明主债权债务关系成立的事实，反之，保证人应主张并证明主债务消灭、障碍、排除之事实。Vgl. Muenchener Kommentar zum BGB, 7.Auflage 2017, Habersack, BGB § 765 Rn.64。

② Vgl. Muenchener Kommentar zum BGB, 7.Auflage 2017, Habersack, BGB § 765, Rn. 62. 按照德国联邦最高法院的分析，保证人如为主合同债务人的朋友或亲戚，则在客观很可能具备这种意思。Vgl. BGH NJW 1987, 2076（2077）。

③ 德国州高等法院（科隆）一则裁判即针对该情形，具体可参见 OLG Köln OLGZ 1976, 329（331）= MDR 1976, 398。

④ Vgl, Muenchener Kommentar zum BGB, 7. Auflage 2017, Habersack, BGB § 765 Rn. 62; BGH NJW 1987, 2076（2077）．

利之规定需由债务人返还，在符合上述保证合同从属性仍然维持的情形中，保证人仍然应当对该不当得利返还义务承担担保责任。[1] 保证合同依赖于主合同之成立（成立上的从属性）也体现在：主合同债权债务关系因公法规定而不具有可诉性后，保证合同中的债务也与主合同债务一起沦为自然债务或不完全债务。[2]

其次，根据保证合同的从属性原理，保证的范围、数额原则上不得超出主合同债权债务关系的范围、数额。尽管在某些情况下，超出的保证合同并非无效。依据实体法，合同等法律行为于其性质或数额上具有可分性者，其部分无效时，不影响其余部分的效力，除非当事人有相反的意思。进一步讲，如果保证合同所约定的保证责任的数额高于主合同债务的数额，那么超出的部分也并非无效。该结论的导出有赖于当事人在订立保证合同时的具体意思表示，亦即，如果保证人在订立保证合同时有"向主合同债权人赠与超出主合同债务额度的给付"的意思，那么该超出主合同债务部分的约定也能成立，只是这时构成的是赠与合同，而非保证合同。这种例外情况又例如，保证人在订立保证合同时有对"将来因主合同而发生的损害赔偿债务承担保证责任"的意思。在这种情况里，因损害赔偿请求系为填补损害，而非实现事前约定的合同给付义务，因此其范围数额有可能超出主合同债务部分。最为常见的情况就是因加害给付所导致的债务不履行责任，这相当于我国法律中的产品责任。这时债务人在履行合同时的不当行为不仅导致该给付损害合同债权人的受偿利益，也使得合同债务人的固有利益受到损害，这就超出了合同所约定的给付利益范围。在这一种例外情况下，保证人是对因主合同而发生的损害赔偿责任承担保证责任。

再次，保证合同的保证责任发生的条件，应高于主合同债务。例如，保证合同约定的履行期限比主合同的履行期限更早，那么该约定违反了保证的从属性原理。所以保证人只在主合同履行期限到来之后才需要承担保证责任。[3]

复次，主合同债权转移时，因为债权的从属性适用于债权人变更的情

---

① 比较法上的实例参见上述德国联邦最高法院民事庭第三庭 1987 年 2 月 12 日裁判（BGH NJW 1987, 2077）。

② 比较法上的实例，vgl. KG, Urteil vom 19. 3. 1956–4 U 2415/55。

③ 其他讨论，参见史尚宽《债法各论》，法律出版社 2000 年版，第 879 页。

形，原先的合同债权人对保证人依保证合同所享有的债权——保证债权也由新债权人行使。对此可区分债权人的概括继受（Gesamtrechtsnachfolge）与通常的债权转移分别讨论。前者的情形例如作为自然人的主合同债权人死亡，此时保证债权转移于继承人；如果继承人正是保证人，则保证债权因债权人与债务人身份发生混同而消灭；如果继承人正是债务人，则保证债务因主债权人消灭而消灭。① 如果是主合同债权全部或部分地被转移给第三人，那么保证合同债权也随之依法（ipso iure）转移给第三人，该第三人就成为保证合同的当事人和保证合同债权的债权人。② 在理论上，除保护保证人外，主合同债权的债权人与保证合同债权的债权人必须身份合一，这种"债权人身份同一"（Gläubigeridentität）的要求具有强制性，单独转让保证合同所发生的保证债权的行为无效。③ 其实，此种从属性同样意味着，主合同债权的债权人想单独转让债权而保留保证合同债权也是不可能的。例如根据《德国民法典》第399条、412条（准用第399条的规定）以及类推适用同法第1250条第2款（债权让与排除质权转移的，质权消灭），上述情况下应直接发生保证合同消灭的效果。④

最后，除上述各点以外，保证的从属性还体现在保证人对主合同债权人享有的抗辩手段（Einreden）也从属于主合同债务人上。依据保证从属性的意义与目的，既然主债务人有权对主债权人的给付请求提出抗辩、无须对主债权人履行，那么原则上保证人自然也不需要再对主合同债权人履行。⑤ 何况，从主合同债务人和保证人之间的关系看，主债权人在实现其权利方面对于主债务人所能享有的权益不能超出其对保证人所能享有的权

---

① 在比较法上，德国联邦最高法院认为，外国政府对债权进行无偿征收或国有化行为也引发概括继受，此时外国政府同时作为主合同债权人与保证债权人，保证债权债务关系不因此而消灭。但外国政府请求作为保证人的德国公民履行保证责任却可能因为违反本国公序良俗而遭驳回。Vgl. BGHZ 31, 168 = NJW 1960, 189（本案的例子即为因民主德国政府对作为法人的债权人进行国有化征收所引起的概括继受）；BGHZ 32, 97 = NJW 1960, 1052；BGHZ 104, 240 = NJW 1988, 2173。

② 域外有对此作明文规定的立法例。例如《德国民法典》第401条明确规定了担保债权之保证所生债权随从该债权而转移给新债权人，同法412条规定法定债权之转移也适用于这种情况。

③ 德国通说与实务见解。Vgl. BGHZ 115, 177（183）= NJW 1991, 3025；BGH NJW 1980, 1572（1573）；Muenchener Kommentar zum BGB, 7. Auflage 2017, Habersack, BGB § 765 Rn. 52。

④ Vgl. Muenchener Kommentar zum BGB, 7. Auflage 2017, Habersack, BGB § 765 Rn. 52a.

⑤ 参照德国联邦最高法院民事庭第七庭2009年2月12日裁判理由部分，vgl. BGHZ 179, 374 Rn. 9 = NJW 2009, 1664。

益。主合同与保证合同在成立、范围、幅度、发生条件、债权人变更方面具有从属性，必然意味着保证合同在权利实现方面也是从属于主合同的。例如，针对主合同债权发生权利消灭的事实（清偿、提存、免除等），则此类权利消灭事实也针对保证合同具有效果。① 同理，主债务人对主债权人所能主张的权利障碍抗辩（rechtshemmende Einwendungen）亦能由保证人对主债务人主张以对抗保证债权之行使。至于主债务人对主债权人所能主张的权利抑制抗辩（rechtshindernde Einwendungen），例如因被诈欺胁迫所为意思表示之撤销，如前所述，如因此主合同不复存在、保证合同因保证标的不存在而失效，则保证人也能对主债务人主张；除非依据保证人的意思能够解释出其有对主合同所衍生的不当得利、返还或损坏赔偿请求权承担保证责任的意思。总之，保证人能否主张主债务人对主债权人的权利抑制抗辩，取决于在具体情况下保证债务与主合同债务在成立上的从属性。② 又如，主债务人对主债权人所能主张的时效抗辩，保证人也能主张。理论上一般认为主债权人对主债务人的请求权，和主债权人对保证人的请求权的消灭时效（诉讼时效）系分别计算，假设主债权人对主债务人取得胜诉判决以后，甚至是主债权人对保证人取得胜诉判决以后，主债权的消灭时效经过，③ 那么此时保证人仍能对主债权人主张主债务人的时效抗辩。在主债权人对保证人取得胜诉判决以后、主债权的消灭时效经过

---

① Vgl. Muenchener Kommentar zum BGB, 7. Auflage 2017, Habersack, BGB § 768 Rn. 2.

② Vgl. Muenchener Kommentar zum BGB, 7. Auflage 2017, Habersack, BGB § 768, Rn. 2; § 765 Rn. 62ff.

③ 即使原告起诉所主张的请求获得胜诉判决，该经过判决确定的请求权仍然从判决确定时起重新起算时效。域外立法一般规定起诉中断时效，而在诉讼期间时效也是持续中断，该持续中断的效果持续至判决生效。如果法院判决原告起诉所主张的请求权成立，新的请求权的消灭时效是从判决确定时开始起算。德国在 21 世纪初修正其民法消灭时效的规定，对此也只是做表述上的修改。而在我国民事诉讼法中，虽然对此并无明确规定，但当事人申请执行的时效仍然是两年，这是《中华人民共和国民法通则》（以下简称《民法通则》）中所规定的一般的诉讼时效（或消灭时效）的时间长度。此前我国学者的研究已经确定无疑地证明了这一点。参见占善刚《对我国民事申请执行期间制度的初步检讨——以〈民事诉讼法〉第 219 条的修改为对象的分析》，《南京师大学报》（社会科学版）2011 年第 1 期；刘学在《论执行时效制度之理解误区及其矫正》，《北方法学》2014 年第 4 期。因而，2017 年 10 月《中华人民共和国民法总则》（以下简称《民法总则》）施行以后，民事诉讼法范围内申请法院执行的期限也需要根据新的诉讼时效的长度加以调整。

的情形，保证人可以主张保证诉讼判决确定以后新发生的主债权时效经过的事实提起执行异议之诉。① 另外，保证人所能主张的主债务人对债权人所享有的形成权（撤销权、抵销权等），不需要主债务人实际已经对债权人行使；只要主债务人能够对债权人行使这些形成权，保证人就可以对债权人主张此类形成权。② 即使是主债务人对主债权人抛弃的抗辩（Einrede），保证人也可以对主债权人行使；这一点不论保证人是否抛弃其固有的抗辩（例如先诉抗辩）都是如此。③ 这是因为，保证人所承担的债务责任范围不能因保证关系成立后主债务人的积极行为而扩大，所以同样的，保证人所承担的债务责任范围也不能因保证关系成立后主债务人的消极地放弃其对主合同债权人享有的抗辩而扩大。如果保证人不知主债务人对主合同债权人享有永久抗辩权而误向主债权人履行保证责任，那么原则上保证人可以依据不当得利的规定请求主债权人返还给付；但如果保证人不知主债务人对主合同债权人享有时效抗辩而误向主债权人履行保证责任时，不在此限。这是因为不当得利返还的规定不适用于债务人履行时效经过的债务的情形。即使是主债务人在时效经过后误向主债权人履行保证责任，也不能主张不当得利返还请求权；那么保证人不知时效抗辩而误对主债权人给付，同样也不能要求其返还不当得利。④

当然，除此以外，保证人仍可主张其自身对于主债权人所享有的抗辩。这些保证人的固有抗辩包含：保证合同无效（因违反公序良俗、违反格式条款或格式合同内容控制之规定而无效、保证合同不具备书面形式，

① 这里所说的执行异议之诉（Vollstreckungsgegenklage）是指在执行程序中，因法院前诉给付判决既判力基准时之后发生新的导致前诉判决所记载的原告请求权消灭、障碍或排除之新事实，而由执行债务人另行提起的请求法院停止执行的诉讼。该诉讼专门针对所谓的不当执行情形。我国民事诉讼程序规定中的"执行异议之诉"则指涉甚广，比较法上所谓的第三人异议之诉、许可执行之诉（或称为执行文付与之诉）、执行债权人不适格之诉（或称为反对执行文付与之诉）都被称为"执行异议之诉"。关于比较法上的执行异议之诉，参见肖建华、廖浩《既判力基准时后的'和解'——以吴梅案"和解协议"与执行和解为例》，《国家检察官学院学报》2014年第6期。

② 在比较法上，《德国民法典》第767条涉及主债务人对主债权人行使的形成权，而同法770条则扩大了保证人可以行使的主债务人形成权的范围：主债务人所享有但尚未实际行使的形成权，保证人也可以对主债权人主张。

③ Vgl. Muenchener Kommentar zum BGB, 7. Auflage 2017, Habersack, BGB § 768 Rn. 4.

④ Vgl. Muenchener Kommentar zum BGB, 7. Auflage 2017, Habersack, BGB § 768 Rn. 10.

此外也包括因意思表示瑕疵、法律行为基础丧失等事由）、① 保证责任附期限或附条件、② 保证人的先诉抗辩权、留置权利（例如《德国民法典》第 273 条第 1 款之权利，相当于我国法上的同时履行抗辩）、③ 保证债务并不随主债务一同到期、保证人的时效抗辩权、保证人履行保证债务的抗辩等。

此外，保证人对主合同债权人享有的抗辩手段的从属性不适用于部分的程序性抗辩，例如，主合同债权人对债务人起诉后，债务人并未主张本案管辖法院不适格，或者，主合同债权人与债务人之间订立有效的仲裁合同或仲裁条款，主合同债权人仍然向法院起诉，但债务人并未在法院开庭审理前主张有仲裁合同仲裁条款。那么在主合同债权人对保证人提起的后诉中，保证人不得主张前诉中主合同债务人所没有提出的本案管辖法院不适格或主合同债权人与债务人之间订立了有效的仲裁合同或仲裁条款等抗辩。然而保证人到底可以提出哪些主合同债务人对债权人所享有的抗辩，却缺乏一个明确的标准。理论上有观点认为，单纯的诉讼法性质的抗辩（公法上的抗辩）往往只是涉及主合同债权人与债务人之间的关系，因此保证人不得提出；反之，主债务人所享有的实体法性质的抗辩乃至于既具有实体法性质也具有诉讼法性质的抗辩，则因主债权债务关系与保证关系之间存在的实体从属性而可以被保证人提出。④ 这种观点以性质立论，并不足取。

在笔者看来，主债务人所享有的实体法性质的抗辩自然可以由保证人提出，这没有疑问。既具有实体法性质也具有诉讼法性质的抗辩，例如诉讼上抵销，也可以由保证人提出；因为这些抗辩之所以具备诉讼法性质，只是由于这些抗辩的提出时间是在诉讼中而已，而其实质内容"抵销"的法律效果则属于实体法，具有从属性。纯粹的主债务人对主债权人所享有的诉讼法性质的抗辩，则需要考察其是否只能在主债务人与主债权人之间的前诉提出。例如，在被告提出管辖权异议和双方当事人之间存在有效

---

① Vgl. Muenchener Kommentar zum BGB, 7. Auflage 2017, Habersack, § 766 Rn. 13ff.

② Vgl. Muenchener Kommentar zum BGB, 7. Auflage 2017, Habersack, § 766 Rn. 46.

③ 这种情况例如，主债权人未能或拒绝向保证人交付债权凭证作为保证人履行保证责任并发生法定债权转移（主债权转移至保证人，使得保证人成为主债权人）的对待给付义务。此时保证人只能起诉并请求法院做出同时履行判决（例如《德国民法典》第 273 条第 1 款）。

④ Vgl. Muenchener Kommentar zum BGB, 7. Auflage 2017, Habersack, BGB § 768 Rn. 1.

的仲裁合同或仲裁条款这两种情形中，都只能是在主债务人与主债权人之间的前诉中提出。在我国，管辖法院错误是对一审判决提起上诉的事由，而非再审的事由，并且，管辖权异议通常必须由被告在诉讼中提出，如果当事人在诉中始终没有提出，那么，本来并不享有该案的管辖权的法院也取得了本案的管辖权。何况，如前所述，当事人责问的途径已经因为判决生效而关闭（不得作为再审事由），所以更不能由前诉的案外人在另一个诉讼中对前诉的管辖法院提出质疑。同样的道理，主债务人与主债权人之间的所存在的生效仲裁合同或仲裁条款，属于由当事人责问的事项，如果当事人并未责问则该程序瑕疵可以忽略；只不过这涉及的是法院对此并无审判权的情形。因为仲裁合同或仲裁条款的存在应由当事人在开庭审理之前自行提出（所谓妨诉抗辩），法院不得依职权斟酌或调查，并且一旦开庭审理，则当事人不能再向法院提出有仲裁合同或仲裁条款，也不得将其作为上诉或申请再审的事由。因此主债务人与主债权人之间存在有效的仲裁合同或仲裁条款这一事实，也只能在主债务人与主债权人之间的前诉中提出，而不能在主债权人与保证人之间关于保证债务的后诉中提出。

综上所述，这些纯粹的诉讼法性质的抗辩如果依照民事诉讼法的程序规定只能由主债务人自己在诉讼中提出，那么就不能由保证人在其与主债权人的诉讼中提出，反之则可以由保证人在其与主债权人的诉讼中提出。当然，如果细究这些抗辩的实质的话，其也并非一般所理解的"抗辩"，亦即，不属于权利障碍事实、权利排除事实和权利消灭事实，更不是民法中的狭义的"抗辩"，例如权利排除事实中的合同先履行抗辩权、不安抗辩权、同时履行抗辩权或保证人的先诉抗辩权。这些纯粹的诉讼法性质的"抗辩"毋宁是指可以由当事人在诉讼中主张的诉讼障碍要件，[①] 这些诉讼障碍要件中有些是必须由当事人自己提出的，有些则属于法院依职权斟酌的事由，即使当事人未能自行提出法院也可以对此加以考虑。另外，这种观点将前诉债权人所获得的败诉判决的既判力（Rechtskraft）也视为既具有实体法性质也具有诉讼法性质的抗辩，这也是很不妥当的。从性质上看，无论如何都不宜将既判力视为既具有实体法性质也具有诉讼法性质的抗辩，判决的既判力绝对属于公法和诉讼法领域，不可能属于实体法领域。从法制史的角度看，自从既判力实体法说衰微之后，学界都将既判力

---

① 关于诉讼障碍，参见陈启垂《诉讼要件与诉讼障碍》，《月旦法学教室》2003 年总第13 号。

视为诉讼法性质的事物（既判力本质说中的诉讼法说），将其作为国家裁判具有的所谓"一事不再理"的效力。[1]

二　各连带债务人相互之间的关系

（一）　连带债务关系中具有共通效力的事实

在连带债务人与债权人之间的关系中，清偿、免除、债权人迟延等事实在全体连带债务人之间具有共通效力。此外，依据法律或当事人的约定，各连带债务人的债务均可在存续、范围、形式等方面由其他连带债务人债务的存续、范围、形式所决定，尽管各连带债务人的债务内容不同。例如连带给付义务客观给付不能（objektive Unmöglichkeit der geschuldeten Leistung）时，[2] 该事实对于一切连带债务人有效，因而其法律效力及于一切连带债务。故而一切应当具有共通效力的事实，都作为所有连带债务的基准，并对全体连带债务人发生效力，不问是否有利。此种对全体连带债务人所发生的效力，不仅意味着各个连带债务人对债权人的个人义务受影响，有时甚至也意味着作为整体的债之关系（由其发生各个连带债务人对债权人的个人义务）受到影响。例如债权人在连带债务人不为给付或给付不符合债之本旨、请求给付或补正而无效果时解除合同。[3] 又如，在某租赁关系中，债权人因重大事由而特别不定期限终止合同，不仅使各连带债务人的债务消灭，也使得该持续性债之关系消灭。[4] 具有共通效力的事实，除上述清偿、免除、债权人迟延等事实以外，还包括持续性债之关系的解除终止（Beendigungs-Kuendigung）。例如在有复数连带债务人的租赁和用益租赁（Pacht）等持续性债之关系中，出租人或承租人以解除权等形成权终止该整体债之关系，其法律效果及于全体连带债务人。而且，复

---

　　① 事实上，日本学者三月章先生（1921—2010 年）所提出的既判力本质的"一事不再理"说与既判力诉讼法说并没有实质区别，其都将既判力作为诉讼法领域的效力，而非实体法领域的法效果。"一事不再理"说是既判力诉讼法说的较为新近的代表观点，自从 20 世纪后半叶提出之后既判力本质论领域就已经沉寂多时了。这既可以说既判力本质论的发展状况陷入停滞状态，也可以反过来说明"一事不再理"说已经达到理论发展的顶峰。

　　② 这种情况不同于连带债务人一人发生的给付不能情形。连带债务人一人发生给付不能时，不具有共通效力；参见《德国民法典》第 425 条第 2 款之规定。

　　③ 这种情况例如《德国民法典》第 323 条之规定。

　　④ 这种情况例如《德国民法典》第 543 条之规定。

数承租人、用益承租人系采取类似于合伙关系的方式履行租赁关系中的义务。① 故而有学者认为,在这种情况下,为正当化持续性债之关系的解除终止对全体连带债务人发生效力起见,复数承租人、用益承租人或出租人、用益出租人终止该租赁或用益租赁合同应类推适用民法上关于合伙人共同执行事务(相当于《德国民法典》第 709 条以下的规定)或共同关系人全体管理共同关系的标的之规定(相当于《德国民法典》第 744 条以下的规定)。②

当然,在某些例外情况下,连带债务人中一人终止持续性债之关系并对全体连带债务人发生债之关系消灭的效果,可不经其他连带债务人同意。例如,在破产程序开始后,破产管理人为保存破产财产,认为继续某项租赁关系对破产财产在经济上并无实益,因而享有消灭该持续性租赁关系的特别终止权利(Sonderkuendigungsrecht)。③ 破产管理人终止该租赁合同的权利,也及于与原来破产企业一起承租标的物的其他连带承租人,④ 亦即,破产管理人的特别终止行为应对整体租赁关系划一地发生终止效力。因为在出租人与复数连带债务人形成的关系中,出租人必须对全体连带承租人交付租赁物供全体连带承租人使用,该给付构成不可分义务,⑤

---

① Vgl. Muenchener Kommentar zum BGB, 7. Auflage 2016, Bydlinski, BGB § 425 Rn. 7.

② Vgl. Muenchener Kommentar zum BGB, 7. Auflage 2016, Bydlinski, BGB § 425 Rn. 4. 德国帝国法院就有裁判认为,在承租人为复数的租赁关系中,若承租人一方要有效终止该租赁关系,必须有全体承租人的一致同意。

③ 比较法上的规定,例如《德国破产法》第 108 条第 1 款、109 条第 1 款的规定。《中华人民共和国破产法》(以下简称《破产法》)第 18 条也规定管理人对破产申请受理前成立而债务人和对方当事人均未履行完毕的合同有权决定解除。将该权利称为终止权抑或解除权,并无区分实益。但是,一般而言,解除权往往涉及一方当事人在履行或给付时的过咎,例如《中华人民共和国合同法》(以下简称《合同法》)第 94 条所规定的事由大多涉及一方当事人的违约问题;而这里破产管理人消灭租赁关系的形成权却是基于经济上的考量,因此将其称为终止权较为合适。关于《德国破产法》第 108 条第 1 款、109 条第 1 款的解释, vgl. Andres/Leithaus, Insolvenzordnung, 3. Aufl. 2014, Andres, InsO § 108, Rn. 1f.; Braun, Insolvenzordnung, 7. Auflage 2017, Kroth, InsO § 109, Rn. 1f.

④ 这也是德国联邦最高法院的一贯见解, vgl. BGH, Urteil vom 26. 11. 1957 – VIII ZR 92/57 (KG)。

⑤ Vgl. Muenchener Kommentar zur Insolvenzordnung, Band 2, 3. Auflage 2013, Eckert, InsO § 109, Rn. 37.

所以租赁关系的终止也需要对全体连带债务人划一地生效，租赁关系的终止无法对部分连带承租人有效、对部分承租人无效（所谓的"部分终止"通常无效）。① 因此租赁关系的终止意思表示（形成的意思表示），必须由全体出租人或对全体出租人做出。② 破产法中破产管理人的特别终止权，系为使得破产财产免于因继续存续的租赁关系所产生的给付义务而减损，因而使破产债务人退出原来的租赁关系。但这并不意味着，破产管理人的终止权的效力仅限于针对破产债务人而不及于参与租赁关系的其余连带承租人；也并不表示这种情况下租赁合同的终止不能对其余参与租赁关系的其余连带承租人发生任何效力。诚然，破产法规定破产管理人的特别终止权无须其他参与租赁关系的其余连带承租人的协力这一事实，导致上述"租赁关系的终止必须由全体出租人或对全体出租人作出"的一般原则出现例外，然而这一例外的正当性系根源于破产法上述规定的制度目的。③ 破产管理人得以其一人之力终止租赁关系，并未改变"破产管理人的特别终止行为应对整体租赁关系划一地发生共通效力"的原则。另外，也无法从破产法上述条文的规范目的中推导出"破产管理人的特别终止行为仅对破产债务人发生共通效力"。

上述考量的实益在于，因为破产债务人处于无法履行连带债务的状态，如果其他租赁关系的连带债务人继续共同或单独对债权人为给付，则将来面临无法与破产债务人分担债务的问题，而其他租赁关系的连带债务人当初与债权人达成租赁关系时很有可能已经考虑到其对债权人履行后可以向当时尚未破产清算的破产债务人要求分担债务；另外，其他租赁关系的连带债务人在破产债务人破产清算时单独对债权人履行的经济能力也不如以往。因此对于其他连带租赁关系债务人（承租人）而言，其对于破产债务人的破产管理人彻底终止消灭该租赁关系之整体也具有利益。④ 何况，即使其他租赁关系的连带债务人财力充足，有能力在破产债务人退出租赁关系的情况下继续对债权人履行该合同，也有使原来其与债权人之间的租赁关系继续存续的意思，那么其他租赁关系的连带债务人也不妨在破产债务人的破产管理人终止

---

① Vgl. Schmidt-Futterer, Mietrecht, 12. Auflage 2015, Blank, BGB § 542, Rn. 87.

② 这也是德国从帝国法院时期到联邦最高法院的一贯见解，vgl. NJW 2013, 3232, 3233。

③ Vgl. Uhlenbruck, Insolvenzordnung, 14. Auflage 2015, Wegener, InsO § 109, Rn. 3.

④ Vgl. Muenchener Kommentar zum BGB, 7. Auflage 2016, Bydlinski, BGB § 425, Rn. 4.

原来的租赁关系之后，再度与债权人达成一个新的租赁合同。如果此时债权人拒绝与其他连带债务人达成新的租赁合同，该风险也不能归于债权人，而只能由其他连带债务人承担；① 因为，在之前订立租赁合同时，是其他连带债务人而非租赁关系的债权人选择与现在破产的债务人成立连带债务关系，其他连带债务人固然选择与现在破产的债务人成立连带债务关系，当然也可以不选择与现在破产的债务人成立连带债务关系；所以现在因为破产的连带债务人的原因导致其租赁关系整体消灭，且无法与债权人达成新的租赁合同，这更应该由其他连带债务人自己承担风险。因此，承认破产债务人的破产管理人终止租赁关系能对全体连带承租人发生划一的效力，并不存在违反其余连带承租人真实意思表示的问题，也不会妨碍其余连带承租人继续与债权人维持租赁合同的利益。

再者，从破产管理人的特别终止权的性质来说，这种形成权既然具有使得已经存在的法律关系或权利义务关系得丧变更的绝对效力，那么基于法安定性的考虑，为避免行使该形成权之后出现争议，该形成权的效力范围（这种形成权对哪些主体发生权利创设、变更或消灭的效果）应当是清楚无疑的。② 如果将"其余连带承租人对于继续租赁关系不具有利益"或"其余连带承租人在订立租赁合同时是基于今后与（现在破产清算）的承租人一起承担债务的意思"等事实作为形成权的要件，只有在其余连带承租人对于继续租赁关系不具有利益，或其余连带承租人在订立租赁合同时是基于今后与（现在破产清算）的承租人一起承担债务的意思时，破产管理人的终止才及于其他连带承租人，将使得法安定性大成问题。因为，如果将上述事实作为破产管理人终止权的要件，那么将来可能会发生针对该终止是否有效（形成权要件是否具备）以及原来租赁关系是否存续的争议。在这些争议中，"其余连带承租人对于继续租赁关系是否具有利益""其余连带承租人在订立租赁合同时是否有基于今后与（现在破产清算）的承租人一起承担债务的意思"等问题都是需要当事人花费时间、精力、金钱去调查的问题。困难尤其在于，"其余连带承租人对于继续租赁关系是否具有利益"涉及抽象的事实，"其余连带承租人在订立租赁合同时是否有基于今后与（现在破产清算）的承租人一起承担债务的意思"

① Vgl. Muenchener Kommentar zum BGB, 7. Auflage 2016, Bydlinski, BGB § 425 Rn. 7.

② Vgl. Schmidt-Futterer, Mietrecht, 12. Auflage 2015, Blank, BGB § 542, Rn. 13.

涉及过去的意思（内界事实），① 这些都难以证明。

综上所述，破产管理人为保存破产财产终止或解除某项租赁关系，虽然并不需要其他连带承租人同意，也无须具备其他要件，但也能对其他连带承租人发生效力，使得原来的租赁关系整体归于消灭。另外，债权人在终止该租赁合同之后仍可对进入破产清算程序的破产债务人请求损害赔偿，但该请求权不得针对其他连带债务人行使。② 这是因为损害系由进入破产清算程序的破产债务人所致，其他未进入破产清算程序的连带债务人不能对该破产债务人所导致的损害承担责任。③

解除之事实（Ruecktritt）则与上述终止（Beendigungs‐Kuendigung）类似。在复数主体参与的债之关系中，不问复数主体之间的关系如何（亦即，无论是可分债务关系、连带债务或共同债务），④ 对于这些复数主体而言，解除权作为形成权本来就具有不可分性。在比较法上，《德国民法典》第351条第1句甚至明文规定，合同主体一方或双方为复数时，解除权之行使应由全体或对全体为之；又如，抛弃更改债之关系的权利（《德国民法典》第437条第2项）也视为解除权行使，此种抛弃同样不可分。因此解除应由全体或对全体为之，具有共通效力，且即使该债之关系并非连带债务，也是如此。⑤ 当然，在债之关系成立之后，在债务人侧才成立连带债务关系时，情况则略有区别。例如在为担保债务而成立连带的债务承担的情形中，主债务人就其债务发生原因的法律行为享有解除权（撤销权也是如此）时，⑥ 保证人可援用该解除权作为抗辩拒绝对主债权人给

① 关于内界事实和外界事实的区分，以及该区分对于证明责任分配的影响（待证事实分类说），参见吕太郎《消极确认之诉与消极事实之举证责任——依特别要件分类说之观点》，《月旦法学杂志》2010年总第179号。

② Vgl. Muenchener Kommentar zum BGB, 7. Auflage 2016, Bydlinski, BGB § 425, Rn. 7.

③ 德国州高等法院裁判，vgl. NJW 1974，2012，2013。

④ 德国法上称为 gemeinschaftliche Schuld，史尚宽先生称为共同之债之关系，这种债之关系的界定参见史尚宽《债法总论》，中国政法大学出版社2000年版，第695-696页。

⑤ Vgl. Muenchener Kommentar zum BGB, 7. Auflage 2016, Bydlinski, BGB § 425 Rn. 9.

⑥ 在比较法上，《德国民法典》第770条仅规定主债务人就其债务发生原因的法律行为享有撤销权时，保证人可援用该撤销性抗辩对抗债权人的履行请求。但依据该规范的目的，原来债务的减损或抗辩也应对于后加入的连带债务保证人发生有利效力，故而该规定可类推适用于保证人援用主债务人解除权的情形。Vgl. Muenchener Kommentar zum BGB, 7. Auflage 2016, Bydlinski, BGB § 425 Rn. 10。

付。不过，在这种情形中，只有原先的债务人有权做出解除的形成宣告，保证人自己则不得行使该解除权，其只能援用该解除权拒绝对主债权人给付。有学者认为，因为此处需要类推适用撤销权之规定，所以必须是类似于撤销权的解除权才可以类推，例如《德国民法典》第323条双务合同债务人不为给付或未依合同本旨提出给付，对方当事人（同时也是债务人）解除。上述情形针对的是债务人当时尚未行使解除权的情形。如果债务人当时已经行使了解除权，则并不是保证人援用该解除权作为抗辩拒绝对主债权人给付，而是后参加债之关系的保证人的债务归于消灭。至于解除权的要件是否需对于全体连带债务人而言具备的问题，则要区分不同解除权加以确定。例如因给付不能，债务人免除给付义务，债权人不能仅依据连带债务人中一人给付不能且此一债务人免除给付义务解除合同（该解除权的情形相当于《德国民法典》第326条第5款、275条之规定）。① 这是因为，虽然连带债务人中一人给付不能，但是，如果其他连带债务人仍能给付（未发生给付不能的问题）且已经准备履行，该连带债务依然并非处于给付不能的状态。因此债权人因债务人给付不能、免于给付义务而解除该合同需要全体连带债务人均给付不能、免于给付义务，亦即，解除权的要件需对于全体连带债务人而言均具备。同理，债务人不给付或未依照合同本旨对债权人给付，债权人催告债务人给付或要求债务人补正而无效果时解除合同（相当于《德国民法典》第323条），也需要全体连带债务人均该当上述解除权的要件。② 也就是说，如果该债权并没有全体连带债务人到期，或者此后债权人也没有对全体连带债务人定相当期限请求给付，则债权人解除权要件即不具备，债权人不得解除该合同。另外则例如，因买卖合同中债务人交付的标的物存在瑕疵而解除合同（相当于《德国民法典》第437条第2项的规定），买受人的解除权应针对作为连带债务人的全体出卖人行使，而非仅针对履行该合同并交付瑕疵标的物的

---

① 德国债法于21世纪初修正之后，即不再使用之前"给付不能"的概念，而是另外采用所谓"给付排除"的表述。

② 所谓的"该当"要件，指构成要件的该当性而言。完整的民法规范包含构成要件及法律效果。对于解除权而言，解除权自身即为法律效果，而其行使需要具备一定的条件。因该等条件属于必备的要求，故而称为要件。唯有该当要件之后，法官才能将案件事实与规范该要件及法效果的规范进行涵摄，进行司法三段论的作业之后做出裁判，即对当事人所主张的法效果是否存在做出判断。不仅适用刑法是如此，适用民法也是如此。

特定连带债务人中一人行使。如果是连带债务人作为买受人（买卖合同为双务合同），则因出卖人交付标的物有瑕疵而解除合同的权利仅得由作为全体连带债务人的买受人行使。

与解除权相同，撤销权也具有不可分性。双务合同的撤销应由作为合同相对人的全体连带债务人或对作为合同相对人的全体连带债务人为之，① 因此对于全体连带债务人具有共通效力。不过，撤销权自有其特殊性所在，亦即，撤销权的要件并非要求对于全体连带债务人而言具备，有时仅由连带债务人中一人所发生的事实该当撤销权的行使要件时，权利人也可以行使撤销权。易言之，撤销权的法律效果虽然具有共通性，然而其构成要件则不需要针对全体连带债务人而言都具备。例如，连带债务人中一人在订立合同时对债权人进行欺诈，使得债权人基于该欺诈行为形成与全体连带债务人成立该合同的意思表示，嗣后债权人发现并按照欺诈行为成立的法律行为可撤销之规定撤销该行为，则该撤销权系针对全体连带债务人，而并非单独针对具体实施欺诈行为的连带债务人。如果要求撤销权构成要件针对全体连带债务人而言都具备，那么也就意味着，在连带债务人中一人实施欺诈行为之后，债权人无法撤销该合同；这种结果显然是不妥当的。并且，在比较法上一般规定，向相对人所为的意思表示系因第三人的诈欺而为之者，以行为人明知该诈欺行为或应知其诈欺为限，表意人得撤销该意思表示（例如《德国民法典》第 123 条第 1 款第 1 句的规定）；但是在上述连带债务人中一人在订立合同时对债权人进行欺诈导致债权人订立该合同的情形中则不考虑上述规定。② 与一般第三人对表意人实施诈欺的情形相比，连带债务人中一人在订立合同时对债权人进行欺诈后，是与意思表示相对人一起作为连带债务人进入该合同关系的；因此正确的理解毋宁为：这种情形属于广义的意思表示相对人直接诈欺表意人做出意思表示的情形，故而并不能适用第三人诈欺的处理方式。此外，如前所述，于债之关系成立之后在债务人侧才成立连带债务关系的情形中（例如在为担保债务而成立连带的债务承担），撤销应由原先债务人或对原先债务人为之，保证人可援用撤销权作为抗辩拒绝对主债权人给付，但不得

① Vgl. Muenchener Kommentar zum BGB, 7. Auflage 2016, Bydlinski, BGB § 425 Rn. 12.

② Ibid.

行使该撤销权。①

（二） 连带债务关系中具有个别效力的事实

然而在其他的一些情形中，各连带债务人之间负有共通的义务并不意味着彼此之间具有共通的命运。在比较法上，例如《德国民法典》第425条即列举规定仅对各个连带债务人具有个别效力的事实。又如，连带债务客观给付不能固然对全体连带债务人具有共通效力（全体连带债务人免于对连带债务本身承担责任），但给付不能所衍生的法律效果则依据各个连带债务人而定；这些给付不能所衍生的法律效果包括：连带债务人未为给付时，债权人有权要求损害赔偿替代给付，或给付义务排除时，债权人有权要求损害赔偿替代给付，或连带债务人因无须给付之事由就给付之标的取得赔偿或赔偿请求权，债权人有权要求交付赔偿或让与赔偿请求权，这些给付不能所衍生的法律效果都需要依据具有发生给付不能的连带债务人的情形加以确定（因为故意过失的事实不具有共通效力），因而只对各个连带债务人分别发生效力，而不具有共通效力。② 当然，这种个别效力的事实属于当事人可处分的范围，亦即，如该债之关系另有规定外（亦即，当事人另有约定），清偿、免除、债权人迟延等以外的事实才可能对全体连带债务人具有效力。③ 所以德国学者比得林斯基（Bydlinski）认为，《德国民法典》第425条之规定并不充分，且属多余。

具有个别效力的事实，包括债权人对连带债务人中一人或连带债务人中一人对债权人之终止（Kuendigung）。④ 不过这里的终止仅指期限到来的终止（Fälligkeitskuendigung），例如在以日历上日期（历日）为给付期限等情形中，债务人因未给付而陷于迟延，债权人可不催告债务人履行而终止该债之关系（相当于《德国民法典》第286条第2款）；⑤ 又如，未定

---

① Vgl. Muenchener Kommentar zum BGB，7. Auflage 2016，Bydlinski，BGB § 425 Rn. 12.

② Ibid.

③ Vgl. Muenchener Kommentar zum BGB，7. Auflage 2016，Bydlinski，BGB § 425 Rn. 1.

④ 参见《德国民法典》第425条第2款的明文列举。

⑤ 此种情形如债务人为多数连带债务人，给付迟延非因可归责于自己的事由的连带债务人不负迟延责任。因此该终止仅对因可归责于自己的事由而陷入给付迟延的特定连带债务人，而不及于其余连带债务人。债权人可要求该特定连带债务人返还并承担迟延责任。但如其他连带债务人对债权人为履行，则陷于迟延责任的债务人也免于其债务，不过该特定连带债务人仍应对给付迟延的损害承担责任。参见黄立《民法债编总论》，中国政法大学出版社2002年版，第587页。

期限的金钱借贷关系，因债权人或债务人的终止而消灭（相当于《德国民法典》第 488 条第 3 款第 1 句），或者，在消费借贷关系中，当事人未约定返还期限时，如债权人或债务人终止该借贷关系，则清偿期届满（相当于《德国民法典》第 608 条第 1 款）。上述到期终止之要件事实仅针对特定连带债务人发生，[1] 而不及于其他连带债务人。在这种情形下，债权人可要求该连带债务人给付。该给付请求权系针对债权人与该特定连带债务人而言，故而到期终止仅对该特定连带债务人发生效力，而不及于其他连带债务人，[2] 故不具有共通效力。例如在金钱借贷关系中，以债务人进入破产清算程序作为借贷关系到期终止事由，[3] 那么，如连带债务人中一人进入破产清算程序，则该事实仅对进入破产清算程序的连带债务人发生效力，而不及于其他连带债务人。破产清算中，破产债务人所负债务应登入破产债权表，而且为促使破产程序加速进行，债权人应能在该债权正常到期前主张债权。考虑到《破产法》规范所具有的特定目的，该规定所能发生的法律效果应仅对进入破产清算程序的连带债务人发生效力；除此以外，《破产法》的特殊规定并不能发生其他效力，尤其是不能对未进入破产清算程序的其他连带债务人乃至于保证人发生效力。因此，债权人不能对其他连带债务人主张借贷关系终止并请求其他连带债务人提前返还本金，债权人仍可要求其他连带债权人按期返还本金及约定利息。当然，如果进入破产清算程序的连带债务人对债权人为给付，则其仍可请求其他连带债务人偿还。[4] 债权人因连带债务人中一人利息违约而终止借贷关系，也是如此。此时债权人可对该连带债务人主张迟延责任，但对于其他未陷于迟延的连带债务人则只能请求按约定到期偿还本金并继续给付利息。[5]

然而也有学者认为，在前述未定期限的金钱借贷关系因债权人或债务人的终止而消灭的情形中，不仅金钱返还请求权因终止而消灭，由该借贷本金返还请求权所衍生的利息债权也在该时点归于消灭；因此该终止并非

---

① Vgl.BeckOK BGB, Bamberger/Roth/Hau/Poseck,43.Edition, Stand：15.06.2017, Gehrlein, BGB § 425, Rn.2.

② Vgl. Muenchener Kommentar zum BGB, 7. Auflage 2016, Bydlinski, BGB § 425, Rn. 5.

③ 例如我国《破产法》规定，未到期的债权，在破产申请受理时视为到期。

④ 例如根据《德国民法典》第 426 条第 1 款规定请求其他连带债务人平均分担义务。

⑤ 比较法上的案例，参见德国联邦最高法院民事庭第六庭 2000 年 2 月 8 日判决，vgl. BGH, Urteil vom 8. 2. 2000 - XI ZR 313/98（Rostock）。

债之关系中某一请求权单独终止，而是该整体债之关系终止。就此而言，债权人与连带债务人中一人终止借贷关系，其根据虽然在于该借贷关系到期，其终止也属于期限到来的终止，但该终止的效果是将全体连带债务人与债权人之间的借贷关系整体消灭；亦即，通说认为，该终止实质上已经属于前述解除终止（需要通过形成权行使而达成的终止），而非期限到来的终止。① 既然这种解除终止具有能够消灭债权人与全体连带债务人之间的整体债之关系的效果，那么也就意味着这种到期终止是对全体连带债务人发生效力的终止。②

同样仅对特定连带债务人具有个别效力的事实还包括债务人的给付迟延，例如在《德国民法典》中，第 425 条第 2 款对此做出明文规定。从债务人给付迟延的构成要件的规定中（例如《德国民法典》第 286 条），自可推导出唯有符合债务人给付迟延的构成要件的特定债务人构成给付迟延。因而债权人只能对足以构成给付迟延的连带债务人中一人主张发生给付迟延（例如仅对连带债务人中一人为催告，使其构成迟延）并依给付迟延之法效果规定请求该连带债务人承担给付迟延责任。既然债务人的给付迟延仅对构成给付迟延的连带债务人具有个别效力，那么债权人也只能对构成给付迟延的连带债务人主张给付迟延的法律效果：例如迟延损害赔偿请求权、迟延利息请求权或其他形式的责任。③ 不过，如前所述，因给付迟延而发生的解除权则具有共通效力，故解除权的要件原则上需对全体连带债务人而言均具备，解除权的行使原则上应对全体连带债务人为之。作为上述情形的例外情况，在第三人为担保债务而加入该债务关系、与原来的债务人一起作为连带债务人的情形中，依据"保证人的责任范围因可归责于主债务人的事由或迟延而变更时，保证人的责任范围因主债务人现时的状况而定"的法理，④ 后加入该债权债务关系的连带债务人所负责任的范围相当于保证人的责任范围，因此也需要对原先债务人的给付迟延承担责任。⑤ 因此这种情况不同于上述一般的情形，此时应考虑到不同的债

---

① Vgl. Muenchener Kommentar zum BGB, 7. Auflage 2016, Berger, BGB § 488, Rn. 221.

② Vgl. Muenchener Kommentar zum BGB, 7. Auflage 2016, Berger, BGB § 488, Rn. 221；Bydlinski, BGB § 425 Rn. 2.

③ Vgl. Muenchener Kommentar zum BGB, 7. Auflage 2016, Bydlinski, BGB § 425, Rn. 13.

④ 在比较法上，《德国民法典》第 767 条第 1 款第 2 句对此有明文规定。

⑤ Vgl. Muenchener Kommentar zum BGB, 7. Auflage 2016, Bydlinski, BGB § 425, Rn. 13.

权债务关系的特殊性分别斟酌结论，以符合事物的本质（Natur der Sache）。另一种需要探讨的情况则是：营业受让人续用让与人的商号时，受因该营业所生义务的拘束（法定的债务承担），但让与人的责任仍然存在；这种情况相当于《德国商法典》（以下简称《德国商法》）第25条规定的情形。① 在这种情形及类似的情形下，在商号续用时所存续的债务由让与人和受让人一起承担责任。因为这种责任限定在商号续用时，因此商号续用后因让与人而发生的债之更改的事实对于受让人而言无效，受让人仅对商号续用时所存在债务承担责任，且其责任范围也限定在商号续用之时。因此，这时让与人所发生的给付迟延应发生共通效力，抑或个别效力的问题应回归一般原则；亦即，给付迟延对于受让人而言不具有拘束力。

不过，在无限公司各股东间关于公司债务互负连带责任的情形中（例如《德国商法》第128条），无限公司股东的个人责任状态取决于公司债务的现时状态。公司在执行事务出现失误，导致对其债权人履行时发生给付迟延，导致公司责任与无限公司股东的个人责任都发生恶化时，无限公司股东也应承担责任。易言之，作为债务人的无限公司所发生的给付迟延事由，对于无限公司股东也有效力。在比较法上，德国通说及联邦最高法院认为，在上述情形下，在无限公司债务发生之后无限公司股东退出该公司时，嗣后无限公司又发生的给付迟延或给付不能对于已经退出无限公司的股东也具有效力；债权人得请求该已经退出无限公司的原股东承担给付迟延责任，故不适用《德国民法典》第425条第2款的规定。② 有学者认为，无限公司与其股东之间并非纯正的连带债务关系，因为债权人对无限公司的债权与其对无限公司股东的债权实属一事，故只存在一个债权，而非数个债权。这与连带债务关系中存在多个债权这一要件不符，故不构成连带债务；股东退出无限公司之后，则应当适用《德国民法典》第425

---

① 类似的情形还包括某人作为无限责任股东或作为有限责任股东加入独资商人的营业的，即使不继续使用原商号，公司仍对在营业中产生的原营业主的全部债务负责任，原营业主成为有限责任股东，并且公司对其营业中产生的债务负责任。这种情况相当于《德国商法》第28条规定的情形，按本条第3款的规定，此时应准用同法第26条的规定。

② Vgl. BGHZ 36, 224（226）；BeckOK HGB, Häublein/Hoffmann - Theinert, 17. Edition, Stand：01. 07. 2017, Klimke, HGB § 128, Rn. 26；BeckOK BGB, Bamberger/Roth/Hau/Poseck, 43. Edition, Stand：15. 06. 2017, Gehrlein, BGB § 425, Rn. 4.

条第 2 款的规定，因为无限公司股东从公司退出后，其地位不再从属于其公司，无限公司股东即作为独立的第三人对债权人负责，故债权人对无限公司的债权和债权人对无限公司股东的债权并非同一，此时即存在复数债权。但德国联邦最高法院认为这一立论不能成立。首先，在这种情况下，债务仍然只有一个，只是债务责任客体有两个，即无限公司的财产和股东的个人财产。其次，即使不依此论而认为此时存在两个债务，那么对无限公司的债务发生影响的事实（例如无限公司给付迟延或给付不能）也应认为对于其股东的个人债务具有共通效力。该结论的依据在于当事人之间的利害关系。因无限公司与有限责任公司不同，其不存在类似于有限责任公司那样的责任财产制度，也不具备维持公司财产的保证措施。因此必须由公司股东对此负个人责任以保护债权人。如果这时适用《德国民法典》第 425 条认为无限公司所发生的给付不能或给付迟延的事实及由此而生的损害赔偿请求权对于公司股东不发生效力，公司股东对此无须负责，那么上述保护即受减损。在无限公司股东退出公司后，同样也需要衡量当事人之间的利益。无限公司股东的利益状态比起其退出之前更恶劣。因为其已非公司股东，故其无法通过执行公司事务对公司履行债务进行控制，也不能行使股东权限对公司履行债务行为进行监督，甚至其对于公司发生的事情一无所知。所以有观点认为：只有在债权人对原股东进行催告之后方能使其陷于给付迟延，债权人如果只对无限公司进行催告就不再能使原股东陷于给付迟延；定期日、终止或其他类似行为也是如此。[①] 在这种情况中，债权人对于已经退出无限公司的股东做出催告等表示（Erklärungen），并且该表示对于其他无限公司股东也不能发生共通效力；这种做法具有期待可能性，对于债权人而言不构成特别的牺牲。不过，无限公司的履约过错因素在无限公司股东退出后对于该原股东是否仍有效力则取决于债权人的权利。倘若在上述情形中，债权人的利益并不优先于已经退出无限公司的股东的利益，那么无限公司债权人所获得的保护即已失去。无限公司股东的个人责任不能因为其退出而消除，因为无限公司债权人对于无限公司股东退出公司不能施加任何干预。在债权人与无限公司之间成立租赁合同后，如果无限公司进入破产清算或破产和解程序，该租赁合同提前终止，则债权人仍能依赖在租赁合同终止前即已经退出无限公司的股东继续承担

---

① 这是德国帝国法院时期的观点。

损害赔偿责任。① 同样的，在股东退出无限公司后，该无限公司因毁损租赁物而应对债权人承担损害赔偿责任，那么出租人也能信赖该股东继续对此承担损害赔偿责任；正是因为债权人值得信赖，所以债权人才在该股东还没有退出无限公司前与无限公司达成租赁合同并交付价值完整的租赁物供该无限公司使用。以上讨论也同样适用于仓库合同。无限公司的股东退出公司后，无限公司因其过错导致给付不能，该股东也不能因其退出该公司而免于其应对无限公司债务所承担的责任；无限公司的股东退出公司后，无限公司因过错导致给付迟延，也是如此。② 当然，无限公司股东所承担的这种责任也并非无边无际。首先该债务存在消灭时效的限制，在比较法上，《德国商法》第 159 条即规定债权人对由公司债务产生的对股东请求权的消灭时效。其次，该股东还可以与无限公司或其他股东就其所负责任订立其他约定。

关于给付不能究竟具有个别效力抑或共通效力的问题，在比较法上，《德国民法典》第 425 条第 2 款明文规定连带债务人中一人所生之给付不能，其利益或不利益仅对发生该事由的连带债务人个人发生效力。不过此处所谓的给付不能，系指该连带债务人个人所发生的"主观给付不能"（又称为"不能给付"，对应 Unvermögen），该连带债务人个人所发生的主观给付不能仅具有个别效力。理论上，依据不能给付事实的个别效力，其他连带债务人对于债权人的债务并不受影响，故而其余连带债务人仍依据原来债权债务关系对债权人负责。③ 不过，连带债务人中一人所发生的客观给付不能（Objektive Unmöglichkeit）的利益或不利益则对于全体连带债务人发生共通效力。因为既然是客观给付不能，自然是对于一切人而言给付不能；例如给付标的物毁损灭失，不仅对于特定连带债务人而言给付不能，即使对于全体连带债务人乃至于一切人而言，给付也不可能。给付不能的法效果分为第一次给付义务（或称为主给付义务，Primaervpflicht）和第二线给付义务（Sekundaerleistungspflicht）而论。所谓第一次给付义务，指原来债之关系所规定的给付义务；所谓第二线给付义务，则指该主

---

① 这也是德国帝国法院时期的观点。

② Vgl. BGHZ 36, 224 (226).

③ 关于主观给付不能，参见王泽鉴《自始主观给付不能》，载《民法学说与判例研究》（第三册），北京大学出版社 2009 年版，第 33—47 页。

给付义务违反后所发生的债务人的衍生责任。就主给付义务而言，连带债务关系中发生客观给付不能，全体债务人免于主给付义务；在比较法上，有规定自始客观给付不能的合同有效，但债务人免于主给付义务，例如《德国民法典》第 275 条第 1 款规定的情形（真正的给付不能的情形）；亦有人认为自始客观给付不能的合同无效。故而客观给付不能的事实应对全体连带债务人发生共通效力。反之，如前所述，主观给付不能的事实并不导致其余连带债务人不能再对债权人履行其主给付义务，故就此而言，连带债务人中一人所发生的主观给付不能不具有共通效力。①

就第二线给付义务而言，对于发生主观给付不能的连带债务人而言，该债务人应对债权人承担损害赔偿替代给付的责任，债权人也可以对该债务人定相当期限请求给付或补正，在无效果时，得解除合同。这些法律效果都相当于《德国民法典》第 280 条（这是德国 21 世纪初债法修正中义务违反的基础条款）、第 281 条、第 323 条的规定，自然没有争议。成问题的是：此等事实是否对于其他连带债务人发生共通效力；亦即，债权人能否请求其余连带债务人承担损害赔偿替代给付的责任或者对其余连带债务人解除合同？上述问题也需要区分不同的案件类型而论。首先，如前所述，债权人不得对未发生主观给付不能的其余连带债务人解除合同。因为原则上解除权的要件需对全体连带债务人而言均具备（全体连带债务人都陷入主观给付不能），解除权的行使原则上应对全体连带债务人为之。其次，债权人的（替代给付的）损害赔偿请求权则仅能针对发生主观给付不能的连带债务人行使，而不能针对其余未发生主观给付不能的连带债务人。② 另外，债权人对于发生主观给付不能的连带债务人的替代给付损害赔偿请求和债权人对于其余未发生主观给付不能的连带债务人的履行合同请求应等同视之，因为这两种请求所基于的义务同一，只不过给付的内容不同而已（一为履行，二为金钱赔偿）。③ 债权人选择对发生主观给付不能的连带债务人主张替代给付损害赔偿请求后，该连带债务人可以向其余未发生主观给付不能的连带债务人请求平均负担（相当于《德国民法典》

---

① Vgl. BeckOK BGB, Bamberger/Roth/Hau/Poseck, 43. Edition, Stand：15. 06. 2017, Gehrlein, BGB § 425, Rn.6.

② Vgl. Muenchener Kommentar zum BGB, 7. Auflage 2016, Bydlinski, BGB § 425, Rn. 15.

③ Ibid., Rn. 16.

第 426 条第 1 款所规定的偿还请求权的规定）。这也可以从相当于保证人应对主债务人的义务违反行为承担责任的思想中取得依据，民法中类似的依据还可以参考《德国民法典》第 767 条第 1 款第 2 句"保证人的债务范围由于主债务人的可归责事由或迟延而变更"之规定。①

同样，作为特定法律效果（尤其是损害赔偿请求权）的构成要件的过错（故意或过失）原则上仅具有个别效力。如前所述，因连带债务人中一人故意或过失导致给付不能、给付迟延，原则上也只有个别的效力，而不及于其他连带债务人。在比较法上，《德国民法典》第 425 条第 2 款对此做出了明文规定。然而在某些特殊情况下，连带债务人需要对其他连带债务人的故意或过失负责。例如连带债务人中一人对于其他连带债务人的履约辅助行为（Erfuellungsgehilfen）之故意或过失承担责任。这一点可以通过比较法上的案例进行考察。德国联邦最高法院民事庭第八庭 1975 年 10 月 29 日的判决认为，在汽车租赁关系中，仅有一名承租人有汽车驾驶执照，在租赁关系中其他承租人在出租人和其他承租人不知情的情况下驾驶该汽车去西班牙并杳无音信，事后德国驻西班牙外事机关寻获该汽车，债权人对于该承租人也有权请求赔偿租赁合同所约定的未能按时履行租赁物返还义务的损害。共同承租人之间对于返还租赁汽车这一不可分义务应作为连带债务人负责。《德国民法典》第 431 条规定，数人负担不可分给付者，应负连带债务人之责任。所以所有连带债务人都负有对债权人为不可分给付返还义务的责任。但该给付（返还租赁物义务）的不可分性并不意味着出租人对于复数承租人中每一人的债之关系的内容都必须是同一的。尽管《德国民法典》第 431 条适用《德国民法典》第 425 条第 2 款的规定，连带债务人中一人的过错仅对该连带债务人发生个别效力，但是在各个连带债务人（不可分债务人）之间债之关系如并不相同时，该结论也并不一定能适用。如果该连带债权债务关系涉及不可分给付义务，并且该债权人对于"每一个连带债务人都不能将契约违反的责任推诿给其他连带债务人（亦即，每一连带债务人都不能拒绝承担契约违反的责任，即使实际违反合同义务的是其他连带债务人）"一事享有正当利益时，

---

① 　Vgl. BeckOK BGB，Bamberger/Roth/Hau/Poseck，43. Edition，Stand：15.06.2017，Gehrlein，BGB § 425，Rn.6.

那么每一个连带债务人都必须对于其他连带债务人的契约违反行为负责。① 这种推论的根据在于共同承租关系中各方当事人之间的利益衡量分析。在通常的共同承租关系中，各承租人之间对于返还同一租赁物无须共同协力，因为一般连带债务人的给付即使没有其他连带债务人的协力也可以单独提出，或者，分割共同承租人的返还义务并不可能，又或者，各承租人在返还同一租赁物时的协力行为对于债权人而言并无期待可能性。在通常的共同承租关系中事实上也不存在将返还租赁物的义务作为共同之债（gemeinschaftliche Schuld）的理由。但在该案中，各承租人（连带债务人）无论有无驾驶执照（驾驶许可），都必须共同协力（zusammenwirken）履行租赁物到期返还义务；因给付义务不可分，故各承租人必须在其他连带债务人履约时确保该等债务人的可靠性，并确保履约债务人并未实施义务违反的行为。这是因为该案具有不同于一般的共同承租关系的特殊性，亦即，在连带债务人中唯有被告才能履行该债务，因为只有被告（连带债务人）才有驾驶执照，而之前杳无音信的连带债务人中并无一人有驾驶执照，其无法在不受行政处罚的情况下驾驶租赁汽车履行租赁合同所约定的返还义务。况且依据该租赁合同，并无驾驶执照的连带债务人也不能通过第三人代驾的方式履行返还义务，因为合同中约定只能由合同中约定的承租人有权驾驶该租赁汽车。② 正是通过具有驾驶执照的连带债务人（即本案被告）的行为，可以使得其他没有驾驶执照的连带债务人能够接受该租赁汽车，也可以指定该汽车的返还地点。这一原因足以使得具有驾驶执照的连带债务人在涉及租赁合同履行（即践行返还租赁汽车义务）时对原告而言处于类似于担保的地位（garantenartige Stellung）。在本案的情形中，租赁汽车返还义务的履行无异于只能由具有驾驶执照的连带债务人（本案被告）为之，故而本案中的租赁关系的内容发生变换，足以使得"由该等被告对其他不具有驾驶执照的连带债务人履约行为中的过错承担责任"一事正当化；在合同订立之前，该等被告本应确保共同承租人能够诚信、可靠地履行合同。即使当事人是在定型化契约（格式合同或格式条款）

---

① Vgl. NJW 1976, 287, 288 = BGH, Urteil vom 29. 10. 1975 – VIII ZR 136/74（Koblenz）.

② 该承租人并未取得驾驶执照的事实，并不能排除其能与出租人订立汽车租赁合同并成为出租人，因为在该租赁关系中另有已经取得驾驶许可的共同承租人足以替代其对出租人履行租赁汽车返还义务。

中约定具有驾驶执照的连带债务人的上述责任，债务人也不能主张该定型化契约属于突袭条款，[①] 因为上述结论是基于一般法律原理所推论得出的。

基于同样的原理，病人在同一专业的医生所构成的医院或医师事务所中接受治疗，如果该医院或医师事务所（Gemeinschaftspraxis）提供的医疗给付具体地由各个医生为之，且各个医生所能提供的医疗给付具有可替代性（austauschbare Leistungen），则该医院或医师事务所中的全体医生对于患者而言都成为连带债务人。但如果该医院或医师事务所提供的医疗给付是由复数医生共同合力提供，则该等给付义务构成共同债之关系中的给付义务（gemeinschaftliche Leistungen），并不构成连带债务。在前者情形中，虽然原则上某一医生在给付时的过错仅具有个别效力，但此时衡量当事人之间的利益关系和当事人之间的交易观念（Verkehrsauffassung），应承认某一医生在给付时的过错应发生共通效力；亦即，该医院或医师事务所中的其他医生（其余连带债务人）也应对债权人（病人）因前述医生医疗中的过错行为所导致的损害承担损害赔偿责任。有观点认为，仅基于在该医院或医师事务所中有复数医生这一理由，不能使得该等医生就其他医生的医疗过错负担连带责任，各个医生之间并不存在所谓担保义务（Einstandspflicht）。何等范围内的医生应对病人所受医疗损害负赔偿责任，取决于其在缔约时所具备的期待可能性；而病人在订立医疗合同时未被承诺在此种医师事务所就医（可由该事务所内复数相同专业的医生提供可替代的医疗给付）享有何种特别优势，事实上也无法确认是否存在此种特别优势。然而该观点并不妥当。病人与医生之间所成立的医疗合同在性质上属于民法上服务合同（Dienstvertrag），因医生在医疗给付中的过错（违反合同义务），足以发生病人对医生的损害赔偿请求权。而由复数医生所构成的医师事务所，其性质则属于民法上的合伙，对于外部而言足以成为单独整体。这种医师事务所的架构在法律上的意义在于，同一专业的复数医生在同一营业场所内执业并利用事务所内的医疗器械等设施，其相关费用的开支与收取也是通过事务所为之，某一医生的医疗给付也可以由任一其他医生替代提供。在该事务所的对外关系方面，其也体现出作为整体的特

[①] 关于"突袭条款"，参见王泽鉴《债法原理》（第一册），中国政法大学出版社 2001 年版，第 93 页。

性：并非是各个具体的医生，而是由这些医生所构成的机构与病人和医保机构打交道。当病人从某一医生转到同一事务所的另一医生处治疗时，并非病人和医保机构打交道的对象发生了变化，病人和医保机构仍然是与医师事务所打交道。因此，上述情形应通过医疗给付的可替换性加以理解；就此而言，医师事务所与律师事务所相差无几。

　　至于医师事务所的构造态样是否足以推导出"其他医生应对具体提供医疗给付的医生的过错承担责任"这一结论，则取决于医生之间相互协力的方式以及病人诊疗的事项范围（例如病症种类、治疗种类）。在具体个案中，如果事务所对外是以机构名号从事宣传及经营，其所提供的医疗给付也具有上述的"可替换性"，并且，通常情况下病人无意指定事务所内特定医生提供医疗给付，而是笼统约定由该事务所提供医疗给付，那么事务所的其他医生即应对具体提供医疗给付的同事的过错承担责任。具体而言，其理由有以下几点：其一，一般而言，由同种专业的医生所组成的医师事务所对于病人而言具有优势。这种优势指由这些医生作为整体所提供的医疗给付的条件更为优越。因为同种专业的医生相互之间具有可替换性，在遇到突发情况时，可以随时由其他医生替代原来的医生继续治疗；当治疗中出现疑难问题时，同种专业的医生可以进行讨论、交换其专业知识和经验。另外，同种专业的医生所构成的事务所往往专精于特定的医疗给付，故而其所能提供的医疗设施和人员配置也更为专业。况且，同种专业的医生所构成的事务所也受益于其内部医生所具备的专业声望。这些都是病人在考虑是否订立医疗合同时所能够参考的事项。而病人基于上述理由所产生的信赖心理对于医患合同关系而言具有格外重要的意义，此种信赖关系不能因为医师事务所的组织形式问题而遭到破坏。重点在于，在其他医师事务所就不可能利用特定医疗设施设备完成特定医疗行为；因此医生们不仅在经济上受益，其也在医疗给付方面可以更好地为病人提供服务。其二，病人也可以期待由该医师事务所而非某一特定医生提供医疗给付，因为某一医生接诊或多或少带有偶然性。所以是医师事务所负有提供医疗给付的义务。因此当其所提供的医疗给付有过错时，自然应由该事务所作为整体承担责任。① 其三，通常医师事务所内部即能通过事务分配决

---

① 比较法上的案例，例如德国联邦最高法院民事庭第六庭 1986 年 3 月 25 日判决，vgl. NJW 1986，2364，2365。

定应由哪个医生具体提供医疗给付,[1] 故而病人对于医师事务所作为整体承担损害赔偿责任具有期待可能性。

总之,从上述的分析中可见,医师事务所这一形式在医疗(第一点)和经济(第二点)方面对外(尤其是对病人而言)具有特别重要的意义:医师事务所在专业方面具有优势,病人往往基于此种优势形成缔约信赖关系,那么在事务所医生因过错致病人受损害时,事务所也不能独善事外。并且,医生的给付具有可替换性,故而病人主观上是希望医师事务所提供医疗给付,那么在医疗给付具有过错造成损害、需要追究责任时,无法将赔偿主体限于特定提供医疗给付的医生,而对医师事务所置之不问。对于医师事务所采用的民法上合伙这一组织形式而言,当然应由全体合伙人(医生)承担连带的损害赔偿责任;这也就意味着,无论该医师事务所的其他医生有无具体诊疗病患,其都应作为病人的合同关系相对人承担责任。

另外,在比较法上,德国除了单一式的住院医疗合同以外,还存在单一式住院医疗附加指定医生合同、住院医疗及指定医生诊疗分离式医疗合同。在单一式住院医疗附加指定医生合同中,除了医院应当提供医疗给付外,病人又另行约定选择特定的医生(一般是选择主任医生)提供医疗给付。在这种合同关系中,在联邦德国《联邦入院疗养费令》(Bundespflegesatzverordnung)施行前,医院是和指定医生一起对病人所受的医疗损害承担连带责任的。[2]《联邦入院疗养费令》施行后,(西德)联邦最高法院认为,在上述单一式住院医疗附加指定医生合同中,因医生在医疗给付中的过错导致病人受到人身健康损害时,到底是由该指定医生自行对损害承担赔偿责任,还是由医院经营者承担损害赔偿责任,需要视当事人之间对此有无明确约定。在当事人之间并无明确约定的情形下,应由医院经营者对此承担损害赔偿责任。与上述医师事务所中其他医生对其同事提供的治疗给付所造成的损害赔偿连带责任的考虑因素类似,在单一式住院医疗附加指定医生合同关系中,医院在合同订立、履行中都扮演相当重要的角色。医院应对病人提供全部医疗与非医疗给付,同时也是由医院与病人订立住院合同。至于医院内部确定具有由哪个或哪些医生提供医疗给付,以

---

① Vgl. Muenchener Kommentar zum BGB, 7. Auflage 2016, Bydlinski, BGB § 425, Rn. 15.

② Vgl. Muenchener Kommentar zum BGB, 7. Auflage 2016, Bydlinski, BGB § 421, Rn. 24.

及医生与医院之间存在的内部费用清算关系，并不影响医院与病人订立的住院合同。通常情况下病人也是意图与医院概括订立合同并从医院受领医疗给付，由此病人将医院视为其合同债务人。病人在缔约之前寻找合适的医院时，往往不仅依据医院内特定医生的个人因素，也同样要依据该医院在提供医疗与护理服务方面的声誉。在病人与医院经营者订立医疗合同时，如果医院经营者没有另作明示，那么很难期待病人在受到医疗给付的损害后不去追究医院经营者的责任，因为在订立合同时病人的合同相对人并非具体的医生，而是医院经营者。该合同中的附加指定医生之约定，倒不如说是病人向医院购买医疗给付后附带购买的给付部分。如果在订立合同时医院经营者仅笼统承诺由本院医生提供选择给付（ärztlichen Wahlleistung），那么不能认为医院有希望以某一特定医生的名义与病人订立合同的意思。

总之，在这种情形下医院应作为指定医生的履行辅助人对于其医疗给付中的过错所造成的合同损害承担责任。如果病人请求承担侵权损害赔偿责任，而指定医生又同时是该医院的主任医生和该医院内部的机关，那么医院也应当对该机关承担社团责任（相当于《德国民法典》第31条所规定的责任）。① 而在住院医疗及指定医生诊疗分离式医疗合同中，病人与医院、医生之间分别订立合同。这种合同可以分为病人与医院对于照顾事项（住院、膳食、医疗设施设备使用等）所成立的合同关系，以及病人和医生对于诊疗事项所成立的合同关系。② 通常是所谓的院外特约医生（Belegarzt）与病人订立这种合同，这种医生并非在医院中作为其机关并执业（在特约医生与医院之间不存在劳务或服务关系），而是独立执业，只是在具体的个案中参加对于特定病人的诊疗。这种合同关系下并不构成可分债务，而是不同的义务人分别完全不同的主合同给付义务。在两者对于医疗过错所导致的损害存在交叉重叠领域的情形下，两者仍应负连带责任。例如，作为医院雇员的护士在治疗时过失将错误的针剂瓶交给院外特约医生，而该医生并未检查即对病人注射，导致病人受到损害；又如，作为医院雇员的手术室护士在缝合时误将纱布遗留在病人伤口内部，而施行

---

① 公立医院依据《德国民法典》第88条准用同法第31条之规定，也对于其内部机关所造成的侵权损害结果承担损害赔偿责任。

② 关于这种合同的典型内容，vgl. BGH NJW 1972，1128（1129）。

手术的院外特约医生因过失而并未察觉。在这些例子中，造成损害后果的原因力是由医院（通过其雇员护士）和院外特约医生结合而形成的，因此两者应共同对病人负连带责任。[①]

不过，在其他类似的一些存在履约辅助的情形中，通常并不构成连带债务，而是构成共同之债（gemeinschaftliche Schuld）。例如管弦乐团、艺人组合、轻舞剧团、双人对唱等组织形式或表演形式中的成员。依据德国通说以及联邦最高法院的见解，上述情形下成员中一人实施合同义务违反行为，其他成员也需要对其可归责行为承担责任；因为这些成员与合同相对方之间构成的关系并非连带债务关系，因此并不能适用《德国民法典》第425条第2款排除其他合同成员的损害赔偿责任。其理由在于，在上述情形下，全体成员系共同演出或提供作品，在事实上无法将各人所为给付部分及相应责任作分割。亦即，只有当全体成员共同协力才能提供所要求的给付，每个成员都依赖其他成员的协力。因而各个成员不能将共同给付行为所存在的过错或损害推诿给其他成员。基于上述所谓各成员互相协力的必要性以及分割相应给付部分的不可能性，每一成员都应对其他成员的违反合同义务的过错行为承担责任。此种责任形式即共同债务关系，其有别于连带债务的情形。在连带债务的情形中，原则上各连带债务人的过错责任具有独立性，各人对于其余连带债务人的过错所产生的损害赔偿义务并无责任。总之，基于上述情形中所构成的特别债之关系的性质和目的，应做出与连带债务关系不同的处理。此外，在这些合同关系中，每一成员都必须在缔约前或合作前确认其他参与协力履行的成员的可靠性或是否具备相应的知识和能力。[②] 当然对于上述结论，也有学者认为并非完全没有问题。因为如果其他成员的履约行为完美无缺，其也要承担此种责任的话，这样未免过度。同属于上述情形的例子还包括：数人共同经营旅馆或酒店，其应共同履行场所保护义务，故而应对于其他共同经营者在履行该义务时的过错承担责任。[③]

在学理及比较法上，消灭时效的完成、时效消灭之不完成（Hemmung，

---

① Vgl. Muenchener Kommentar zum BGB, 7. Auflage 2016, Bydlinski, BGB § 420, Rn. 11.

② 联邦最高法院在具体个案中的说理，vgl. NJW 1952, 217。

③ 这是德国联邦最高法院的观点。Vgl. Muenchener Kommentar zum BGB, 7. Auflage 2016, Bydlinski, BGB § 425, Rn. 19。

又称为时效中止，相当于《德国民法典》第 203 条所规定的事由)、时效期满之不完成（Ablaufhemmung，相当于《德国民法典》第 210 条所规定的事由)、时效重新开始（Neubeginn，又称为时效中断，相当于《德国民法典》第 212 条所规定的事由) 仅对于发生上述事由的特定连带债务人和债权人之间的债权债务关系有效。但《最高人民法院关于审理民事案件适用诉讼时效制度若干问题的规定》第 17 条第 2 款规定，时效中断的事实对于全体连带债务人发生共通效力。法人与其内部机关对于机关执行职务导致第三人遭受的损害结果承担连带赔偿责任时，也是如此。① 同理，因除斥期间或权利行使期间经过而发生的请求权丧失的效果，也只能发生相对效力（个别效力)，而不及于其他连带债务人。不过，在基于某些特别原因而构成的连带债务关系中，消灭时效的完成、不完成、时效期满之不完成、时效重新开始等相关事由则有可能发生共通效力，亦即，连带债务人中一人所发生的上述事由，对于其他连带债务人也有效。这种情形首先出现在法定或意定的债务承担中。在探讨这些情形中的消灭时效的具体进展时，应采用自然观察法分析当事人的合理意思。其一为免责的债务承担。在这一情形中，新债务人取代旧债务人的法地位，故而如当事人之间未另作约定，则新债务人债务的内容及状态应依据旧债务人而定，旧债务人债务的内容及状态由新债务人继受。形象地讲，新债务人与旧债务人的债务为同一事物，因此这时新债务人的消灭时效的长短及具体进展都与旧债务人相同。这种情况例如因营业转让而附随承担他人营业所生债务的情形。② 其二为连带的债务承担。在这种情形中，承担债务者只是对他人的债务共同负责，因此其是按照原来债务的内容和状态负责，而原来债务的内容和状态则受到债权人与债务人之间合意的拘束。基于此种推论，在承担前或承担之时，在债权人与原先单独债务人之间发生的影响消灭时效的相关事由（而非消灭时效本身) 对于债务承担人也有效力；因为债权人与原先单独债务人之间发生的消灭时效的相关事由也足以影响债权人与原先单独债务人之间的债权债务状态。如果债权人与原先单独债务人之间的债务在债务

---

① 在《中华人民共和国侵权责任法》（以下简称《侵权责任法》) 生效后，单位或雇主应当分别对于其员工或雇员提供劳务所致损害承担完全责任。德国联邦最高法院的观点，vgl. NJW 2001, 964。

② 在比较法上，德国联邦最高法院的观点，vgl. NJW 1972, 939。

承担前已经罹于时效，则债务承担人对于债权人享有不得再对其请求的信赖利益。无论是免责的债务承担还是连带的债务承担，在承担之前债权人对原先债务人的消灭时效经过，原先债务人即取得时效经过的抗辩，债务承担人即可对债权人主张原先债务人得对债权人所主张的时效经过之抗辩，因为债务承担人可以对债权人主张基于债权人与原先债务人之间的法律关系所生之抗辩（相当于类推适用《德国民法典》第417条）。对于债务承担人不宜一概地适用债权人与原先单独债务人之间的消灭时效（长短）。这是因为，就连带债务的发生原因而言，债权人与原先单独债务人之间以及债权人与债务承担人之间的债务的法律性质，取决于当事人之间的具体约定和债务承担所基于的事实上的关系。假设债权人与原先债务人之间的债权性质决定应适用的消灭时效为短时效，而不具备特定身份的债务承担人与债权人之间的债务性质并不同于债权人与原先债务人之间的债权性质，并且原来的债务人与债务承担人对于债权人的给付义务并未因不可分性而理应强制适用统一消灭时效。①

　　总之，债务承担的情形与一般的连带债务关系有所不同，自然不能认为消灭时效及其相关事由的效力仅及于具体发生上述事由的连带债务人。不过，连带的债务承担与免责的债务承担还存在另一个差别。那就是，在免责的债务承担中，原来的债务人早已脱离债权债务关系；但是在免责的债务承担中，新债权人是与原来的债务人一并对债权人履行债务，继续留在债权债务关系中的原来的债务人还有可能与债权人发生影响消灭时效进展的相关事由。这时就会产生"原来的债务人与债权人之间发生的影响消灭时效进展的相关事由是否对债务承担人有效"的问题。在比较法上，德国帝国法院直到联邦最高法院都认为，《德国民法典》第425条第2款仅规定，发生在连带的债务承担时点后的影响消灭时效进展的相关事由只是对发生该等事由的特定连带债务人具有效力（个别效力），不问利与不利。② 上述处理方式也可以类推适用于保证关系。保证成立之前，主债权人对主债务人的主合同债权的消灭时效经过，对于保证人发生共通效力，保证人仍可对主合同债权人援用该时效抗辩；保证关系成立以后，主债权人对主债务人的主合同债权的消灭时效中断或不完成对于保证人不利，并

---

① 　Vgl. NJW 2000, 1940, 1942.

② 　具体说明，vgl. NJW 1972, 939。

不对保证人的保证债务发生效力；与债务承担的情况不同的是，因保证债务从属于主合同债务，因此即使在保证关系成立以后主债务时效经过，保证人也可以对主合同债权人援用时效抗辩。①

　　在判断时效相关事由是否对全体连带债务人发生共通效力时，同样也要考虑到不同类型的法律关系中各方当事人的利益关系问题，并非一切连带债务成立后所发生的时效相关事由都只具有相对效力。例如民法上合伙对债权人所负债务发生时效中断，也对于各个合伙人发生债务的时效中断。② 又如，夫妻双方在婚姻关系存续期间因购买商品而分期支付价款，该分期价款债权对于夫妻双方而言构成连带债务。诚然连带债务关系中影响消灭时效进展的相关事由只对发生该等事由的特定连带债务人具有效力，然而债之关系另有规定者除外。③ 夫妻双方在婚姻关系存续期间因购买用于日常家庭共同生活的商品而对第三人负有连带债务，在夫妻双方与第三人之间所存在的这一连带债权债务合同关系具有默示的内容，亦即，夫妻一方对第三人所为之清偿对于夫妻另外一方也发生消灭时效中断的效力。这一结论也符合该约定债之关系的意义与目的、双方当事人之间的利益状态，也符合基于"契约的解释及履行应依据诚实信用"之法理并参考交易习惯对当事人的意思所进行的解释。④ 连带债务关系中影响消灭时效进展的相关事由只对发生该等事由的特定连带债务人具有效力，其理由无外乎"在连带债之关系中各连带债务人的义务通常具有独立性"以及"保护连带债务人"这两点。然而，在"债之关系中各连带债务联结非常紧密、对于债权人而言各连带债务人在经济上可视为一体"的一些情形中，上述两点理由相对于"保护连带债权人"的需要而言应予退让。⑤ 在上述情形中"连带债务人对其债权人所负义务应具有同一法律上命运（Schicksal）"的要求应高于"各个连带债务之间联结较为分散"的情形。即使夫妻双方嗣后离婚，也不影响这一点。因为夫妻双方离婚，纵然对其债权人告知，也不能变更法律状态。这是因为先前所成立的债之关系

---

① Vgl. Muenchener Kommentar zum BGB, 7. Auflage 2016, Bydlinski, BGB § 420, Rn. 23.

② 比较法上的案例，例如德国联邦最高法院民事庭第四庭 1995 年 9 月 28 日判决，vgl. NJW-RR 1996, 313。

③ 比较法上的规定，可以参考《德国民法典》第 425 条第 1 款但书规定。

④ 比较法上解释当事人意思表示的基本规范，可参考《德国民法典》第 157、242 条。

⑤ Vgl. NJW 1972, 1899.

不能由连带债务人一方单独改变。夫妻双方离婚后告知其债权人、债权人知情等事实还不能等同于导致债之关系内容变更的协商等事实，也无法从债权人的意思中推论得出。总之，夫妻双方无论是否离婚，其在婚姻关系存续期间因日常家庭共同生活而负担连带债务时，一方对第三人所为时效中断、中止或不完成之事由对于夫妻另外一方也发生效力。① 与此相类似的情况还例如，承揽关系中各连带债务人系共同提出承揽成果，其工作部分不可分时，连带债务人中一人对债权人所发生的时效中断事由也对其余连带债务人发生效力。②

　　具体的某种债之关系所具有特殊性对于上述"连带债务成立后所发生的时效相关事由具有相对效力"这一法理适用的影响还体现在商法领域的例子中。例如，人合公司（无限公司）或两合公司对债权人负有债务时，公司股东也对债权人负连带责任；债权人对无限公司或两合公司所为之时效中断，对于公司股东所负担的连带债务也发生时效中断的效力。其理由则在于，无限公司或两合公司股东对公司债权人所负担的债务及其抗辩应与公司对其债权人所负担的债务及其抗辩保持一致。这也符合无限公司或两合公司股东责任的目的。因为人合商事公司（die personenrechtlichen Handelsgesellschaften）并不拥有任何责任财产，因此其对外信用纯粹建立在其股东的基础上；人合商事公司的交易相对人得信赖在有必要时（即公司不能清偿时）能够直接请求公司股东承担补充责任。因此，如果债权人对无限公司或两合公司的请求权消灭时效发生中断等事由，但该等事由又不对公司股东具有效力，进而，无限公司或两合公司对其债权人所负义务和公司股东对其债权人所负义务分别进展，那么此种结果是违反目的的。因此在债权人与公司股东并无另外约定的情形中，无限公司或两合公司对其债权人所负义务应能同时确定公司股东补充责任的内容；同时，影响无限公司或两合公司对其债权人所负义务的内容的原因也同时能更改公司股东补充责任的内容。例如，倘若债权人对无限公司或两合公司的债权从履行请求权转化为损害赔偿请求权，则债权人对公司股东的债权的内容也同时转化为损害赔偿请求权。因为无限公司或两合公司与其债权人所实施的

---

　　① Vgl.BeckOK BGB, Bamberger/Roth/Hau/Poseck, 43. Edition, Stand：15.06.2017, Gehrlein, BGB § 425, Rn.7.

　　② Vgl. NJW-RR 1994, 373.

影响原来债之关系的法律行为或表意行为对于公司股东而言通常都具有效力，故而无限公司或两合公司对其债权人所为债务承认对于公司股东而言也具有效力；因承认能中断请求权消灭时效，故而无限公司或两合公司对其债权人所为债务承认应能中断公司股东债务的消灭时效。并且，在比较法上，德国联邦最高法院认为，债权人对无限公司或两合公司取得的确定判决，其实质确定力不问利与不利，均扩张及于公司股东；依据《德国商法》第128条，此种既判力主观范围的扩张能阻止公司股东对债权人主张无限公司或两合公司原来所能对其债权人所能提出的一切抗辩。这其中自然也包括无限公司或两合公司原来所能对其债权人所能提出但在诉讼中实际并未提出的时效经过的抗辩，因此公司股东不能援引此种时效经过的抗辩。①

债权人与连带债务人中一人的法地位发生的混同（债权与债务之混同，Vereinigung von Forderung und Schuld，例如通过债权转移）的事实，是否具有共通效力，在学理和比较法上也存在很大的争议。依据《德国民法典》第425条第2款，债权与债务的混同仅具有个别效力，不及于未发生混同的连带债务人。例如，债权人中一人继承债权人时，对于其余连带债务人而言，恐怕并不能视为履行，依"上述混同仅发生个别效力"之法理推论，连带债务关系并不因混同而消灭；② 因为债权人的债权目前是由连带债务人所取得，该连带债务人对于其余连带债务人仍然保有债权。不过，因连带债务不过是各人对债权人履行的方式而已，在连带债务人的内部关系中，除另有约定外，各连带债务人一般是平均分担债务。但对于发生混同的连带债务人而言，其自己原来应负担的义务部分已经因混同而消灭；对于其余连带债务人而言，其对现在的债权人清偿后并不能请求该原来的连带债务人偿还其本应负担的部分，因此现在的债权人必须从债权数额中扣除其原来应负担的义务部分。如果发生混同之后，现在的债权人在对其余连带债务人请求时未将其原来应负担的义务部分扣除（即请求其余连带债务人履行原来债务的总额），那么其余连带债务人在对该债权人清偿后仍可以请求同时作为债务人的债权人分担其原来应负担的义务部

---

① Vgl. NJW 1979, 1361; a. a. O.; NJW-RR 1994, 373.

② Vgl. Jauernig, Kommentar zum BGB, 16. Auflage 2015, Stuerner, BGB § 425, Rn. 6f. 这也是德国联邦最高法院的观点，vgl. NJW 1986, 3104。

分。故而如果现在的债权人请求其余连带债务人对其给付该债权人应分担债务部分，则其余连带债务人得基于"债权人有返还该给付部分的可能性"而对之主张恶意抗辩。并且，如果该债权人将其债权转让给第三人，该第三人也仍然受到上述请求数额限制的拘束。这是因为，原债权人对其余连带债务人的给付请求权早在其取得该债权时（发生债权和债务的混同时）就已经受到了限制，亦即，该债权人在对其余连带债务人行使该给付请求权时必须扣除其原来作为连带债务人时应负担的义务部分。基于"债务人的法地位不能因债权转移而恶化"的法理，债务人在债权让与时所得对抗债权人的抗辩，都得以之对抗新债权人（相当于《德国民法典》第404条之规定），其余连带债务人对于新债权人而言也仅对扣除原债权人应负担的部分范围内的义务负责。①

德国学者认为，《德国民法典》第425条第2款中"债权与债务的混同仅具有个别效力"的规定实际上与"混同具有共通效力"没有区别。假设债权与债务的混同具有共通效力，那么混同对于其余连带债务人也具有效力，这时混同可以发生相当于《德国民法典》第426条第2款"清偿导致债权转移"的效果，但发生混同的连带债务人自身原来需要负担的债务数额仍然要从中扣除。如果这时剩余连带债务人还有多人，发生混同的连带债务人只能对剩余债务人主张按份责任（pro rata），亦即，分别对这些剩余债务人请求其在扣减发生混同的连带债务人自身原来需要负担的债务数额后给付各自应承担的份额，而不能请求这些剩余债务人承担连带责任。② 因此如果依据原来的连带债权债务，剩余债务人不应承担任何责任，则发生混同的连带债务人不能对剩余债务人请求分担。③ 因为发生混同的连带债务人在继受债权时，同时丧失了自己原来需要负担的债务数额，亦即，连带债务人发生混同后同时承受了因混同而带来的部分债权（自己原来需要负担的债务数额）不能受偿的风险。所谓承受不能受偿的

---

① 比较法上案例的讨论，可见德国联邦最高法院民事庭第八庭1982年12月1日判决，vgl. NJW 1983，749。

② 德国学者中采用这种观点的，vgl. BeckOK BGB，Bamberger/Roth/Hau/Poseck，43. Edition，Stand：15. 06. 2017，Gehrlein，BGB §425，Rn. 8；Schulze，Buergerliches Gesetzbuch，9. Auflage 2017，Reiner Schulze，BGB §425，Rn.4。

③ 比较法上案例的讨论，可以参考德国联邦劳动法院1986年4月24日判决，vgl. NJW 1986，3104。

风险，除体现在上述"债权部分减少"这一表现外，也体现在剩余债务人不再以连带债务人的形式对现在的债权人负责；又如，当剩余债务人有发生支付不能（Insolvenz，即破产）者，现在的债权人不能请求剩余债务人偿还该发生支付不能的债务人所应负担的债务部分。综上，有学者认为，虽然债权和债务混同并非清偿债务，但就其对于剩余连带债务人的关系而言应具有与清偿相同的效力。① 故而依本书的考察，《德国民法典》中虽然规定债权和债务混同只发生相对的效力，然而对于连带债务人所发生的影响，不啻发生共通效力。

当然，上述所谓"发生债权和债务混同后，剩余债务人不再以连带债务人的形式对现在的债权人负责"的规则也存在例外。例如，在民法上合伙人中一人同时成为合伙及全体合伙人的债权人的情形中的处理就与上述规则不同。如果上述情形系因合伙人中一人对合伙及全体合伙人的债权人为清偿而受让该债权所造成，则该合伙人可请求其余合伙人按各自份额对其偿还给付（pro-rata-Ausgleich）。② 这一点与上述发生债权和债务混同的情形类似。反之，如果合伙人中一人系自始成为合伙的债权人（von vornherein Drittgläubiger ist），在比较法上，依据德国通说，其余合伙人应在扣除债权人自身应负担的债务数额部分后继续作为连带债务人对债权剩余部分承担责任。③ 这一点就不同于发生债权和债务混同后，剩余债务人就债权剩余部分对现在的债权人继续负担按份之债。在这种情形中，合伙人中一人系跳出合伙合同（合伙协议，Gesellschaftsvertrag），其并非仅作为合伙人，而是作为"第三人"与合伙发生法律关系，亦即，该合伙人对合伙取得权利或发生义务；不过这种情形的要件却是其并非以合伙人之身份与合伙达成这些合同，或者，其无须以合伙人之身份提出义务。例如，合伙人中一人与合伙达成租赁合同，并且租赁物的转让并非践行该合伙人的合伙出资义务，该行为纯粹是该合伙人履行在合伙关系以外由该合伙人与合伙自行订立的租赁合同。又例如，依据合伙合同不负有出资义务的合伙人与合伙订立金钱借贷合同并交付借贷，将使得该合伙人作为第三人真正地对合伙享有债权（真正的第三人债权，echte Drittgläubigerforderung）。

---

① Vgl. Muenchener Kommentar zum BGB, 7. Auflage 2016, Bydlinski, BGB § 425, Rn. 26.

② Ibid.

③ Ibid.

除上述发生原因上的区别外，这些合伙人立于第三人之身份地位通过与合伙所实施的合同等行为而取得的权利义务与这些合伙人基于合伙合同所生的权利义务的不同之处也在于，真正的第三人债权原则上可以直接对作为债权人的合伙人以外的其余合伙人请求清偿，其余合伙人系作为连带债务人对其负责。这是因为，合伙人中一人作为债权人（Gesellschafter-Gläubiger）得基于与合伙关系不同的债之关系对合伙及其他合伙人请求给付。其他合伙人即属于"数人以契约共同分担可分之给付"的情形，在存在疑义时，应对此共同负担连带责任（相当于《德国民法典》第427条之规定）。① 并且，其余合伙人不能对作为债权人的合伙人主张合伙应先清偿的抗辩。

　　上述结论不仅适用于民法上合伙，也适用于有限责任公司（Komman-ditisten）。在文献上有一种观点认为，以个人资产负无限责任的合伙人或出资被付还的有限责任股东（相当于《德国商法》第172条第4款的规定）仅对作为债权人的合伙人负担次要责任，亦即，作为债权人的合伙人首先应请求合伙偿还债务。对此，作为合伙人的债权人诚然系相当于作为合伙关系以外的第三人对于合伙及合伙人保有并行使债权，但基于该债权人作为合伙人所应履行的忠实义务（gesellschaftsrechtliche Treuepflicht），其并不能请求其余合伙人直接承担首位责任；亦即，只有在债权人无法期待合伙通过合伙财产清偿债权时，才能直接请求其余合伙人给付。不过，德国帝国法院时期并未采纳该观点；相反，德国帝国法院认为，作为合伙人的债权人应与合伙以外的第三人完全等同视之，因此其不必首先请求合伙清偿债务。不过，应当留意要扣除作为合伙人的债权人自身对于合伙债权应当分担的债务部分。因为如果不扣除该债权人自身应分担的债务部分，那么基于全体合伙人的内部关系，其余合伙人可以请求该债权人偿还该债权人自身应分担的债务部分；同理，如作为合伙人的债权人对于其余合伙人中一人请求给付全部债务，则其余合伙人中一人可以对其提出恶意抗辩。德国帝国法院时期的上述观点也被德国联邦最高法院所接受。② 德

---

① Vgl. NJW 1983, 749.

② 德国帝国法院时期的裁判，vgl. RG, Urteil vom 16. Juni 1914-III 37/13; Urteil vom 5. Januar 1937 - II 182/36. 德国联邦最高法院时期的裁判，vgl. BGH, Urteil vom 1. Dezember 1982 - VIII ZR 206/81; Urteil vom 15. Januar 1988 - V ZR 183/86。

国联邦最高法院认为，作为合伙人的债权人不必先请求合伙履行，基于作为合伙人的债权人的忠实义务也并不能推导出其余合伙人的次要责任；①因为其余合伙人并无保护必要（mangels Schutzbeduerftigkeit）。因为，当合伙有财产足以清偿该债务时，不必由各个合伙人以个人财产清偿；被作为合伙人的债权人请求清偿的其他合伙人在对该债权人清偿合伙债务后，通常能够依据《德国商法》第110条向合伙追偿，此外，其他合伙人也可以在即将被作为合伙人的债权人请求清偿时要求免除义务（Freistellung）。何况，如果合伙有意对作为合伙人的债权人清偿且亦有清偿能力，则无须各个合伙人以其个人财产对作为合伙人的债权人清偿；反之，才由各个合伙人对合伙债务承担补充责任。

另外，合伙人中一人对合伙人以外的合伙债权人为清偿后，在合伙人之间发生的内部求偿关系也适用上述结论。而此种情形也与合伙人中一人主张合伙债权的情形略有不同。合伙人中一人对合伙人以外的合伙债权人为清偿后，其可根据相当于《德国商法》第110条的规定向合伙（也可以是有限责任公司）追偿，该追偿请求权在合伙存续期间原则上不能对各个合伙人主张；不过，合伙人中一人对合伙人以外的合伙债权人为清偿后，仍有可能依据相当于《德国民法典》第426条的规定在合伙不能对该合伙人偿还时对合伙人请求。之所以有这种例外的做法，是因为被请求清偿合伙债务的合伙人究为何人，或多或少地具有偶然性；如果该合伙人无法从合伙中取得追偿，则正符合相当于《德国民法典》第426条第2款所规定的"该合伙人作为连带债务人中一人对债权人为清偿，且得向其他合伙人为追偿"的情形，应发生债权的转移，由清偿的合伙人取得该债权。②

除上述事实外，其他一些事实也可能仅发生个别效力。众所周知，连带债务的债权人可将该笔债权整体转移给第三人；不过，连带债务的债权人也可以仅针对连带债务人中一人而言将其债权转让给第三人，亦即，该

---

① "作为合伙人的债权人不必先请求合伙履行""合伙人中一人对合伙人以外的合伙债权人为清偿后得直接请求其余合伙人承担连带责任"并不违反合伙人对合伙所负的忠实义务。就忠实义务而言，其不仅存在于合伙及其合伙人之间，各个合伙人彼此之间也互相负有忠实义务。

② 德国联邦最高法院的相关讨论，vgl. BGH, Urteil vom 08. 10. 2013 – Aktenzeichen II ZR 310/12, Rn. 31f。

个别的债权转移（Separatuebertragung）也只针对特定的连带债务人中一人而言，其效力不及于其余连带债务人。如此一来，对于该特定的连带债务人而言，其债权人已经并非原来的债权人，而是债权的受让人；但对于其余连带债务人而言，其债权人并未发生变更。但是这种相对的债权转让不仅需要特定的连带债务人同意，原则上也需要其余连带债务人同意。这是因为，此种相对的债权转让的效果在于，出让人对于其余连带债务人享有债权，而受让人对特定连带债务人享有同一债权；其中，特定连带债务人或其余连带债务人对其债权人履行，都会导致该债权消灭。亦即，各债权人都享有请求全部给付的权利，而债务人仅负有一次给付的义务，这类似于《德国民法典》第 428 条所规定的连带债权的情形，尤其是出让人与受让人这两个债权人之间的关系类似于连带债权人。而连带债权关系原则上只能在债务人同意时方能成立，当债务人为数人时，则需要该数人一并同意。故而多数观点认为，上述个别的债权转移以单一债务人或全体复数债务人的同意为其前提条件。①

　　此外，从利益衡量的角度看，其他连带债务人的法地位不能因此种个别的债权转移行为而恶化，因此为正当化此种利益状态，债权转移必须征得其余连带债权人的同意。因个别的债权转移行为所导致其他连带债务人的法地位恶化的情形例如，如果债权转让所相对的连带债务人对于受让人有债权，于是该债务人以该债权对受让人所受让的债权主张抵销，而作为债权人之一的出让人却争议该抵销的效力，那么对出让人的债务人而言，其在其债权人对之提起的诉讼中仍然可以援用该抵销抗辩，因为该抵销抗辩相当于清偿，在各个连带债务人之间具有共通效力（相当于《德国民法典》第 422 条第 2 句的规定）。不过，该抵销抗辩对于出让人的债务人而言属于第三人（其余连带债务人）与他人之事，其余连带债务人是否对其债权人享有债权，且该抵销抗辩是否有效，对于出让人的债务人而言都属于陌生事项；然而出让人的债务人为获得胜诉判决，必须对上述事实承担主张责任及证明责任，因为"其余连带债务人是否对其债权人享有债权并以该债权对其债权人提出抵销抗辩"一事因该抗辩事实具有共通效力

---

①　既有实务采纳该观点，也有学者的支持。在德国，包括 Palandt 民法注释书在内的文献都采用该观点。

而属于出让人的债权的权利排除事实。① 故而，在该连带债务关系成立
后，债权人由单数变为复数，而原债权人的债务人的抗辩权也随之扩大，
对于该债务人而言该抗辩权并非其所能轻易知悉的事实，故而个别的债权
转移也需要有其余连带债务人的同意。并且，个别的债权转移也导致连带
债务人之间内部的求偿关系更为复杂化、恶化，因为作为债权人的出让人
和受让人的可能会对其各自的债务人做不同的处理，例如作为债权人的受
让人有可能对其债务人起诉，而作为债权人的出让人有可能对其债务人免
除债务。②

当然，在不同的实体权利义务关系格局中也有做出不同的处理之必要
时，上述法理也存在着例外。例如，倘若第三人只是为了担保（nur zur
Sicherung）其他债务的履行而加入该债务关系而和原来的债务人一起作为
连带债务人，那么在该连带债务关系中，如果债权人将其对于原先债务人
的债权转让给第三人，那么按照"担保债权的保证所生债权随同让与的债
权转移于新债权人"（从权利或优先权随同主债权而转移，相当于《德国
民法典》第 401 条第 1 款的规定）这一法理，该个别的债权转移对于后参
加该债务关系的连带债务人而言也有效；即使该债权人转让并未征得该后
参加债务关系的连带债务人的同意，也是如此。也就是说，在这种情况
下，该分别的债权转移行为对于全体连带债务人发生共通效力。因为，其
余连带债务人的义务系为受让人的利益而设定，仅具有担保的目的（der
ausschließliche Sicherungszweck），因此该因保证而设定的债权的法律上命
运与被担保的债权的法律上命运不容许不同，故而即使被担保的债权之转
让未得到其余连带债务人的同意，也能对全体连带债务人有效。对此，德
国联邦最高法院认为，应类推适用《德国民法典》第 401 条的规定。③ 反

---

① 抵销抗辩这一事实属于形成权行使，因而有些学者将抵销抗辩和其他的通过行使形成权
排除债权人请求权的情形等同，都将其归入所谓的"权利排除事实"中。在理论上也有学者将该
事实等同于清偿、免除、混同等事实，将其归入所谓的"权利消灭事实"中。但无论在学理上如
何归类，抵销这一事实都属于由在诉讼中被主张权利的义务人承担证明责任的事实，因而同一事
实的主张责任自然也由该义务人承担。

② 德国实务对该问题的说明，vgl. OLG Nuernberg, Urteil vom 18. 4. 2002 – 13 U 902/01。

③ 联邦最高法院在 20 世纪 70 年代、90 年代的两个判决中都采用这一观点，vgl. BGH,
Urteil vom 23. 11. 1999 – XI ZR 20/99（Muenchen）；BGH, Urteil vom 24. 11. 1971 – IV ZR 71/70
（Saarbruecken）。

之，若其余连带债务人加入该连带债务关系并非为担保他人债务或并非纯粹为担保他人债务，则在债权人相对于连带债务人中一人而言将其债权个别地转让给第三人时（即上述所谓"个别的债权转移"），为使得该债权转移行为发生效力，还需要其他连带债权人的同意。

其他的具有个别效力的事实数不胜数。例如，土地上设定有抵押权，土地的取得人与让与人订立合同承担抵押权所担保的债务，若原来该债务系由多个连带债务人共同负责，则让与人免除其债务的行为也仅具有个别效力。此外，不仅实体法上所规定的事实，诉讼法上所发生的事实也可能只发生个别效力。例如，诉讼系属原则上只具有个别效力。诉讼系属发生个别效力之所以具有实益，是因为在比较法上，某些权利只能在诉讼系属后转让。例如，《德国民法典》21世纪初债法修正前第847条第1款第2句规定，[①] 不法侵害他人身体或健康时，被害人所受侵害虽非财产上损失，也可因该损害请求加害人给付抚慰金（相当于我国法上的精神损失费），该请求权已经发生诉讼系属时，不在此限，被害人可以将该抚慰金给付请求权（Schmerzensgeldanspruch）转让给第三人。如果复数加害人对此承担连带责任（连带债务），被害人仅对其中一人起诉，该债务人对被害人赔偿或依其所获得的败诉判决而受到强制执行后，并不能发生法定的债权转移而成为新债权人。[②] 这是因为，其余连带债务人的债务并未发生诉讼系属，因此连带债务人中 人对债权人为全部清偿并不能发生法定的债权转移。连带债务关系中所涉及的，并非某个单一债权，而是复数独立的、互不依赖的请求权。连带债务关系的本质在于，一方面就连带债务人之间的内部关系而言，其系互相紧密结合，另一方面则涉及多个互相独立的债务关系（债权）。在这些多个彼此独立的连带债务之中，如果只有一个债务发生诉讼系属，则并不意味着其余债务也发生了诉讼系属；诉讼系属仅对被起诉的连带债务人中一人而言成立。就此而言，诉讼系属这一事实不同于清偿、免除和债权人迟延这些能够对全体连带债务人发生共通效力的事实。再者，从法

---

① 本条规定在德国债法修正后已经删除，而新法第253条第2款则对本条规定所涉及的情形做了补充规定。

② 因连带债务人中一人对债权人全部清偿，债权人对其余连带债务人的债权转移于第三人，故而该连带债务人中一人受让被害人的抚慰金给付请求权，这种情况大体上相当于《德国民法典》第426条第2款的规定。

学方法的角度看，连带债务人中一人所获得的确定判决（既判力）仅针对该债务人发生个别效力（例如《德国民法典》第425条第2款明示的列举），而既判力抗辩与诉讼系属的抗辩在法制史上系出同源，[①] 且一般而言，两者的主观范围、客观范围也具有一致性，既判力应当被视为诉讼系属的结果；就此意义而言，应依举重以明轻（罗马法谚：argumentum a maiore ad minus）之法理，对诉讼系属这一事实类推适用确定判决（既判力）仅对特定连带债务人发生效力的规定。[②]

第二节　关联纠纷裁判矛盾在诉讼法上的肇因

一　既判力相对性原则及其例外

民事诉讼程序将实体权利义务的纠纷划分为对立的双方当事人以及诉讼标的，通常情况下，确定判决的既判力仅具有相对效力，也就是说，既判力本该仅及于双方当事人而已。判决是为解决当事人之间的纠纷，因此只要拘束法院和两造当事人即可。一般而言，审判是由法院据当事人提出的事证资料、辩论进行的，如果不赋予案外第三人以辩论机会，也要将判决效力及于该第三人、强迫该当事人接受裁判的约束，将剥夺当事人的受到程序保障的利益。[③] 因此，在诉讼外的其他人之间、当事人中一人与诉讼外的其他人之间、当事人与其诉讼代理人之间、共同诉讼人之间，原则上不应发生既判力。

但是在有法律及法理的支持的情况下，如果不将判决效力波及当事人与案外第三人之间，则当事人获得的判决解决纠纷的实际效果有发生空洞化的危险；或者，在特定事件中，将无法在所有相关人之间做出统一的处

---

① 关于诉讼系属的法制史研究，参见廖浩《德国法上重复起诉禁止制度评析》，载齐树洁主编《司法改革论评》2016年第1期。

② 德国实务对该问题的详细讨论，vgl. OLGZ 1970, 357。

③ 《德国民诉法》上有"听审请求权"的规定。一些大陆法系国家与地区的民事诉讼理论根据"人民的财产权、诉讼权应受保障"这条法理推导了类似的要求。

理，此时即适宜将既判力一般地扩张及于第三人。① 另外，在破产程序及公司重整程序中，② 如果未参与程序的破产债权人或公司债权人如果一概不受该程序中法院做出的裁判效力所及而可另行起诉，则不但法律关系将变得复杂，也有可能造成在不同的程序中发生裁判的矛盾；所以在解释上此类程序的结果（裁判）的效力应及于未参与诉讼的破产债权人或公司债权人。再有，确认身份关系存在与否或将其撤销的诉讼的判决，如果认为它仅有相对效力且判决效力不及于第三人，则有害于身份关系的安定。又如果在公司关系纠纷中，倘若仅在诉讼当事人间为个别的、相对的解决，将使法律关系趋于不安定。在比较法上，日本立法即明文规定，股东提起的公司设立无效之诉的胜诉生效判决效力及于第三人。此种规定便符合民事诉讼的法理。

在引言的例一中，债权人对主债务人提起的前诉与债权人对连带保证人提起的后诉是两个独立的诉。债权人对主债务人提起的前诉，不符合既判力扩张至保证人的条件。另外，我国《民事诉讼法》第 179 条第 1 款中再审事由"据以作出原判决、裁定的法律文书被撤销或者变更的"之规定不是我国独树一帜的规定。在比较法上，《德国民诉法》第 580 条、日本旧民诉法第 420 条都与我国《民事诉讼法》第 179 条 1 款的规定相似；其仅指后诉裁判曾以该项法律文书为法官心证判断事实之资料，不必然要求后诉判决受该裁判或行政处分的拘束；因此，本条规范当然没有"之前有法律文书，后诉法院即须受其拘束"的意思。故本例中前诉判决效力不论结果是胜诉还是败诉，看来都仅及于债权人与主债务人之间。然而这样

---

① 例如，《德国民诉法》第 325 条第 1 款规定："确定判决的效力，其利与不利，及于当事人在诉讼系属发生后当事人的承继人以及作为当事人或其承继人的间接占有人而占有系争物的人。"本条仅大致规范了既判力的主观范围，上述既判力扩张的情形存在着例外及这些例外的例外情形；因与本书无关，故此不赘。具体详见 ［德］罗森贝克、施瓦布、戈特瓦尔德《德国民事诉讼法》（下），李大雪译，中国法制出版社 2007 年版，第 1174—1180 页。《日本民事诉讼法》第 115 条规定了"确定判决效力波及的人的范围"："确定判决对以下所列的人有其效力：（一）当事人；（二）当事人为他人而成为原告或被告时的该他人；（三）在口头辩论终结后本款前两项所列的人的承继人；（四）为本款的前三项所列的人而持有诉讼标的的物的人"；我国台湾地区"民事诉讼法"第 401 条规定："确定判决，除当事人外，对于诉讼系属后为当事人之继受人者，及为当事人或其继受人占有请求之标的物者，亦有效力。（第一项）对于为他人而为原告或被告者之确定判决，对于该他人亦有效力。（第二项）……"

② 参见 2011 年《民事案件案由规定》第二十三类案由"与破产有关的纠纷"。

的认识与实体法秩序是否协调，颇有疑问。

二　既判力相对性招致的实体法窘境

在债权人对主债务人提起的前诉中，主债务人抗辩债权债务关系不成立，从而债权人获得败诉的生效判决。在后诉中，连带保证人未主张主债务人的抗辩，假设此时保证合同本身存在，则保证人将对连带保证人获得败诉判决。这时出现了主债务不存在而保证债务存在的实体法格局，[①] 这显然有悖于社会大众的通识。

另外，如果在债权人对主债务人提起的前诉中，债权人获得了胜诉判决，而在后诉中，连带保证人根据《中华人民共和国担保法》（以下简称《担保法》）第 20 条提出了主债务人未主张的抗辩，使得主债务人获得了败诉判决。[②] 从实体法上看，"主债务存在、保证债务不存在"这一情形较"主债务不存在，保证债务存在"的格局符合常理。

由于民事诉讼中采取处分原则和辩论原则，这可能导致法院的认定出现"主债务不存在、保证债务存在"这样的结果。根据处分原则，[③] 保证人可以在后诉中认诺主债权人的请求。根据辩论原则，"当事人未主张的主要事实，法院不得作为裁判的基础；且自认有拘束法院和当事人间的效力"；后诉中的保证人未援引主债务人在前诉中主张过的抗辩，或者其因为诉讼策略的失误等原因做出自认时，也可能获得败诉判决。在这种情况里，"因保证人实施诉讼水平的拙劣而导致其利益受损，也可以说是无可奈何的事情"[④]。从实定法的立场看，法院分别认定"主债务不存在""保证债务存在"之结果"并不是特别的不可思议"。[⑤] 根据纠纷解决的相对性原理，后诉中当事人不受前诉主债权人与主债务人诉讼的结果的影响，那么法院在债权人与保证人的后诉中认定主债务存在，进而认定保证债务存在，这在逻辑上是可行的。并且，法院做出这种认定，也不违反所谓的保证债务从属性原理。因为，保证债务从属性只是要求"在主债权人对保

---

① 当然，按照既判力实体法说与权利实在说、具体规范说，权利、法在特定当事人间发生、变更或者说创制、具体化，这些也正是因为纠纷相对性解决和既判力相对性原则。

② 我国《担保法》第 20 条为："债务人放弃对债务的抗辩权的，保证人仍有权抗辩。"

③ 当事人可以为请求的舍弃、认诺。

④ ［日］新堂幸司：《新民事诉讼法》，林剑锋译，法律出版社 2008 年版，第 514 页。

⑤ 同上。

证人提起的后诉的审理中，如果主债务被判断为消灭，则依据保证债务的从属性，保证债务也被判断为不存在"。故而，保证债务的从属性不能超越单个诉的范围，① 也不能据此僭图法院在前后两个不同的诉中的判断符合从属性的实体法规定。

　　然而，如保证人在主债权人对之提起的后诉中遭受败诉判决后，又向主债权人起诉行使求偿权，那么在这第三个诉讼中，"是否承认保证人的这种追偿请求，就涉及在保证人与主债务人的诉讼中是否认可主债务及保证债务的问题"②。在采用辩论原则和心证原则的情形之下，法院既有可能做出与第一个判决相符的判决，③ 也可能做出与第二个判决相符的判决。如果第三个诉讼中，保证人的求偿权获得法院确定判决认同，④ 那么主债务人在主债权人对之提起的第一个诉讼中的成果实际上就要化为乌有。至于主债务人能否向主债权人提起第四个诉讼依据不当得利之规定请求主债权人返还给付很有疑问。有学者认为在第三个诉讼中，主债务人对保证人败诉意味着，"主债务人存在着导致其败诉的责任，因此必须切断（主债务人与债权人之间的）不当得利的因果关系，否则就会陷入无限的循环过程中"，故主债务人如对主债权人提起第四个诉讼，法院应以诉无理由驳回。但是，上述说法认为"在第三个诉讼中，主债务人存在着导致其败诉的责任"，其说理基础是否牢固，仍有疑问。有的日本学者即提出不同意见。⑤ 可见在实体法上对第四个诉讼的判断（本案之事实是否符合损益变动之因果的要件，从而第四个诉讼的标的——不当得利返还请求是否成立）是相当棘手之事。

---

　　① 这里指诉的主观要素和客观要素的限定。

　　② 参见［日］高桥宏志《民事诉讼法——制度与理论的深层分析》，林剑锋译，法律出版社 2007，第 617 页，注 11。

　　③ 此处的"相符"，指两个诉讼中法院对于实体权利义务关系内容的判断的一致性。

　　④ 从纯粹设例的角度，考虑到"有的保证人和主债务人关系很密切"等诉外因素，主债务人在诉讼中愿意赔偿给保证人也不是完全不可能。

　　⑤ 日本学者谷口安平对主债务人提起第四个诉讼持肯定态度，其认为主债务人的请求应获承认。参见［日］高桥宏志《民事诉讼法——制度与理论的深层分析》，林剑锋译，法律出版社2007 年版，第 617 页，注 11。

三 诉讼中事实认定的特质

从宏观上来讲，之所以发生第四个诉讼这样的疑难，是实体法与程序法性质不同所致。我国台湾地区学者吕太郎、黄国昌认为：实体法事实系虚拟的真实，而诉讼法面临的重要课题是发现真实；孤立地看实体法的某个规范，它是静止不动的，但诉讼始终处于一定的进程；诉讼成本也未被实体法计算在内。就第一点而论，实体法的请求权基础（规范）仅规定了法律适用的前提事实，而不问这些事实在现实中是否存在；因为在实体法的"世界"里，权利和事实确定无疑、一目了然。反之，在诉讼中适用法律则还须确定小前提——事实是否存在。纵然在生活中的确发生过某一事实，但是如果法官对之未能形成确信的心证，也不能认为其存在而可适用实体法规范。而且，既判力相对性原则也要求，判决所确定的"物"原则上只对于双方当事人之间而言存在，由此，"既判力使绝对权变得相对化"①。那么就不难理解为什么可能会有"主债权人对主债务人提起的前诉中认定主债务不存在；而在主债权人对保证人提起的后诉中认定主债权存在"这种看似不合理的现象存在。②

如前所述，在实体法上，处处可见一权利义务关系成为另一权利义务关系的前提，或者虽然在结构上相互平行却彼此影响的例子。实体法规范之间的关系复杂，实际上也是因为实体法所来源的生活利益态样联系广泛，以至于双方当事人的诉讼在结果上牵涉很多一方当事人与案外人之间的法律关系：双方当事人似乎并非单为自己的利益实施诉讼。德日谱系的诉讼法是这样将牵连的生活关系（关联纠纷）分割成一个个的纠纷相对地解决。

---

① 学说上常举的例子，是甲乙丙三人对同一标的物所有权发生纠纷，甲先以乙为被告起诉请求确认甲对该标的物所有权存在，经法院判决甲败诉确定；乙后以丙为被告起诉请求确认乙对该标的物的所有权存在，若经法院判决乙败诉确定，那么在甲乙之间乙的所有权存在、在乙丙之间乙的所有权不存在。参见［日］高桥宏志《民事诉讼法——制度与理论的深层分析》，林剑锋译，法律出版社 2007，第 620 页。

② 作为形象的譬喻，实体法对一定的事实赋予法律效果，正如古典力学构想物体在绝对真空里的运动；而诉讼法所处理的是"现实"领域里的事物，诉讼法自身——辩论原则和心证也使得权利和事实呈现出不同的面貌。所以，严格从实体法出发认为"两个诉讼中法院对事实的判断应该是一致"的这种观点仅在应然的层面是合适的。

　　另外，诉讼中事实的认定也涉及不同的审判组织和法官的心证。审判中法官经常会从间接事实推知主要事实，"在判断的连锁上，关于所谓一般社会常情之标准应如何界定，往往因前诉法官是否有很高的学问或丰富的经验，会有不同的判断结果"①。实际上事实的形成远较此复杂。首先法官必须就个案寻求法律，根据法律观察、拣选事实；即使在小前提的判断中，亦可能涉及"感觉、对人类行为的解释、对社会经验的认识、价值判断、② 对意思表示的解释"等事项。法官要根据自己的能力自行负责地进行判断。法官个人不同的能力、其是否审慎都可能影响到前后诉的判断是否一致。

第三节　规避或解决问题的途径试析

　　应付前后诉判断不一致的情况，大体有以下三种思路：一是扩大诉讼主体规模，即将后诉的保证人拉入诉讼并使其受本案判决的拘束；二是沿袭我国《最高人民法院关于民事诉讼证据的若干规定》（以下简称《证据规定》）中关于预决效力的规范模式，延伸预决效力的主观范围，使案外人受前诉中判断的预决效力的拘束；三是考虑在适当情形中，以后诉的被告（保证人）援用或法院依职权将前诉判决的效力扩张及于该保证人，以免裁判在实体法上发生矛盾。在这三种途径中，预决效力或免证事实属于我国民事诉讼中的特有制度，而判决效力主观范围则是大陆法系民事诉讼基础理论中的范畴，因此需要区分这两者进行探讨。而第一种思路中扩大诉讼主体参与规模的做法，又包括两种方法：一是通过对共同诉讼的形态展开构想，将案外人作为共同诉讼当事人拉入前诉，二是强化诉讼参加制度，将案外人作为前诉中的第三人。

一　诉讼主体规模的扩大

　　所谓通过共同诉讼的形态展开构想，是指通过将未参与前诉的保证人

---

① 参见我国台湾地区"民事诉讼法"研究会第103次研讨记录曾华松教授发言部分。

② 例如拉伦茨在《法学方法论》中指出的，对所有权变动原因之一的"加工"这一法律事实的解释涉及价值判断。

卷入主债权人与主债务人的诉讼中，以此实现纷争一次解决、预防裁判矛盾、重复审理的理念。大陆法系民事诉讼理论的通说认为，在主债权人为一方当事人，而相对方的保证人与主债务人组成联军的情形，此时既无"合一确定的必要"，亦无"共同起诉的必要"，故此种诉的主观合并的形态为普通共同诉讼。在主债权人与保证人之间、主债权人与主债务之间，两个诉讼标的是不同的；而作为必要共同诉讼基础的"合一确定之必要"以诉讼标的的同一性作为默认前提。① 主债务与保证债务虽有紧密关联，但在实体法上被认为是不同的债务，即使站在诉讼标的新说②的立场上也是两个不同的诉讼标的（因为其主体不同）。因而日本学者认为，"将诉讼标的不同一的诉讼解释为必要共同诉讼，总让人觉得有些勉强……"③

同时，我国《最高人民法院关于适用〈中华人民共和国民事诉讼法〉的解释》（以下简称《民诉解释》）第 66 条规定了保证关系诉讼的多数当事人形态。④ 本条第一句指出保证人与主债务人一同被诉可为共同被告，但是它没有明示那究竟是必要共同被告抑或普通共同被告，因为纵然那是普通共同诉讼，当事人一并起诉的，法院也应将其列为共同被告；而第三句规定主债务人可以单独被诉。将此条解释适用于本书引言中所举之例（主债权人先对主债务人起诉的情形），无论何种保证，都没有合一诉讼的必要。主债权人对保证人提起的后诉，如保证合同明确约定保证人承担连带责任，则主债务人与保证人不需要合一诉讼；如果保证合同未明确约定保证人承担连带责任，那么主债务人与保证人必须合一诉讼。当然，因为本条用语模糊，也有观点据本条认为保证人与主债务人为必要共同诉讼被告。

---

① 学说上此种合一确定之必要为"法律上的必要性"，以区别于在实体法上逻辑上应统一处理的"理论上的必要性"或"逻辑上要求合一确定"。

② 此处的诉讼标的新说是日本学者、原法务相三月章提出的新诉讼标的说，依据此说，在给付诉讼中以债权人享有的"受领权"为诉讼标的。

③ 参见［日］高桥宏志《重点讲义民事诉讼法》，张卫平、许可译，法律出版社 2007 年版，第 219 页。

④ 条文为："保证合同纠纷诉讼，债权人向保证人与主债务人一并主张权利的，法院应将保证人与主债务人列为共同被告；债权人仅起诉保证人的，除保证合同明确约定保证人承担连带责任的外，法院应通知主债务人作为共同被告参加诉讼；债权人只起诉主债务人的，可仅列主债务人为被告。"

但是，一并诉讼不等于有"合一确定之必要"，① 所以那种认为本条解释的含义是保证人与主债务人构成必要共同诉讼被告的观点，恐怕有欠妥当。退一步说，主债权人单独起诉保证人，在一些情形，法院"应通知主债务人作为共同被告参加诉讼"；而主债权人单独起诉主债务人，却不要求法院"应当"追加保证人参加诉讼：那么，这个似乎是"片面的"合一诉讼。再退一步说，即使认为本条中合一诉讼就是要求法院合一确定这两个不同的诉讼标的，也只是在保证合同未明确约定保证人承担连带责任且只有主债权人起诉保证人时为"必要共同诉讼"：要说它是必要共同诉讼，也只能认为它是与类似必要共同诉讼相近似的类型了；在明确约定保证人承担"连带责任"的情形，主债权人与保证人、主债务人间仍构成普通共同诉讼。退一万步说，此前设想的案例是，前诉主债权人对主债务人的诉讼受败诉判决并经确定（债权人先起诉保证人的情形不属于这种情形），如果主债权人分别先后起诉主债务人与保证人，这仍然可以，此时并无《民事诉讼法》第111条第（五）项规定适用之余地。② 所以无法将债务人作为保证人的共同被告，当然也达不到统一纷争解决的目标。本段落对我国保证的共同诉讼关系分析的三个"让步"的层次所总结的争点分别为：（将保证纠纷构想为）普通共同诉讼、与类似必要共同诉讼近似的类型、主债权人分开起诉主债务人与保证人；恰巧在内容上，与大陆法系民事诉讼相关理论所讨论的几个点相似，为免重复，本书将以大陆法系民诉法理为主轴展开论述。

按照主债务人与保证人是普通共同诉讼被告的通说，此时有主张共通原则与证据共通原则之适用。主张共通原则是指"主债务人中一人为某项主张，而他共同诉讼人未积极为抵触的行为，则以有利于他共同诉讼人者为限，其效力及于他共同诉讼人"③。证据共通原则是指，"由共同诉讼人中一人声明的证据方法而得到的证据资料，若他共同诉讼人未表反对，且

---

① 日本民诉学者认为，"合一确定的必要"指要求的诉讼资料统一和程序统一进行，"共同诉讼的必要"指要求一定范围内的人须共同诉讼。各种共同诉讼类型在"合一确定的必要""共同诉讼的必要"上的不同，参见［日］高桥宏志《重点讲义民事诉讼法》，张卫平、许可译，法律出版社2007年版，第182—186页。

② 条文为："对判决已发生法律效力的案件，当事人又起诉，法院应告知原告按申诉处理。"

③ 例如，主债务人主张其在诉前清偿了全部债务，纵然保证人不主动援引甚至缺席未参加辩论，也视为其已经提出了"主债务人清偿"的主张。

法院未为分别辩论时，即得成为共同之证据资料而作为其他共同诉讼人的裁判基础"①。

但是，如果主债权人选择了分开起诉主债务人与保证人，特意挑选防御能力较弱的保证人进行诉讼；② 而法院未察其谋，所以未将两个诉讼合并辩论、合并审理，则主张共通和证据共通无法发挥作用。③ 所以一些日本学者很有道理地认为，分开辩论极为不当，虽不违法。④

那么，为避免法院以主债权人与主债务人、保证人间的诉讼为普通共同诉讼而分开辩论，日本学者铃木正裕认为，主债务人与保证人作为共同被告的诉讼也发生判决效（既判力）的扩张，因此应将其解释为类似必要共同诉讼。⑤ 但此说在日本为少数说，日本多数学者坚持必要共同诉讼以其诉讼标的同一性为前提。即使认为那是类似必要共同诉讼的形式，其合一确定的必要也仅存在于主债务存否的部分，保证债务存否的部分由保证人单独诉讼即可，这是一种片面的合一确定之必要性：主债务人的主债务存否受到合一确定规则的约束，而保证人的保证债务存否则不受此约束。⑥ 与之近似的学说则是准必要共同诉讼说。⑦

---

① 日本的判例和通说都主张普通共同诉讼应适用证据共通原则，且按照有力说（新堂幸司教授的观点），在普通共同诉讼中还应采主张共通原则。参见［日］高桥宏志《重点讲义民事诉讼法》，张卫平、许可译，法律出版社 2007 年版，第 233 页。

② 事实上未必总是如此。如果保证人参与了主债务人与主债权人的交易磋商过程，那么保证人很可能知晓案情。此处仅假设，保证人对主债务人与主债权人间的交易磋商内容知之甚少。

③ 此处不存在适用《中华人民共和国民事诉讼法》第 136 条第 1 款第 5 项"本案必须以另一案的审理结果为依据，而另一案尚未审结的"的空间。如本书所述，主债权人与保证人的诉讼结果按照实定法不"必须"受主债权人与主债务人判决结果的影响。

④ 高桥宏志、新堂幸司持此种观点。参见［日］高桥宏志《重点讲义民事诉讼法》，张卫平、许可译，法律出版社 2007 年版，第 232 页。

⑤ 参见［日］高桥宏志《重点讲义民事诉讼法》，张卫平、许可译，法律出版社 2007 年版，第 217 页。

⑥ 类似必要共同诉讼一般是要求类似必要共同诉讼一方的多数当事人间请求或被请求同类和同种。但是，根据日本学者铃木正裕的观点，主债务判决效拘束保证人，主债务人却不受保证债务效力的约束。日本相似的学说认为在判决内容不要求同一的情形下也可成立类似必要共同诉讼。这种学说对于必要共同诉讼的架构大有影响。所以高桥宏志认为必须仔细研究再下结论。

⑦ 中村英郎教授在说明准必要共同诉讼时举的例子是请求履行连带债务，法院就连带债务是否成立应当合一判断。高桥宏志、新堂幸司持此种观点。参见［日］高桥宏志《重点讲义民事诉讼法》，张卫平、许可译，法律出版社 2007 年版，第 221—222 页。

而将主债权人和主债务人、保证人间的诉讼构想为片面的共同诉讼（类似必要共同诉讼）与普通共同诉讼说所存在的共同缺陷是，两者皆未考虑合一起诉或应诉之必要的含义。当事人分别诉讼时，法院就无法对基础的法律关系（主债务存否）合一确定，这尤其是因为一人上诉（形式有利的诉讼行为），其效力及于全体；除非修正该原则，此路径才有实现希望。因此，此说在理论构成上、实务操作方法上都存在疑问；罗森贝克于1933年即批评"对作为前提的法律关系合一确定、其他部分不合一确定"的想法，其认为如此实施诉讼（准必要共同诉讼）实际上不可能。因此，只能期待以后共同诉讼理论的重构能够提出更有启发的思想。①

在其他的实体法上牵连的情形中，除了一些例外的情形，② 多数构成普通共同诉讼。合伙债权人对合伙组织及合伙人间诉讼、主债权人对各连带债务人间诉讼、出租人对承租人与转租人间诉讼，均不必合一诉讼。③ 故保证的例子依法理都可推及上述的情形。

作为将保证人卷入诉讼的另一种途径，诉讼参加制度是颇有吸引力的。我国民诉法规定的第三人诉讼制度是一般意义上的诉讼参加制度的一种形式，《民事诉讼法》第56条第2款规定了无独立请求权第三人制度。④ 根据《担保法解释》第127条，"债务人对债权人提起诉讼，债权人提起反诉的，保证人可以作为第三人参加诉讼"。通常认为，反诉是独立之诉，债务人对债权人之本诉的诉讼系属纵然消灭，债权人对债务人之反诉仍然存在；而且，根据《担保法解释》第127条，债权人起诉主债务人，保证人亦可作为第三人参加诉讼。法院可以依职权通知保证人参加诉讼，这样，就扩大了纠纷解决的范围，赋予保证人事先的程序保障。

然则，正如许多批评所指出的，无独立请求权第三人制度存在诸多不

---

① 高桥宏志、新堂幸司持此种观点。参见［日］高桥宏志《重点讲义民事诉讼法》，张卫平、许可译，法律出版社2007年版，第234—243页。

② 如共有物返还诉讼。

③ 我国学界一般认为，连带债务诉讼中，各债务人为必要共同诉讼。此说存在着不合理的因素，部分学者已经对此提出批评，详见本书第三章的讨论。

④ 条文为："对当事人双方的诉讼标的，第三人虽然没有独立请求权，但案件处理结果同他有法律上的利害关系的，可以申请参加诉讼，或者由人民法院通知参加诉讼。人民法院判决承担民事责任的第三人，有当事人的诉讼权利义务。"

足。法院依职权通知该第三人参加诉讼，诚然是扩大纠纷解决实效性的良方，① 然而，该第三人的诉讼权利受到限制，其对被参加方当事人（主债权人）的自认、认诺、舍弃无法限制，在被参加方因故意或重大过失而未提出参加人不知的攻击防御方法等情形，保证人（第三人）所享有的程序保障并不充分；此时，法院对保证人做出一个生效后有既判力的判决是否正当，颇有疑问。② 再者，第三人参加诉讼，因为其不是有独立请求的当事人，本来是辅助主债务人进行诉讼，与法院追加当事人不同，③ 法院对之做出判决，其理不通。但是，从《民事诉讼法》第56条中"人民法院判决承担民事责任的第三人"一语可以推断，在主债权人对主债务人起诉、保证人作为第三人参加诉讼时，法院可直接对主债权人与保证人之间的法律关系做出判决，④ 那么，这判决效力的性质是什么？是否为既判力？主债务人与保证人之间是否应受判决的影响？⑤ 如果影响，则判决将规制保证人将来可能的追偿权之行使，则此种影响的性质又是什么？最后，综观我国《民事诉讼法》56条2款，其规范定位（机能）为何？

《民事诉讼法》中的无独立请求权第三人制度虽为我国的独特立法，但学界有观点认其为诉讼参加的一种形式。⑥ 在比较法上与无独立请求权第三人制度近似的是诉讼参加的一种类型：辅助参加。⑦ 辅助参加的大体

---

① 我国台湾地区于2003年修正其"民事诉讼法"时增订的第67条之一第1项也规定"诉讼之结果，于第三人有法律上利害关系者，法院得于第一审或第二审言词辩论终结前相当时期，将诉讼事件及进行程度以书面通知该第三人"。这是"法院"依"职权"为诉讼告知的规范。

② 本段系讨论主债权人起诉主债务人时保证人作为无独立请求权第三人参加诉讼的情形。这里先行说明。

③ 《民事诉讼法》第119条规定，必须共同进行诉讼之当事人，没有参加诉讼的，人民法院应依职权通知其参加诉讼。很显然，保证人不是这里的"必须共同进行诉讼"的当事人。而在法院追加当事人后，被追加的当事人进入诉讼中，最后受本案确定判决既判力的拘束。

④ 主债权人与主债务人间的法律关系当然受到法院裁判，无须说明。

⑤ 该判决包括了法院对主债权人与主债务人间的法律关系以及主债权人与保证人间的法律关系的判断。

⑥ 参见田平安主编《民事诉讼法原理》，厦门大学出版社2007年，第99—100页。

⑦ 辅助参加的规定，见《德国民法典》第66、67、68、70、71条，《日本民法典》第42、43、44、45、46条。对我国民事诉讼法中关于无独立请求权第三人的规定中可能包括其他诉讼参加制度的看法，可见本书第一章中的讨论。

含义是"就双方当事人的诉讼有法律上利害关系的第三人，[1] 为避免因当事人间诉讼败诉的结果使自己蒙受不利，所以辅助一方当事人攻击防御，而参加到已发生的系属中"。辅助参加的一个传统类型是"如果被参加人败诉将导致辅助参加人被提起求偿、损害赔偿或其他诉讼"[2]，作为此种类型的"亚型"，当主诉的法律关系是参加人周遭的法律关系在实体法上的先决关系，也可申请辅助参加。[3] 对于法院对涉及辅助参加的诉讼的裁判，除例外情形，[4] "辅助参加人在他对于被参加人的关系上，不得主张本诉裁判不当（包括判决理由中的判断）"[5]。例如债权人请求保证人履行保证债务，在诉讼中主债务人为辅助参加，虽然保证人与主债务人联军在诉讼中已竭尽全力攻击防御，但仍然败诉，此时发生参加效力。[6] 其效果为，"在此后保证人对主债务人提起的求偿诉讼中，保证人可获得胜诉判决"。通说认为，辅助参加人与（被辅助参加方的）对方当事人间不发生这种约束力。

此种拘束力属于既判力还是参加效力，日本学者间曾有争论。[7] 早期的学者是将这一效力作为"受限制的既判力"（性质上不同于传统的既判

---

[1] 德、日、我国台湾地区在学说上对辅助参加制度的探讨不尽然相同，所以只能说是"大体"上如此。

[2] 比如"主债权人起诉保证人请求履行保证债务，而主债务人辅助参加保证人一方"的情形。此时主债务人被认为有辅助参加的利益，因为倘若保证人败诉，可能会对主债务人提起追偿之诉。高桥宏志、新堂幸司持此种观点。参见［日］高桥宏志《重点讲义民事诉讼法》，张卫平、许可译，法律出版社 2007 年版，第 287 页。

[3] 比如在与上一脚注中所列举的情形相反的情形（债权人起诉主债务人、而保证人辅助参加主债务人一方）。参见［日］高桥宏志《重点讲义民事诉讼法》，张卫平、许可译，法律出版社 2007 年版，第 285、287 页。

[4] 例外情形大致是：（1）因参加之诉讼程度，已不能使用攻击或防御方法；（2）因被辅助当事人的行为，不能用可以主张的攻击防御方法；（3）因被辅助当事人的故意或重大过失，不用当事人所不知的攻击防御方法。

[5]《德国民诉法》第 68 条。而《日本民诉法》第 46 条似乎未限定本诉判决之效力仅及于辅助参加人与被参加人间。

[6] 效力的含义是，辅助参加的主债务人不得再对保证人（被参加人）主张主债务不存在。

[7] 与《德国民诉法》第 68 条"不得主张裁判不当"的用语不同，《日本民诉法》第 46 条的用语为"与辅助参加有关诉讼的裁判，对于辅助参加人亦生效力"。

力）来处理的。① 之后通说则认为此种拘束力是参加效力，是"被参加人与辅助参加人共同承担败诉责任之衡平原则"的体现。②

对于通说的"辅助参加人与（被辅助参加方的）对方当事人间不受主诉裁判约束"之见解，③ 日本于 1965 年以后产生了批判的有力说。④ 批判的根据是，辅助参加人协助被参加人与对造进行了实际的诉讼，共同形成了判决的基础（事证资料）；如果允许辅助参加方对诉讼的结果推卸责任，⑤ 对被参加方的对造不公平，有违诚实信用原则，因此其应在一定范围内受法院判断之拘束。作为批评者之一的新堂幸司教授认为，当主诉请求的判断构成辅助参加人与对方当事人间权利义务关系之先决问题时，⑥ 主诉的既判力主观范围的扩及对方当事人与辅助参加人之间的关系；⑦ 当然，如参加效力因例外不能发生，被参加方之对造与辅助参加人间自然不发生既判力主观范围的扩张。⑧ 那么，在本书引言中所举的例子中，主债权人对主债务人提起的诉讼中，保证人作为辅助参加人进入系属，主债权

① 具体学说，尤其是加藤正治（1871—1952 年）的论点，参见［日］高桥宏志《重点讲义民事诉讼法》，张卫平、许可译，法律出版社 2007 年版，第 303 页，注 43。关于此种效力性质争议的前史，见王锡三《论本案判决对第三人的效力》，《现代法学》1993 年第 4 期。

② 通说的理由是：通常所谓既判力不论胜败均发生，参加效力有时仅在被参加人败诉时产生（被参加人胜诉时亦发生。参见［日］新堂幸司《新民事诉讼法》，林剑锋译，法律出版社 2008 年版，第 570—571 页）；既判力仅在判决主文中发生，参加效力可发生于判断理由中；既判力无除外情形，而参加效力有发生之例外情事；参加效力须经当事人援用，既判力则是由法院职权调查。

③ 日本的下级审法院曾在一份判决书的旁论部分里否定了辅助参加人与对方当事人间不存在判决效力，认为在此无诚信原则适用的余地，受到高桥宏志教授的指责。同时，笔者在新堂幸司、高桥宏志的教科书中，未发现支持批评说的判例列举。具体参见［日］高桥宏志《重点讲义民事诉讼法》，张卫平、许可译，法律出版社 2007 年版，第 324—325 页。

④ 有力说主张者为铃木重胜、新堂幸司、井上治典（1941—2005 年）。参见［日］高桥宏志《重点讲义民事诉讼法》，张卫平、许可译，法律出版社 2007 年版，第 305 页。

⑤ 在主债权人与主债务人间发生诉讼而保证人辅助参加的场合，主债务人败诉时，依据通说，保证人不受判决效力的影响，只是事实上对保证人不利。

⑥ 所谓对方当事人即辅助参加人所辅助方的对方当事人，因为辅助参加人与被参加人是联合作战，主诉中的对手也是辅助参加人之对方当事人。

⑦ 新堂幸司教授一贯坚持争点效力的观点，所以在本诉中发生之争点效也在辅助参加人与被参加人之对造间发生。即，此处也包括争点效力主观范围扩张。

⑧ ［日］新堂幸司：《新民事诉讼法》，林剑锋译，法律出版社 2008 年版，第 568—569 页。

人与主债务间关系得到确定的判决后，受到既判力的拘束。按照新堂幸司教授的看法，主债务存否的判断在主债权人（对方当事人）与保证人（辅助参加人）间发生拘束力，不论胜败；前诉的诉讼标的与后诉的诉讼标的处于一种先决关系的情形是既判力发生积极作用的表现，后诉法院应以前诉判决为基准做出裁判，主债务存否是诉讼标的，是后诉标的保证债务存否的先决问题，所以属于既判力的扩张（虽然有不发生这种效力的除外情形存在），即法院在认定保证债务存否时受既判力的拘束。

不过，日本学者高桥宏志教授却对于"保证人与对方当事人间发生之拘束力为扩张的既判力"的观点提出质疑。他提出，在参加效力例外地不发生的情形，并不发生"既判力"的扩张。其根据在于，"由于既判力作为一种制度性效力是绝对发生的，因此与既判力的定义并不相符"。而且，如果在保证人辅助参加的例子中，主债务人（被参加人）缺席不为任何诉讼行为，保证人也缺席不为任何诉讼行为的话，倘将判决效力及于保证人，是不合适的。另外，考虑到参加效力不发生即不拘束保证人与主债权人，被参加人（主债务人）应当竭尽全力攻击防御，应认为此种效力为争点效，[①] 亦即，在主诉中的判决主文是"主债务不存在"时，判决主文发生争点效，[②] 及于保证人与主债权人间。

个人以为，高桥宏志教授的见解是较为合乎逻辑的。同时，在解决本书引言中所述案例中的疑难问题时，运用辅助参加和诉讼告知，将有利害关系的第三人（保证人）卷入诉讼，是有效的做法。对民事诉讼法中的无独立请求权第三人制度来加以完善充实是颇为诱人的。但是，日本通说在判决效力上所持的保守见解不能解决本书引言中所述案例的问题；并且，新堂幸司和高桥宏志教授的见解，尚停留在过渡时期，并不明确；此外，争点效理论在日本实务也未得到无保留的接受，而在我国台湾地区，2003 年通过"修法"扩张了参加效力的范围。其具体规定了"被参加人对参加人不得主张本诉裁判不当"，不过未将之扩及"参加方与对方当事

---

① ［日］高桥宏志：《重点讲义民事诉讼法》，张卫平、许可译，法律出版社 2007 年版，第 306—307 页，注释 47。

② 高桥宏志教授认为，判决主文产生争点效未必违反学理。参见［日］高桥宏志《重点讲义民事诉讼法》，张卫平、许可译，法律出版社 2007 年版，第 307 页，注释 47 及［日］高桥宏志《民事诉讼法——制度与理论的深层分析》，林剑锋译，法律出版社 2007 年版，第 523 页，注释 63。

人间"的关系。在保证以外的例子中，如第三人有参加利益，那么其具体的情况就与保证的情形如出一辙。总之，仍有待跟进、观察比较法上的理论及实务，等待相关的反馈结果；而在此之前，对辅助参加方面的努力还是采取谨慎的态度为好。

但是，程序法亦有适用法条的技术，例如在适用民诉法时也存在能否准用或类推适用的情形；因此，在条文的文义射程范围内进行解释作业——亦即，对于保证关系纠纷适用共同诉讼或诉讼参加之规定以因应实际的纠纷实态——并没有绝对禁止的理由。根据我国的无独立请求权第三人制度，由于法院可依职权追加保证人作为第三人，例如法院在所有的关联诉讼情形中都依职权追加前诉中的第三人，那么当前诉被告败诉时，第三人也会被判决要求给付，所以基本可确保不发生矛盾裁判。然而在"前诉中当事人未提及保证人等第三人、法院也无法查知而无从追加"的情形，仍有可能分开审理、判决；这种问题与通过共同诉讼解决问题的途径所面临的困境近似，虽然该问题发生的概率较小。

况且，我国民诉法中所规定的无独立请求权制度设计本身也并非没有任何的疑难之处。从实证的角度看，我国民诉法中所规定的无独立请求权第三人所受的判决效力，还存在着效力强度的扩张。《民事诉讼法》第56条第2款规定，无独立请求权第三人可被法院判决承担民事责任，[①] 既然第三人是受到判决，当然要被既判力拘束；而且，我国的两种诉讼参加的类型，在既判力拘束到第三人这一点上，并无差异。

但是，原告并未对无独立请求权第三人提出诉讼请求，而且，无独立请求权第三人在一审中不享有当事人的权利，因此，一审做出的判决如果生效就对无独立请求权第三人发生既判力这一点看来并不合适。除了存在着第三人一审不享有当事人的权利这一差异外，无独立请求权第三人的诉讼参加实际上构成了普通共同诉讼被告的追加。

如果从另一个角度思考，倘若立法原意是强调无独立请求权第三人从属的性格，因此无须赋予第三人过多的程序权利，那么就应当适度地削弱第三人所受到的判决效力。在比较法上，德、日的立法规定的这种效力的具体内容是，在参加人与被参加人的后诉中，双方不得争执前诉判决结

---

① 参见肖建华《论我国无独立请求权第三人制度的重构》，《政法论坛》2000年第1期。

果，这种效力被称为参加效力。① 部分学者出于纷争解决一次性的考虑，认为该参加效力本质是既判力，并且，这种既判力要在参加人与被参加人的对方当事人之间发生，不过，即使是这些学者，也仍然坚持在某些情形里限缩这种判决效力的扩张。② 相形之下，我国《民事诉讼法》第 56 条第 2 款的规定增强了无独立请求权第三人所受的判决效力的强度。

除了上述的问题点以外，无独立请求权第三人参加制度的内在逻辑还存在着不协调性。如果将《民事诉讼法》第 56 条第 2 款理解为当事人追加，其合理性是很成问题的。因为，本诉被告仍然处于诉讼中，其已经实施的诉讼行为，不论利与不利，在案外人参加前后不发生任何变化，所以参加并不需要本诉被告同意；而且，原告总是可以对案外人进行诉讼，对于案外人来说，即使赋予其拒绝被强制拉入诉讼的权利，也免不了原告对他另行起诉，从公益的角度看，参加反而可以防止出现裁判矛盾与司法资源的浪费，因此案外人是否加入诉讼也不需要得到案外人自身的同意。但是，本诉被告所实施的诉讼进度也要及于该参加人，并且参加人在一审不享有诉讼权利、只是附庸于本诉被告，这些做法却有失妥当。这些做法对参加人自己实施诉讼的权利保护不周，即使本诉原告在起诉时就将本诉被告与第三人列为共同被告，也不过是构成普通共同诉讼被告的关系，本诉被告与第三人实施的诉讼行为及其效力、法院的判决均彼此独立；何况第三人在参加前一直在诉讼外，甚至不知道诉讼进度等信息。不过，倘若第三人自愿引用本诉被告实施的诉讼行为，那么据此对第三人做出一审判决则无可厚非；或者法院也可将参加前的诉讼状况作为口头辩论的全趣旨的一部分，适度斟酌形成心证。③

正是因为我国无独立请求权第三人制度本身所存在的上述特殊性，如果将我国《民事诉讼法》第 56 条第 2 款理解为参加效力或有限制的既判力主观范围的扩张，则其合理性便存在着问题。从条文可以看出，第三人直接受到判决拘束，该判决可以确定他与本诉原告的权利义务关系；而且

---

① 参见［德］棱特、奥特马·尧厄尼希《民事诉讼法》，周翠译，法律出版社 2003 年版，第 430—431 页以及《日本民诉法》第 46 条。

② 参见许士宦《第三人诉讼参与与判决效主观范围（下）——以民事诉讼上第三人之程序权保障为中心》，《月旦法学杂志》2010 年第 4 期。

③ 参见陈荣宗等《"民诉法"研究会第六十六次研讨纪录》，载"民事诉讼法"研究会编《"民事诉讼法"之研讨》（八），财团法人"民事诉讼法"研究基金会 1999 年版。

在参加诉讼的方式上，也表现出接近于普通共同诉讼被告追加的特征，所以这里有别于受到参加效力拘束或既判力主观范围的扩张。

总之，在某些类型的案件（如保证）中，虽然案外人在实体法律关系上从属于一方当事人，但这并不表示，案外人在诉讼中也应当处于从属地位并需要直接受到判决的拘束。因为，判决以程序保障为前提，案外人既然没有受到独立的程序保障、享有当事人的诉讼地位，那么对他直接做出判决并不适宜。进而，弱化的程序保障宜赋予弱化的判决效力，例如参加效力或受限制的既判力。另外，《民事诉讼法》第56条第2款将追加普通共同诉讼被告制度与参加的从属性拼接在一起，造成一个内部难以兼容的规范，这使得制度的具体适用产生了诸多的困难。

二　前诉预决效力范围的扩张

1992年的《关于适用〈中华人民共和国民事诉讼法〉若干问题的意见》第74条第4项规定，已为人民法院发生法律效力的裁判所确定的事实，当事人无须举证。有学者据此认为，人民法院的裁判所具有的法律拘束力包括了事实认定的不可更改性。[①] 2001年的《证据规定》第9条对上述规定作了调整，规定"已为人民法院发生法律效力的裁判所确认的事实"无须当事人举证证明，但"当事人有相反证据足以推翻的除外"。学者们称这种效力为"预决效力"。

关于"预决效力"的性质，理论中大体上存在两种不同的认识。一种观点认为，《证据规定》第9条是关于免证事实的规定，仅有免除后诉当事人的举证责任的效力；在后诉当事人有相反证据足以推翻的情况下，后诉法院可以径行做出与前判决不同的认定，无须先通过再审程序变更前诉判决。[②] 另一种观点则将"预决效力"与判决效力联系在一起，[③] 认为《证据规定》第9条实际上将生效判决的既判力客观范围扩张到判决理由，或者说，塑造了一种新的判决效力类型。

但需要指出的是，在德、日及我国台湾地区并不存在《证据规定》

① 参见梁书文《民事诉讼法适用意见新解》，法制出版社2001年版，第140页。
② 参见宋春雨《生效裁判的事实证明效力》，载最高人民法院民一庭编《我国民事审判前沿》（2005年第2辑），法律出版社2005年版。
③ 参见胡军辉《民事诉讼中如何处理既判事实预决效力问题的思考》，《政治与法律》2010年第8期。

第 9 条那样的免证事实的规定。在上述国家与地区中，一般所称的"法院于职务上所已知之事实"（gerichtskundige Tatsachen），不需要当事人举证。"法院于职务上所已知之事实"，指法院在执行其职务时获知的事实，① 而且要求审判人员对这些事实保持明确的记忆；在调阅卷宗后才知悉的事实，根据通说不能免证。这一类事实的示例有，审判人员自己做出过的判决。② 很明显，如果按照这里所引述的规定，《证据规定》第 9 条中的前判决所认定的事实，在大多数情况下，将不能免证。因此个人倾向于将"预决效力"纳入判决效力的外延里。

因此，可以认为，我国的判决效力不仅及于其主文，而且也及于判决理由中所认定的事实。按照大陆法系民事诉讼理论框架，这是判决效力向判决理由中的判断扩张的规定。然而预决效力本身的理论架构仍然存在着一定的争议。在比较法上，按照德、日等国的立法与传统学说，既判力及于判决主文与抵销抗辩、不及于除此之外的判决理由部分。虽然有德国学者提出既判力扩张至判决理由部分，但由于诉讼标的 ＝ 判决主文 ＝ 既判力客观范围这一公式已经成为固定的思维框架，判决理由发生既判力的学说并未得到广泛的认同。此外，日本学者新堂幸司教授提出争点效理论，试图将判决理由的效力设置为一种独立的效力，以摆脱上述思维框架的制约。不过争点效一直没有成为日本的通说，德国、奥地利、日本等国实务也不采纳。③

我国有学者认为，可以按照争点效理论完善我国的预决效力，即在"当事人有相反证据足以推翻"这一例外以外加上争点效发生的要件作为预决效力的发生要件。但是，《证据规定》第 9 条的"相反证据"一词，并未排除当事人举出前诉中本来可以提出、但未提出的证据，表明了预决

---

① 这里的"法院"，在日本及我国台湾地区的文献中，指诉讼法上的法院，指由法官所组成的专门从事审判工作的法院内部机构（等同于我国常用的"审判组织"），以区别于法院组织法中的法院（又称为"国法意义上的法院"）。参见 ［日］三月章《日本民事诉讼法》，汪一凡译，黄荣坤校订，五南图书出版公司 1997 年版，第 287 页。

② 参见骆永家《举证责任论》，商务印书馆 1972 年版，第 32 页。

③ 我国台湾地区"最高法院"从 1984 年度台上字第 4062 号"判决"开始，采用"争点效"的"裁判"多于反对的"裁判"；但有一点不容忽视，那就是至 2008 年止，尚未有一例承认"争点效"的"判决"被选为"判例"，即采纳"争点效"的"判决"并无事实上拘束力。参见陈启垂《争点效》，《月旦法学教室》2008 年第 12 期。

效力并无遮断效果，因此其与美国、日本的争点效在性质上有差异。所谓遮断效果，是既判力与美国、日本的争点效理论所含有的，阻断当事人就前诉确定的权利义务关系、争点再争执的效力；在前诉既判力、争点效发生的时点之后新发生的事实则不受遮断，当事人还是可以提出。而我国台湾地区"最高法院"2007年度台上字第307号民事"判决"阐述的"争点效"发生要件包括了当事人未提出"新证据资料"足以推翻原判断。关于"新证据资料"的含义，我国台湾地区学者有不同见解。一种观点认为，"新证据资料"指前诉争点效基准时后新发生的事实，另一种观点则认为，"新证据资料"也包括前诉争点效基准时前发生的事实。如果采用第一种观点，那么我国台湾地区的"争点效"带有遮断效力，与美国、日本理论上的争点效相差无几；反之，如果采用上述第二种观点，那么我国台湾地区的"争点效"只不过是"证明效"的代名词，前诉"判决"可以影响后诉法官的心证，后诉当事人可以免于举证。《证据规定》第9条中的"相反证据"与"新证据资料"明显不同，因此我国台湾地区学者的讨论不适用于这里。退一步来说，即使不考虑在性质、系谱来源方面的差异，两者在适用上也有巨大的区别。新堂幸司教授的争点效理论的内容，很大部分是参考了美国的争点效；如果仔细观察就会发现，争点效的细节相当微妙。或许部分地因为这种复杂性，才使得该制度的妥当性受到怀疑。不过，尽管存在着这样的差异，如果坚持预决效力制度，为了使该制度更加合理，可能还是要更弹性地运用该制度。

三 前诉判决效力主观范围的扩张

在适当的情形里，以后诉的被告（保证人）援用或法院依职权采用前诉之判断，使得前诉中法院的判断对后诉发生影响，以免两个裁判在实体法上发生矛盾，这就是解决关联纠纷裁判矛盾的第三种途径。倘若按照这种途径将前诉中的判断及于第三人，首先要关注此种扩张的基础在哪里？即扩张的效力性质是什么？如果确有坚实依据，则基于此种依据发生扩张的情事范围为何？[①] 于此，德、日等国发展出反射效理论可供参酌。[②]

---

① 这样还可以确定该效力之主观范围。

② 当然在这方面还包括示范诉讼契约，这一契约可能具有既判力扩张契约、争点扩张契约等性质。不过这并非本书要探讨的对象。

反射效理论即是本书所欲探讨的对象。

　　首先必须说明的是，本书在两种含义上使用"反射效力"，一种含义是诉讼当事人所受判决对于有实体法上依存关系的案外第三人所产生的影响，例如在保证关系中主债务人与主债权人诉讼的判决对于保证人所发生的拘束力；另一种含义是将上述效力扩张理解为具有私法性质的理论，学者们将其称为"反射效力说"。由于学者们对"诉讼当事人判决对于有实体法上依存关系的案外第三人所产生的影响"的性质所提出的最早学说就是"反射效力说"，所以本书在术语的使用上继续采用已经约定俗成的"反射效力"一词称呼这种现象；但并不意味着早期学说就是妥当的。

第二章

反射效力理论的提出和发展

第一节 反射效力理论的提出

德国法儒耶林（Jhering）在 1866 年提出了反射效力（Reflexwirkung）的概念。[①] 其大体意义为"法律或经济上的事实，超越法律、行为人或权利人最初所欲达到的效力范围，而使第三人的权利领域也受波及的效果"。例如，共有人中一人所为时效中断对其他共有人的影响；连带债务人中一人或保证关系中的保证人的清偿对其他连带债务人或主债务人的影响；共有人中一人之诉讼实施对其他共有人的影响。第三人如受该效力的不利影响，可主张罗马法上撤销诉权（actio pauliana）或恶意抗辩（exceptio doli）。[②] 其中，废罢诉权（actio pauliana）是罗马法里的诉权一种，据此债权人或代表他们的破产保佐人有权要求撤销债务人对他们实施

---

① 参见吕太郎《民事确定判决之反射效力》，载吕太郎《民事诉讼之基本理论》，中国政法大学出版社 2003 年版。

② 有观点认为，《德国民法典》第 242 条"债务人应按照诚实信用所要求的方式，并顾及一般惯例，履行义务"之规定将古罗马法上的 exceptio doli 引入《德国民法典》，参见［德］罗伯特·霍恩、海因·科茨、汉斯·G. 莱塞《德国民商法导论》，托尼·韦尔、楚建译，中国大百科全书出版社 1996 年版，第 149 页。关于 exceptio doli 的简介，参见周枏《罗马法原论》（下），商务印书馆 1994 年版，第 592 页。

的欺诈行为。它是民法债法中债权人撤销权的鼻祖。①

此说的背景在于，耶林在权利的本质论争中提出的著名的"利益说"，其与萨维尼的权利本质为"意思说"相对立；其认为，权利之本质是法律保护的利益，法律的保护是权利构成之形式要素，而利益是权利构成之实质要素。学者对此则批评道，法所保护的利益未必均为权利：有的法给予受益人的是反射利益，② 而非权利。但耶林对批评中所指的现象有过详细的论述。③ 耶林归纳了几种反射效力发生的情形：其一，遗嘱继承人拒绝接受遗嘱中指定继承的财产时，该部分遗产由法定继承人继承。这在我国继承法亦有相关规定。法定继承人系通过行为之反射效力受益。其二，在一块土地上设定了眺望役权，在该土地上修建建筑要受限或被禁。此时不仅是享有眺望役权之土地所有人，而且位置在供役地后方的其他土地都可从中受益。此为基于持续性法律关系所生的权利的反射效力。其三，一块土地的所有人为使该土地免于洪水之害而修建了一个堤坝，其相邻地也能受保护，这是一种持续性事实关系的反射效力。此为耶林提出的反射效力的背景。

个人认为，此处的反射效力的概念，就已有的资料看，它属于私法领域中的概念，是耶林在事实既定的条件下对民法规则的构想，与诉讼法无太大牵连。耶林所举的例子似乎仅意味着，在相对的各个纠纷的解决（诉

---

① 具体参见周枏《罗马法原论》（下），商务印书馆 1994 年版，第 796 页；黄立《民法债编总论》，中国政法大学出版社 2002 年版，第 481 页。

② 保护一定利益之法规，指交通法规等法律。法律确定行为规范，仅由公共机构执行，而不赋予特定人何种权利请求义务人为一定的作为或不作为。

③ 申卫星教授在其论文中引述称，耶林将行为人或权利人称为原始当事人，享有反射利益之第三人被称为反射受益人。耶林还以自然界的现象比喻此种法律上的现象，权利、行为将其反射投向他人之利益领域，就像灯光照亮了别人一样。他还说，反射效力的概念之表述塑造了动物有机体的反射运动的对应物，它分享了动物反射运动的两个特征：一是其不由自主的特性，反射效力之发生非行为人或权利人有意造成；二是由他人处产生的特性。反射效力之发生原因在此点找到其位置。

虽然引用的文献与吕太郎先生一致，申卫星先生在其论文中并未提到耶林有保证人与主债务人间、连带债务人间、共有人间发生反射效力的论述。反射效力之概念是在《耶林年鉴》第 10 卷上一篇论文中提出的。由于可查到的两个文本援引的文献标题不全部相同，但出处显然同一（应为拼写讹误），故此处恕不引用该文献的德文标题。本部分参见申卫星《溯源求本道"权利"》，《法制与社会发展》2006 年 5 期。

讼）中，应承认此种效力而已。

第二节　反射效力的构成要件效力说和附随效力说

嗣后，德国学者瓦赫（Adolf Eduard Ludwig Gustav Wach，1843—1926
年）将反射效力之概念应用于诉讼法上，提出"构成要件事实的效力"
（Tatbestandswirkung）理论。[①] 瓦赫认为，该效力系作为既判力发生于诉讼
当事人间一事的反射，而对第三人的权利义务造成变动的效果。由于他以
确定判决的存在作为第三人权利变动的要件事实，所以称该效力为构成要
件的效力的一种；根据下文中日本学者木川统一郎的说明，该效力与构成
要件的效力，是上下位概念的关系。瓦赫所举的构成要件事实的效力的示
例有：当事人合意以一定判决的存在作为第三人权利义务变动的原因（例
如责任保险关系中，保险人的保险金给付义务以被保险人——加害人被法
院判决损害赔偿为条件）、第三人的权利义务从属于实体法上诉讼当事人
一方（如法定继承人或遗嘱继承人间就遗嘱有效与否的诉讼，受法院判决
确定，对特定受遗赠人发生反射效力）、败诉人败诉时可向第三人求偿
（例如在无权处分中，物之所有权人向恶意的买受人诉请返还所有物，买
受人败诉确定后，向出卖人——无权处分人求偿，出卖人受买受人前诉败
诉判决的反射效所及），等等。对第三人发生反射效果的原因，有的是因
当事人合意使一定判决的存在成为当事人间一方与诉外第三人的法律关系
变动的原因；有的是因诉外第三人的权利义务在实体法上依存于诉讼当事
人一方的权利义务。瓦赫在论述构成要件事实的效力的必要性时认为，
"判决系基于请求之舍弃、认诺、串通诉讼而做出时，构成要件事实的效
力不发生，而既判力则仍有效发生……于罗马法源中，虽无承认此种构成
要件事实的效力的形迹，但此系因为在罗马法源中，即使既判力，也可因
前述原因而无效。然而，近代法制下，既判力的无效原因或撤销原因（再

---

①　参见李亦庭《反射效之研究——自诉讼法及实体法兼顾观点》，硕士学位论文，台湾大
学，2010年。这种学说对我国实务提出的问题在于，在责任保险诉讼中，受害人通常以保险人与
被保险人为共同被告，此时问题的焦点不在于（依照保险合同或保险法而发生的）构成要件效的
架构，而在于，保险人与被保险人在诉讼中的对立及能否承认对两者的不同内容的判决？如果承
认的话，如何协调前后两个判决的关系？

审）被限制，故有必要承认此种具有无效原因的判决效力——构成要件事实的效力"。不过，瓦赫基于从属关系既判力扩张理论导出构成要件事实的效力的说理中，有以下疑问：首先，瓦赫一方面认为从属关系是既判力扩张的根据，另一方面，其引用埃克乌斯（Eccius）命题前半部"判决适法形成的法状态，不仅于诉讼当事人间，（且）作为此诉讼当事人所形成的状态，万人皆须尊重"，主张"判决的一般承认义务"，这就无异于既判力发生扩张且有对世的性质。两方面显然矛盾。其次，瓦赫所述的从属关系，是单纯的先决关系（当事人的法律关系为与第三人之法律关系的先决事项），还是要求进一步的从属性（当事人在与第三人的关系上具有处分权），并不明确且含有多义性。瓦赫在其不同时期的研究中对从属关系的案例是否发生既判力扩张或构成要件事实的效力，会出现不同的结论，显示出其论据有所欠缺。此外，在从属关系的示例中，是发生既判力扩张，还是发生构成要件事实的效力，其理由并不清晰。①

论及瓦赫的构成要件事实的效力，无法脱离其既判力扩张的理论。萨维尼在提出既判力扩张上的"代表理论"后，受到后来学说的批评，并出现了"以两诉审理对象、判决内容之法律关系相互关联"赋予既判力扩张实质理由的理论。瓦赫之前的一位学者韦策尔（Wetzell）最早以"从属关系或条件关系"作为既判力扩张的理由。瓦赫依从这种见解，其将从属关系抽象地界定为以下的情形："若对于源始的或条件的法律关系所为之判决存在，则依此传来的或赋予条件的法律关系之存否，亦同时被确定。"瓦赫出于特别的考量，将一定的既判力扩张的情形，划入构成要件事实的效力发生的范围。瓦赫所举的这种既判力扩张的示例有：继承权存否的确认判决或遗嘱是否有效的确认判决的既判力及于继承债务人或继承债权人、婚姻或父子关系存否的判决既判力及于社会上一般第三人、所有权确认判决及于用益物权人、债权归属的确认判决及于债务人、主债务人的胜诉判决及于保证人、债务人胜诉判决及于物上担保人、主承租人所受判决及于次承租人等。论者有称此种理论构成为前诉确定判决所发生的既判力扩张"曲折地转化为反射效"，这种描述堪称至为传神。另外，瓦赫主张，构成要件事实的效力应由当事人援引，而不是像既判力那样要由

---

① 参见李亦庭《反射效之研究——自诉讼法及实体法兼顾观点》，硕士学位论文，台湾大学，2010 年。

法院以职权调查。①

今日仍有学者认为，反射效仍应作为构成要件的效力的一个类型而获得承认。② 日本学者木川统一郎即认为，反射效力为构成要件效力的下位概念，构成要件效力中涉及第三人的，即为反射效力（又可称为"对第三人的构成要件效力"）。但很多学者已不再指明它们的关联。例如日本学者铃木正裕认为，严格说来，构成要件的效力是以确定判决的存在为实体法上效力发生的要件，而反射效力则是以确定判决的判断作为实体法上效力的要件，性质上已类似于既判力，而非构成要件的效力。（当然，这里应当看到铃木正裕否定反射效为一种构成要件效力的立场，其认为反射效实为既判力的扩张。）现在一般认为，实体法或程序法可以将不同种类的效力与（不一定要求发生既判力的，这取决于该当法规或合意的内容）裁判的存在联系在一起，就像"与其他任意一个构成要件事实连接在一起"一样。也就是说，一般首先须有法律的明文规定才发生此种效力，而不论其为程序法抑或实体法。常举之例为《德国民法典》第 775 条第 4 项之规定；③ 在这种情形里，确定保证人应向主债权人履行保证债务的本案判决作为构成要件，根据实体法明文规定，发生保证人可向主债务人要求免除担保之法律效果。④ 程序法上的规定，也可能以判决的存在为条件，产生实体法上的请求权；如《德国民诉法》第 717 条第 2 项中假执行宣告（可由法院依职权附记于判决主文栏中）经撤销或变更后，被告因判决的假执行，或因求免于假执行而为给付，以致受有损害时，原告负有赔偿损害的义务。⑤ 程序法上的规定，也可能产生程序法上附随效力，⑥ 如生效

---

① ［德］罗森贝克、施瓦布、戈特瓦尔德：《德国民事诉讼法》，李大雪译，中国法制出版社 2007 年版，第 1145 页。

② 参见［日］中村英郎《新民事诉讼法讲义》，陈刚等译，法律出版社 2001 年版，第 239 页。

③ 条文为"保证人受主债务人委托承担担保，而对主债务人享有受委托人之权利的，在债权人已对保证人取得具有执行力的履行判决后，可向主债务人请求免除保证"。

④ 这是构成要件事实之效力对诉外第三人发生的例子。

⑤ 依照法律明文规定，判决也可引起实体法请求权消灭、引起权利或法律关系的变更（如依《德国民法典》总则中时效方面之规定，确定胜诉的本案判决将消灭时效延长为 30 年）。

⑥ "判决是调整私法法律后果（'私法的副作用'）或诉讼后果（'诉讼副作用'）的法律规范的事实构成要素。"参见［德］棱特、奥特马·尧厄尼希《民事诉讼法》，周翠译，法律出版社 2003 年版，第 316 页。

判决排除当事人主张在言辞辩论终结前发生的事由。[①] 作为特例，也有依合意产生构成要件效力的例子。[②] 例如，构成要件效按照规范或合意发生的效果具有实体法的性质（可以为当事人在诉讼中的主张、抗辩事由，如时效延长效果，也可以是作为诉讼标的之权利主张）时，则作为要件的判决存在一事的事实与证据，适用辩论原则。构成要件效依其发生所据的规范或合意，可能允许当事人合意处分、变更或排除。构成要件效与既判力的区别在于，只有判决主文能够发生既判力，而构成要件效则是具有规范或合意所要求的内容的判决存在这一事实本身所发生的效力。例如，以"保证人败诉"为内容的确定判决的效力与事实效（包括波及效、证明效、裁判程序效）也有所差异，因为这种效力并非系直接自判决的内容所发生的"一定评价的事实上效力"，其发生不能脱离一定的规范或合意作为基础。

赫尔维希（Hellwig）的反射效力理论，大体上承袭自瓦赫。赫尔维希称其依从瓦赫的见解。其认为，"民法就诉讼当事人本身之关系，将具有私法上内容的一定效力系属于'一定内容之判决宣示'的事实"，且这一效果，在"与第三人间之关系也能发生"。赫尔维希将其称为判决之反射效或私法上之附随效。反射效的实质是，"判决作为'当事人间因判决而变动的法律状态，直接或间接对第三人的法律状态造成影响'的法律要件"之效果。所以，这里的反射效、构成要件的效力、附随效是同一实指。从论及双方当事人关系的角度看，即为附随效；在涉及第三人时，则可称为反射效。赫尔维希认为："发生反射效力的情形有二：一是因实体法上依存关系的存在，二是因一般人对给付判决的存在与强制执行请求权发生都有承认义务。给付判决的存在及执行请求权的发生，是无可怀疑的历史事实，一般人必须承认，并以之为前提发展法律关系。"实体法上依存关系存在的示例有：其一，主债权人如先对主债务人提起诉讼并获诉无理由的败诉判决确定，保证人可于后诉中对主债权人援用前诉判决。其二，在转租关系中，第一承租人（转租人）受到腾退承租房屋的确定判

---

① 按照《德国民诉法》第 767 条（执行异议之诉）第 2 款，异议的原因必须是在民诉法规定的应主张异议的言词辩论终结后发生的。

② 例如责任保险契约。参见［德］罗森贝克、施瓦布、戈特瓦尔德《德国民事诉讼法》，李大雪译，中国法制出版社 2007 年版，第 1145 页。

决后，次承租人也应腾退房屋。如第一承租人获得合法占有权源，出租人不得请求次承租人腾退房屋。其三，无限公司及其股东。因一般人对给付判决的存在与强制执行请求权发生都有承认义务而产生的反射效力的情形例如，保证人对主债权人败诉确定，发生对主债务人的求偿权，此时主债务人不得主张前诉给付判决不存在或不当。日本学者福本知行称，赫尔维希所举示例也包括，败诉人败诉时可向第三人求偿的情形，例如在无权处分中，物之所有权人向恶意的买受人诉请返还买卖标的之所有物，买受人败诉确定后，向出卖人求偿，出卖人受买受人前诉败诉判决的反射效所及。

本来赫尔维希将反射效作为既判力扩张的一种处理，但因其在既判力本质方面采诉讼法说，无法认为依实体法上从属关系可发生既判力扩张；而且法无明文规定扩张，也无法类推适用既判力扩张之规定，故只能认为发生反射效。此种说理脉络，也属于"既判力扩张曲折地转化为反射效"的方式。具体来说，赫尔维希在既判力本质方面采诉讼法说，一方面沿用从属关系发生既判力扩张的观点，另一方面，又对瓦赫的反射效重新展开阐述。首先，赫尔维希认为，既判力不具有权利形成作用，所以很难像瓦赫的学说那样将确定判决与从属关系衔接以说明从属关系下的既判力扩张。其次，赫尔维希主张，既判力扩张包含两种：一是以实体法上从属关系为基础，但这只是正当化既判力扩张的立法理由（ratioegis），所以它是立法政策而非法解释的准据，示例包括诉讼担当与诉讼系属后发生继受；二是，没有实体法上的统一基础，而专门根据诉讼法上的规定所发生的既判力扩张，如身份判决、强制执行中的收取诉讼。至于何种程度的从属性发生既判力的扩张，赫尔维希认为，单纯实体法上的先决关系尚不足够，还需要有完全的从属性，或者需要诉讼实施者（前诉当事人）享有处分权能，亦即第三人的法律地位必须服从诉讼实施者的处分权能或管理行为。然而如上所述，从属性作为立法政策，是无法现实地发生既判力的扩张的，在法无明文规定也无法类推时，第三人仅受到判决的反射效的作用。①

在此之后，1908 年德国学者库特纳（Georg Kuttner，1877—1916 年）

---

① 对于赫尔维希学说的详细介绍，参见李亦庭《反射效之研究——自诉讼法及实体法兼顾观点》，硕士学位论文，台湾大学，2010 年。

提出"附随效力"（Nebenwirkung）学说，使反射效力理论趋于成熟。[1]
库特纳将附随效力分为法定附随效与任意附随效。前者的定义是，按照民
法或其他实体法，某个判决的存在本身（如确定判决对时效的影响）或
该判决与其他法律事实相结合，作为特定法律效果发生的要件事实，将导
致法律效果发生；这种现象从判决的效力方面来说，就是判决的法定附随
效力。附随效力若是在诉讼当事人与诉外第三人之间或者多个第三人相互
之间发生的话，就是反射效力。法定附随效示例包括无限公司与其股东、
承租人与次承租人，但不包括保证的情形，库特纳认为保证的从属性不
高。任意附随效则非基于法律规定，而是取决于诉讼当事人间合意，或诉
讼当事人与第三人的合意。其具体示例为责任保险约款的情形。库特纳认
为，附随效力是因判决的存在而发生之实体法效果，与判决的内容无关。
易言之，附随效力是法秩序就特定民事判决在事实上之存在，纯粹从外部
附加在判决上的间接的、事后的效果。因此，附随效力不是判决的对象
（该附随效果没有被当事人在诉讼中请求过），附随效力所针对的法律关
系也并未发生诉讼系属；附随效力仅为私法效果，故应适用辩论原则，由
当事人援用该效果。另外，因附随效力是私法上法律关系变动之效力，任
何人均应承认变动效果，因之反射效力具有对世效果。

　　库特纳主张，根据《德国商法》第129第1款的规定"一名股东因公
司的债务而被请求权利的，只限于可以由公司提出的场合，才可以主张非
在其人身上设定的抗辩"可推论得，无限公司的股东所能援引的抗辩以公
司享有的为限，当无限公司受债权人请求履行败诉确定时，依照既判力，
公司丧失其抗辩（无限公司在诉讼法上丧失其抗辩权）。那么，依照《德
国商法》第129条第1项，股东即不得于后诉中主张公司的抗辩（股东在
实体法上不得援用抗辩，此效果为实体法上、附随性的效力），结果相当
于股东不得争执公司与债权人间判决不当。基于无限公司与其股东的从属
关系，债权人与无限公司间确定判决，不论有利或不利，对其股东发生反
射效。

---

　　① 德文中 Nebenwirkung 实际上等同于 Tatbestandswirkung，使用 Nebenwirkung 而非 Tatbestand-swirkung 是为了防止与德语里 Tatbestand（事实与争点）用语的混淆、误解。参见吕太郎《民事确定判决之反射效力》，载吕太郎《民事诉讼之基本理论》，中国政法大学出版社 2003 年版；另参见李亦庭《反射效之研究——自诉讼法及实体法兼顾观点》，硕士学位论文，台湾大学，2010 年，第 27 页注 50，第 29 页，第 79 页注 165。

　　总之，瓦赫、赫尔维希、库特纳都是以判决的存在作为要件事实而对诉外第三人发生效力，故反射效力是具有私法上性质的效果。采此说的德国学者还有尼基施（Nikisch）、伯蒂歇尔（Bötticher）。采反射效的学者认为反射效与既判力扩张有以下的区别：其一，既判力依职权调查，反射效适用辩论原则。其二，库特纳主张，给付诉讼既判力扩张伴随执行力扩张，附随效不伴随执行力扩张。例如，无限公司股东虽受不利的反射效所及，但不受无限公司败诉的执行力扩张。也就是说，即使附随效及于股东，债权人仍不能对股东自己的财产申请强制执行。其三，通常既判力扩张，不问该判决系胜诉判决抑或败诉判决；而反射效则根据实体法上从属关系的紧密程度的不同区分而论，胜败诉判决未必都能对于诉外人发生反射效。"仅当前诉胜诉才发生反射效"这种情形，也有可能，可称为"片面的从属性"，典型情形例如保证关系；亦有可能不论前诉结果胜败，皆对后诉发生反射效，此种情形即属于具备"完全的从属性"的情形，例如无限公司与其股东之间的关系。其四，既判力仅于判决主文及抵销判断发生，反射效可由判决理由中的判断发生。日本学者中田淳一（1908—1970 年）举例，前诉债权人诉请债务人履行债务，诉讼中因第三人为清偿之提存，债务人以之为抗辩，法院判决驳回原告诉讼请求并经确定。嗣后如第三人起诉债权人，欲取回提存标的物，此时根据《日本民法典》第 496 条（提存物的取回）第 1 款的规定"债权人不受诺提存，或宣告提存有效的判决未确定期间，清偿人可以取回提存物。于此情形，视为未提存"，第三人（清偿人）的提存物取回权消灭，即前诉确定判决的反射效及于第三人。前诉诉讼标的为债权人对债务人的债权，清偿（提存）的抗辩是前诉判决理由中的判断，该抗辩成立与否，连接着后诉之诉讼标的"提存物取回权"存否的判断，故前诉判决理由中对于该抗辩成立与否的判定发生反射效。其五，诉讼参加的形态不同。受既判力扩张的第三人，可以实施共同诉讼的辅助参加。第三人受反射效的拘束在学说上则仅作为一般的辅助参加的要件"参加利益"的表现，该第三人只能作为一般的辅助参加人参加前诉而已。其六，前诉双方当事人串通诉讼时，既判力无法被轻易地否定（"绝对的不可争性"）。而第三人在此情形，可否定反射效的发生。这一点是瓦赫提出构成要件效的理由。库特纳扩大了《德国民法典》第 162 条规定（因条件成就而受益的人，如恶意促成条件成就，视为条件不成就）的内涵，将其化为一条普遍法则"私法上法效果发生所必要的要件事实，如果是由受益者违反诚信原则而促使其发生，视为其法效果不发生"。附随效（Nebenwirkung）是实体法上效果，也应适用该实体法原则；当事人间串通诉讼，属于违反诚信原则促使该效力的要件（即前诉判决本身）发生，故根据上述一般原则，不承认发生附随效。

德国学者所提出的反射效力理论也为日本学者所继受。日本战后民诉大半通说的创立人兼子一（1906—1973 年）是其国内反射效力理论的提倡者。兼子一认为："确定判决的反射效力，指当事人间判决确定，对既判力不及的第三人，反射地使其受利或不利的现象。"[1] 因为法院的判决有既判力，所以能够将当事人所主张的、经过法院审理之后确定存在的真正权利加以实在化，此后该权利义务关系方能成为规律当事人之法律规准；因为判决（既判力）能赋予真正的权利，当事人及法院对于作为意义世界（对应于物质世界）的实在的而由法院进行外在化之权利不能不遵从，所以既判力有强制力意味。[2] 但 "如从既判力是以口头辩论终结为基准时、当事人间（即相对性地）受拘束来看，就像在那时，当事人间就诉讼标的法律关系成立以判决主文为内容之和解契约一样"。因此，"因当事人间此种处分行为（即类推成立的契约）而使自己法律上地位将受影响的第三人，对于当事人必须遵从判决内容这一点，可援用（前诉判决对其有利时）或必须承受（对其不利时）"[3]。所以，如果保证人不能援用对主债务人所获得的对己有利之前诉判决，即相当于主债权人与主债务人达成 "主债权人不能对债务人主张权利，但保留对保证人主张权利"

---

① 参见吕太郎《民事确定判决之反射效力》，载吕太郎《民事诉讼之基本理论》，中国政法大学出版社 2003 年版。

② 兼子一的既判力本质论采权利实在说，其以自己独特的说理——据说受启发于胡塞尔现象学——来解释既判力之强制力。

③ 欲第三人受到前诉判决的影响，不仅须前诉当事人间法律关系是当事人一方与诉外第三人间法律关系的先决关系，而且须该第三人对当事人间处分行为所生之效果必当然承受。例如，在主债权人对主债务人提起之前诉中，纵然主债权人获得胜诉判决，认定其债权自始成立，而实体法规定保证人仅就保证合同成立时的债务为保证，那么在主债权人对保证人的后诉中，保证人也可对前诉判决进行争执不受拘束。而在前诉中主债权人败诉，即相当于主债权人对主债务人免除债务，基于保证债务的从属性，保证人也应免于保证债务；保证人可援用主债务人的胜诉判决。

的相对性和解协议；而这是不可能的。①

兼子一的说理构造是以既判力本质"权利实在说"为基础的，其采用近似于既判力实体法说的脉络，将反射效界定为构成要件效或附随效。相形之下，瓦赫的既判力本质论尚处于初始的暧昧不明阶段，而其既判力扩张论与后来的采取既判力本质实体法说的学者类似，构成要件效是从既判力扩张的情形中剥离而出的。赫尔维希则是采用既判力诉讼法说，这样就避开了实体法说的理论基础——判决的私法创设效果。

兼子一所举的反射效力的示例有：在一般债权人获得对债务人的胜诉给付判决确定时，当债务人的财产"权利"经过与第三人的诉讼之判决而遭驳回，该一般债权人不得对上述财产"权利"申请强制执行。又例如，破产债权人在债权申报时，其他债权人必须承认其对破产人获得的确定判决；部分共有人对他人以诉主张返还请求权，获得胜诉判决，此为保存行为，其他共有人可对前诉被告援用前诉判决。

另外，兼子一认为，连带债务人中一人与其债权人的诉讼，该债务人提出抵销抗辩，获得法院认同，得到确定之胜诉判决；其他债权人可援用该判决拒绝履行。理由是根据《日本民法典》第436条，连带债务人抵销在实体法上是绝对效力事由，对他债务人有效。但同发生绝对效力之清偿，不产生反射效。② 兼子一将反射效力发生限于主文。兼子一还主张，反射效力对于行政处分或刑事裁判亦发生。③ 采反射效说的学者反对将既判力主观范围的扩张当做反射效力现象的本质，认为既判力主观范围的扩张应有法律规定，没有法律规定，则扩张的根据有问题；而反射效与既判力相对性不冲突。

自兼子一以来，日本学者中采用反射效理论的学者"渐增而占有多数"。日本学者斋藤秀夫（1909—2003年）、梅本吉彦认为反射效是对第三人构成要件的一种。上田彻一郎（1930—2013年）也采反射效说，但

---

① 我国台湾地区学者雷万来先生介绍此点时，称保证人仅对保证合同成立时的债务保证，如其后主债权人对主债务人以债务成立理由获胜诉判决，根据保证的从属性，相当于保证成立后成立的债务，保证人当然可以对主债权人争执。如其后主债权人败诉，相当于主债权人对主债务人免除债务，保证人从而免除债务。个人则对此说理脉络存疑，见本书第一章的讨论内容。

② 区别对待的理由，参见本书第一章第一节的讨论。

③ 参见吕太郎《民事确定判决之反射效力》，载吕太郎《民事诉讼之基本理论》，中国政法大学出版社2003年版。此处的作用情形不明。

其立论于程序保障的基础上，具有一定的特殊性。其主张不能仅以纷争解决的一回性与法安定性说明前诉判决效的扩张，也应顾及受判决效力拘束之人的程序上地位之保障或程序权的保障。判断判决效主观范围扩及第三人与否时，应调和纷争解决的一回性或法安定性之要求（即扩张判决效力主观范围的要求）与第三人自身程序权保障的要求。诉讼当事人与诉外第三人所享有的程序权保障有性质或程度上的不同，所以要根据对诉外第三人程序保障的充分程度评价或调整判决效的性质或内容，乃至于承认可能调整出（对当事人发生的）与既判力不同的效力。如果诉外第三人在程序上地位的保障不充分（例如第三人仅能实施一般的辅助参加），却出于前诉判决确立的法状态的安定性的要求将前诉判决既判力及于该第三人，这将有失衡平；故可调整为，"前诉判决不利于第三人时既判力不及于之""诉外人可主张前诉串通诉讼判决无效"，由此导出与既判力扩张不同的反射效。

第三节　反射效力与既判力作用的趋同理论

上述反射效力理论都将反射效力视为判决在既判力以外的另一种效力。不过，如下述铃木正裕所论，反射效与既判力扩张在诉讼参加或串通诉讼的防免等程序保障方式上，并无实质区别。从而，有学者主张，并无必要单独承认（基于程序保障论的）反射效，而宜认定直接发生类似于既判力扩张的效果，以维护前诉裁判解决纠纷的实效性，达成一次解决关联纠纷的效果。这种立场可视为调和反射效力理论与既判力理论的努力。

日本学者小山昇（1917—2015 年）认为，反射效是指，处于一定法律关系的第三人可援用当事人所受的判决效力，作为第三人"抗辩"的变形的效果。如本书引言中例二的情形，前诉中债权人败诉判决可作为保证人后诉中的抗辩事实，因为，债权是对债务人的债权，（既然）"不得向债务人请求履行的债权，也不能对任何人主张"，（那么）这里应当包含因败诉判决确定而无法请求履行的场合。在前诉债权人败诉从而该债权存在的攻击防御方法被遮断的情形下，在以该债务存否为目的或以之作为前提问题的后诉中，即使债权人面对诉外第三人，上述攻击防御方法仍受遮断。但在主债务人在其与债权人的前诉中败诉的情形下，因为主债务人与保证人各自有攻击防御方法，主债务人败诉，不表示保证人没有自己的攻击防御方法，所以仍可有所主张、不受前诉判决影响。

小林秀之主张，必须顾及反射效所及的一方当事人与诉外第三人的程序保障。所以实体法上依存关系不足以提供判决效扩张的根据，在已赋予充分的程序保障时，应探求如何实现纷争统一解决及公平等价值。所以，在债权人对主债务人已经提起前诉并获得败诉判决的情形下，债权人已于前诉受到充分的程序保障，有必要防止该债权人改换被告对保证人再就同一纠纷重复争执；同时，如果保证人有利地援引前诉判决，表明其放弃自身在后诉中的程序保障以统一纷争解决。小山昇与小林秀之的设例，即使前诉被告为保证人、诉外人为主债务人，结论也是如此。

山本和彦则着眼于整合具有实体法效果性质的反射效与既判力诉讼法说。前诉败诉确定时，虽然不是如既判力实体法说那样，发生权利消灭的效果，但由于已不得再就同一诉讼进行争执，所以判决确定的权利转变为"不得诉求"或"不得争执"的态样，结果在此限度内，产生权利"态样"的变动。该请求权在双方当事人间成为"不得诉求"或"不得争执"的态样的事实，可以说对世地发生，而与既判力相对性无关。如果关联的各权利义务关系，在"债务态样"上存在从属性、牵连性，在主债务处于"诉求不能"的态样时，从属债务也将处于"诉求不能"的态样。这种情形即为反射效。在债权人对主债务人已经提起前诉并获得败诉判决的情形下，主债务成为不完全债务，保证债务基于债务态样的片面从属性规定，也处于诉求不能的状态。因此保证人仍能提出从属性抗辩。山本和彦将既判力诉讼法说立场下的判决效果作了特别的论述，判决确定的权利"态样"的变化即是连接既判力诉讼法说与反射效的桥梁。

不过，小山昇、小林秀之、山本和彦等学者所提出的上述"既判力抗辩"的论点已遭到其他一些学者的批评。批评的见解如下：其一，实体法的从属性规定是否也表示前诉判决既判力也可作为后诉中的抗辩事由？前诉"既判力抗辩"似乎超越了条文的意旨。民法上处于从属地位的第三人援用的是实体法上的抗辩，很难包含既判力这一诉讼法上的效力。其二，既判力抗辩的规定，与反射效或既判力所涉及的公益格格不入。其三，小山昇以"债权是对债务人的债权，（既然债权人）不得向债务人请求履行的债权，也不能对任何人主张"作为既判力抗辩的实质理由。但其观点混淆了实体法上的权利行使与诉讼法上的既判力。债权是对债务人的

债权，债权人系因为债的相对性而只能对债务人行使其债权，而保证债务
与主债务是两个债务；只有在同一债务（主债务）中才涉及债的相对性
原则，反之，在不同的两个债务间，没有该原则的作用。而且，既然"不
能对任何人主张"，那么能抗辩的不限于保证人，是所有人的都可以抗
辩。这种推论的结果将导致可以提出抗辩的主体范围过广。其四，山本和
彦的"请求权在双方当事人间成为'不得诉求'或'不得争执'的态样
的事实，可以说对世地发生"的观点，可能仅表示世人皆应承认"请求
权在双方当事人间成为'不得诉求'或'不得争执'的态样"这一事实，
至于世人可否就此（前诉判决所确定的权利义务关系）对当事人争执，
宜作不同处理，世人应不被限制就此对前诉当事人另诉争议。另外，处于
依存关系的第三人，其债务的态样是否应当随主法律关系变动，并不由债
务态样的从属性决定。与瓦赫的构成要件效的缺陷一样，如果采既判力实
体法说，不妨认为确定判决有要求"所有的人在与所有的人的关系上必须
承认确定判决结果的实体法状态"的效力，因为实体法说可以通过"实
体关系"造成"状态上的延伸"以对第三人发生（实体法上的）变动其
债务态样的效力，最终成为既判力的抗辩作用；故而此说自然也附有既判
力实体法说的先天缺陷。如果坚持既判力本质诉讼法说，这里债务态样的
统一的本质，仍然是既判力扩张；所谓"诉求不能""不可争执"的债务
态样扩及第三人，实际上可能并不是实体法状态的延伸，而是既判力扩张
或是程序性、实体性混合的作用（第三人"不可争执""不得诉求"），
那么认为保证人等第三人可在后诉中以抗辩的方式主张"债务态样的统
一"的观点即存在很大的疑问。

第三章

反射效力理论的检讨及重塑

第一节　反射效力本质的既判力扩张说

前已述及，对于具有私法属性的反射效力理论，有学者持批判态度。部分观点认为，反射效非构成要件效的一种；从判决的作用考察，此种情形实际上是既判力主观范围的扩张。部分观点以实体法上从属关系为主要论据，正面推导出该判决效力为既判力扩张，而非反射效。

瓦赫提出构成要件效时，既判力本质论尚处于发展阶段，因此只能说其接近于实体法说，因为瓦赫反对既判力的权利形成作用。当然，瓦赫在既判力本质方面所持的观点因为接近于实体法说，故而其立论与既判力实体法说一样存在着缺陷。具体而言，实体法说下的反射效存在以下的理论缺陷：其一，从自身存在问题的既判力实体法说推导出反射效，颇值怀疑。其二，即使不检讨实体法说，依实体法说，推导出的既判力为对世效力，根本不存在依实体法上依存关系承认反射效的必要。其三，再退一步，如果认为既判力本质论与既判力主观范围无关、既判力主观范围仍由民诉法确定，那么，既判力本质论发生作用的场合何在？还能否依实体法说与依存关系推导出对第三人的判决效力扩张？其四，退一万步而言，实体法说下的反射效，与既判力扩张有何区别？实体法说认为，既判力的拘束力来自新的实体法状态的确定，但反射效的拘束作用与作用机制（前诉判决对于实体法状态的判断在判决确定后向案外人发生延伸）与既判力扩张并无差别。其五，实体法说下既判力应按辩论原则，由当事人援用，在这一特征上，与反射效相同。其六，如果将既判力理解为实体法性质的效力，那么就可以认为既判力应与反射效一样，在前诉存在串通时，第三人可根据实体法规定（《德国民法典》第 826 条：故意以悖于公序良俗之方法，加损害于他人，应承担侵权责任，回复原状、赔偿损害）排除判决效力，这也与反射效的处理相同；此时不仅反射效与既判力无区别，就连反射效的存在理由之一也遭否定。反之，如果认为实体法说下，不当判决改变了实体法状态，所以不构成损害，也不应适用上述法条规定，则反射效也应作与此一致的处理；因为当事人间确定判决改变了实体法状态，对于从属的第三人而言，其与当事人间的法律关系也被改变，从而不能主张前诉判决无效。

赫尔维希、库特纳将对第三人的构成要件效力作为反射效，而且赫尔维希立足于既判力诉讼法说。但是，一些学者对此认为，将实为既判力扩张的反射效作为构成要件效，可能混淆了构成要件效与既判力，并且与其所采取的既判力诉讼法说的立场冲突。库特纳将实体法上依存（从属）关系的示例，通过解释实体法规范的方式（如通过对《德国商法》第 129条第 1 项的解释），纳入附随效力的情形中。但是，布洛迈尔（Arwed Blomeyer，1906—1995 年）认为：首先，赫尔维希、库特纳主张的反射效实际上与构成要件效不同。如果前诉判决有利扩张及第三人，前诉确定原告对被告无权利，在后诉以前诉法律关系为前提问题时，前后诉是在判断同一个法律争议；这一"发生相同法律问题调和"之场合，属于既判力所要处理的问题领域。在诉讼法说下，依存关系的判决效力扩张，事实上是前诉确定判决对后诉发生拘束力，应作为既判力理解，因为既判力是当事人间法律关系被确定的通用力，与着眼于"就当事人间法律关系的确定判决存在的事实"的构成要件效不同。总之，既判力重视判决确定的法律关系的"内容"，构成要件效重视"判决存在"这一单纯的事实。又例如，日本学者住吉博主张，应将裁判的判断在一定范围内由"观念上的存在"（既判力）变为"现实的判决存在的事实"，方可说明这种反射效。但反对者认为，这仅是一种假设，因为从属关系的拘束力来源于判决的内容，而不是判决存在的事实；况且，仅为说明那是构成要件效而工具性地、目的取向地进行的假设，不足采信。其次，库特纳通过对实体法的解释，将实体法上依存关系发生的判决效力扩张认作构成要件效，但能否依实体法解释而如此判断？是否限于当事人对此有约定或法对此有明文规定时，才能承认构成要件效？在既判力诉讼法说下，判决不直接发生权利变动的效力，所以如果承认发生的构成要件效欠缺法条对此所作的明示规定或其未包含在条文的意旨中，那么承认发生构成要件效将与既判力诉讼法说发生冲突。保证从属性的民法规范，本身恐怕没有以"前诉主债权人败诉的确定判决"之存在而对后诉保证债务发生变动之影响的规范意思，故直接依从属关系的实体法规范或将这一关系反映到诉讼上以推导出构成要件效，并不妥当（日本学者伊藤真对保证的规范即持这种见解）。解释规定构成要件效的实体法条文时应本于合理的方法，库特纳的条文解释论证不充分。最后，布洛迈尔承认保证从属性规则也可能是构成要件效的规定（根据《德国民法典》立法者的意思），但其认为，"应将构成要件效限定于与'判决'而非与'判决法状态'相结合"，由此"（既判力）诉讼法说仅允许既判力扩张而非构成要件效"。

在本书引言的例子中，研讨的问题主要是："前诉判决中法院对于诉讼标的法律关系的判断在后诉作为先决争点时是否拘束后诉？"如果认为那是前诉"主债务不存在"的确定判决存在一事根据保证从属性规定发生构成要件的效力，就会遭遇布洛迈尔的上述批评。因此，在诉讼法中的既判力领域内插入反射效这一实体法效果，将使得既判力与构成要件效的界限不明。并且，由于实体从属关系发生反射效，将使得原属于既判力的判决效被归入构成要件效；这就相当于承认确定判决有一般性的实体法状态变动之效力，不啻否定既判力诉讼法说而（部分地）倒向既判力实体法说。[①] 总之，如果从既判力本质论出发讨论本题，反射效说的理论构成便存有缺陷。

由于在德国学界中，既判力诉讼法说占"压倒性的优势地位"，[②] 所以在反射效力现象的本质论问题上，既判力扩张说是通说。德国学者罗森

[①] 参见李亦庭《反射效之研究——自诉讼法及实体法兼顾观点》，硕士学位论文，台湾大学，2010年。

[②] 既判力实体法说存在的几个理论缺陷，参见［德］棱特、奥特马·尧厄尼希《民事诉讼法》，周翠译，法律出版社2003年版，第318—319页。此外还有别的理由偏向诉讼法说：既判力实体法说无法解释为何当事人不得以合意排除判决既判力；此外，实体法说也难以对既判力的消极作用做出圆融的说明。诉讼法说（包括新诉讼法说）在日本是多数说，伊藤真认为该说是日本通说。对于权利实在说、具体法规范说的评述，参见李亦庭《反射效之研究——自诉讼法及实体法兼顾观点》，硕士学位论文，台湾大学，2010年，第77—79页。

贝克（1879—1963 年）即是既判力扩张说的代表，贝特尔曼（Karl August Bettermann，1913—2005 年）、布洛迈尔等也采用此说。罗森贝克的说理脉络为，在实体法上第三人的法地位从属于一方当事人的法地位的情形，当事人间确定判决的既判力并非“曲折地转化为反射效”，而是直接扩张及于从属第三人。这种既判力扩张的示例有，在主债权人对主债务人的履行请求受败诉判决确定时，该判决既判力及于保证人；在无限公司与其股东之间的关系中，因为股东责任完全依存于无限公司，故无限公司被他人起诉请求，无论胜败诉、不论该前诉判决对股东有利或不利，该判决之既判力及于股东。① 采用既判力扩张说的德国学者还有胡贝尔、莱波尔特、格伦斯基等。② 贝特尔曼、布洛迈尔从《德国民诉法》第 325 条（既判力主观范围的规定）的解释出发，认为既判力主观扩张基于两个原理。贝特尔曼认为“既判力的扩张，可分为因适格丧失（Legitimationsverlust）而发生的既判力扩张与因权利继承发生的既判力扩张两种”。因适格丧失或诉讼上的理由而发生的既判力扩张，是指根据《德国民诉法》第 265 条（当事人恒定）的规定，诉讼系属中，当事人一方将诉讼标的的法律关系（原文：系争物或所主张之请求权）移转于诉讼外第三人，移转人本案适格丧失（无法为自己获得胜诉的本案判决），但仍有诉讼实施权，判决既判力及于诉外第三人；本条着重保护移转方当事人的对造的利益。但是，德国法上对此设置了诸多例外。按照《德国民诉法》第 325 条以下、265 条以下各条的规定，诉外第三人可以经许可进入诉讼，替代移转的当事人；在特定情形可无须移转方的同意或由移转方对造要求而进入诉讼。在例外情形（如善意取得），既判力不及于诉外第三人。因权利继受或私法而发生的既判力主张范围扩张，是对既判力基准时点后权利继受人的既判力扩张。权利继受是传来的权利取得，继受人所取得的法地位在取得时从属于前手权利人的法地位。基于权利继受的既判力扩张以“继受时前手的法地位已依既判力而被确定”为前提的。贝特尔曼主张权利继受的上位概念为实体法上的从属关系，进而推导出依实体法上从属关系发生

---

① 参见吕太郎《民事确定判决之反射效力》，载吕太郎《民事诉讼之基本理论》，中国政法大学出版社 2003 年版。

② 关于莱波尔特立论的简短介绍，参见李亦庭《反射效之研究——自诉讼法及实体法兼顾观点》，硕士学位论文，台湾大学，2010 年。

既判力扩张；此种既判力扩张的法律适用方法，是类推适用调整权利继受的《德国民诉法》第 325 条第 1 款。具体说来，在权利继受的传来取得之情形中，其既判力扩张的理由是让与人（对受让人的）实体法上的处分机能，即继受人不得取得大于前手的权利且享有前手所能享有的权利保护，继受人所取得的权利在此范围内从属于前手的权利，故而继受人在诉讼上应甘愿承受前手诉讼实施的结果。在权利继受中，继受人的法地位只是在"继受时"有从属关系；而其他的从属关系"继续地存续"时，也可类推权利继受，发生既判力扩张。贝特尔曼认为："两当事人的法律行为如能有利或不利地对第三人的实体法地位造成影响，且第三人须于实体法上承认由此所发生的自己法地位的恶化"时，应类推适用权利继受的规则而发生既判力扩张。至于从属关系的既判力扩张，贝特尔曼不认为它与既判力相对性原则矛盾。理由在于：其一，基于从属关系的既判力扩张系根据辩论原则要求下的利益状态衡量结果而获得正当性。既判力相对性以辩论原则下第三人的利益保障为目的（第三人未受辩论原则之听审保障，原则上不受既判力所及，否则为突袭性裁判），故不得否定既判力对诉外第三人的有利扩张。其二，辩论原则、处分原则下的当事人权限与私法上处分权相似，因此法院的判决或当事人的诉讼行为可被比拟为法律行为，诉外第三人既然在实体法上承受当事人间的法律行为的效果，在这种实体法上从属关系存在的示例范围，第三人在以从属法律关系为诉讼标的之诉讼中，即使忍受了当事人间诉讼行为及判决所生的不利影响，也不能认为其利益受到了不当的损害。反之，如果相对人（例如债权人）与当事人间的法律行为会影响诉外第三人与相对人间的法律关系、使其获得利益时，相对人的利益相对于第三人的利益以及国家所享有的无须重复审理、避免司法资源浪费的利益而言较小、不值得保护。故第三人可享受当事人间对其有利的判决。贝特尔曼承认的从属关系之既判力扩张的示例，包括主债务人与保证人间、转租关系。①

布洛迈尔"将既判力扩张的原因分为因诉讼上理由而发生的既判力扩张与因私法而发生的既判力扩张两种"，其近似于贝特尔曼的理论构成，"由权利继受的既判力扩张推论出《德国民诉法》第 325 条第 1 款规定之

---

① 参见李亦庭《反射效之研究——自诉讼法及实体法兼顾观点》，硕士学位论文，台湾大学，2010 年。

理论基础为实体法上从属关系的既判力扩张，当案例情形系法无明文规定但属实体法上从属关系之时，应以法条解释填补漏洞"。布洛迈尔认为只要立足于既判力诉讼法说，则不得承认反射效，而应将之作为既判力扩张处理。布洛迈尔主张，实体法上从属关系的既判力扩张，要求"判决所确定的法状态，就一方当事人与第三人间的法律关系而言，具有先决性"，且"该扩张在诉讼上有期待可能性"。所谓先决性——与贝特尔曼的推论相似——是实体法上的从属关系在诉讼上的表现。"诉讼上的期待可能性"也是《德国民诉法》第325条规定权利继受人受既判力扩张的理由。"诉讼上的期待可能性"的判断，应考虑以下几种情形：其一，调和前后诉裁判、避免裁判矛盾的要求。其二，前诉先决关系之判决对诉外第三人有利时，前诉中相对人（如债权人）已享有亲自实施诉讼的保障，对于前诉的结果，受益的第三人可期待该相对人承认先决关系的不利判决。布洛迈尔认为此时既判力能够有利地扩张及于第三人。其三，前诉先决关系之判决对诉外第三人不利时，由于当事人间的诉讼结果不得损害第三人的法地位，因此原则上否定既判力扩张。但在下列三种例外情形，判决虽对诉外第三人不利，也发生既判力扩张：一是判决内容不因当事人的处分行为而受影响，而采用职权探知主义并部分地排斥处分原则之适用，如身份诉讼的判决；二是第三人的法律上地位，是在其前提法律关系经前诉判决确定后才成立的，例如，第三人就已经判决既判力确定之债务做保证或设定担保物权；三是虽然第三人的法律地位，是在前诉判决确定前成立的，但诉讼当事人就诉讼标的法律关系（作为后诉的前提法律关系）予以变更时，第三人在实体法上必须承受的情形。例如，无限公司所受确定判决之既判力及于股东（罗森贝克教科书亦将此种情形与其他几种情形列入既判力延伸的范围）、[①] 出租人、承租人间确定判决之效力扩张及于次承租人。在这些案例中，既判力的扩张属于具有期待可能。[②]

德国学者尧厄尼希（1927—2014年）认为，如果只是权利状况在其他人上与在诉讼当事人间一样，不存在既判力扩张。例如，债权人对连带

---

① 参见［德］罗森贝克、施瓦布、戈特瓦尔德《德国民事诉讼法》，李大雪译，中国法制出版社2007年版，第1179页。

② 参见李亦庭《反射效之研究——自诉讼法及实体法兼顾观点》，硕士学位论文，台湾大学，2010年。

债务人之一人的判决生效，其效力不及于其他连带债务人。根据《德国民法典》第 425 条，"发生既判力的判决，其利与不利，只对在其人身上发生此种事实的连带债务人发生效力"；这里缺少第三人从当事人的法律地位导出自己法律地位的特征。根据（德国的）普遍观点，如果主债权人对主债务人的债权在前诉中被发生既判力地否决，既判力应当扩张及于保证人；如果主债务人在前诉中未提出其可主张的抗辩，保证人有权提出主债务人可提出的抗辩，获得胜诉判决，此时不存在既判力扩张。如果主债务人在主债权人提起之前诉中败诉确定，该判决的既判力不及于保证人。即说：前诉判决胜诉及于诉外第三人，败诉时不及——这种情况构成既判力片面扩张。① 德国法制中的实例，是其《责任保险法》第 3 条，该条规定责任保险人与被保险人为连带债务人，同条第 8 款规定，第三人与被保险人间所得的确定判决确定第三人无损害赔偿请求权时，该判决在有利于被保险人的范围内，对保险人发生效力。德国一般是从纠纷解决一次性原理出发，将之评价为既判力扩张。可以看到，德国《责任保险法》第 3 条的规定，作为《德国民法典》第 425 条的特别规定，对《德国民法典》第 425 条做了改变。

　　在法律明文与通说承认的既判力主观范围扩张的一般情形中，不论前诉判决对诉外第三人（受扩张人）有利还是不利，一律及于之。而反射效力现象的既判力扩张本质说则区分不同的第三人与当事人之间实体法关系的形态和个案中的判决效力扩张有无合理依据来决定前诉既判力是否及于该第三人。采既判力扩张说的那些德国学者，对此种差异并不重视。也许是因为这两种情形都禁止对前诉事项重复审理，所以在学理上将它们归为一类；前后诉诉讼标的法律关系在实体法上依存，是类推既判力扩张的理论依据，这大概也是差异产生的原因之一。乍看之下，既判力只在胜诉之诉方发生及于诉外第三人效果（既判力主观范围对第三人有利扩张、片面扩张）这一说法，与一般的既判力不论胜败诉皆扩张的这种划一性不符。从而，有观点会对是否采信此说产生怀疑。然而在其他的学说中，不乏以

----

① 参见［德］棱特、奥特马·尧厄尼希《民事诉讼法》，周翠译，法律出版社 2003 年版，第 332 页。德国联邦法院有判定"主债务人前诉败诉，既判力不及于保证人"的判例。另外，保证人提出基于保证关系之抗辩可排除既判力，这也为判例所承认，例如德国联邦法院在一份判决中认为主债务人胜诉时既判力扩张及保证人。

这种做法为论据的观点。例如，日本学者三月章在论述吸收型法定诉讼担当与对立型诉讼担当时，即援引这种片面扩张的学说。其认为，首先，对于既判力对第三人的扩张，德国的学说早就将其分成以下两种，一是只允许对第三人有利（nur fuer）的扩张，二是无论对第三人是否有利（fuer und gegen）均允许判决效力的扩张；由于《日本民事诉讼法》（以下简称《日本民诉法》）条文所造成的困惑，"对此竟无明确的认识"。其次，在比较法上，美国的"privity"同样表明这种依存关系。最后，从宏观上看，胜诉判决与败诉判决间，在判决效力上存有差异现象，尚可见于其他例子。例如，在形成诉讼中，原告胜诉的形成判决有形成力（如果承认形成判决有既判力的话，此既判力也对第三人发生）；原告败诉时，仅产生相对性的既判力。又如，在给付之诉中，原告胜诉的判决兼有执行力与既判力，而在败诉时则无执行力。言下之意，三月章认为，部分的学者对既判力片面扩张的观点犹豫不决，属于少见多怪。顺便一提，既判力扩张说对附随效力说的批评，是基于既判力诉讼法说这一立论基础。而既判力诉讼法说优于实体法说，所以既判力扩张说是较优的理论。

与德国的学说进展类似，在日本也出现了认为反射效力的本质属于"既判力扩张"的观点。日本学者中持既判力扩张说者有吉村德重、铃木正裕等。吉村德重认为，持反射效力说者所举案例，应按既判力扩张说解释。[①]况且如果承认反射效力，将不能很好地回应如何避免"诉外第三人于后诉主张前诉双方当事人通谋诈害诉讼致判决无效而产生的诉讼迟延"，[②]以及"反射效力所及的第三人为共同诉讼时如何得到一致的判决"

---

① 吉村德重在性质的问题上认为，如果采既判力诉讼法说，那么就很难将判决视为法律要件事实；且在法无明文规定的情况下，仅依据实体法上依存关系即认为发生反射效力，也很困难。在既判力实体法说下，既判力有创设实体权利的效果，但只在法律明文以判决作为法律要件事实时才会发生构成要件事实的效力。既然对诉外第三人的这种效力不能发生（换句话说，并非）构成要件效力（或者判决的附随效力），那么它应是一种诉讼法上的效力，应依职权调查。而持反射效力说者认为的此种效力应由当事人援用的观点，也不妥。反射效力的概念，既不是既判力，也不是构成要件效力的一种，"可谓是介于二者中间的概念而显得暧昧不明"。既然须依职权调查之，则称为反射效力或既判力扩张也是单纯的用语问题。参见吕太郎《民事确定判决之反射效力》，载吕太郎《民事诉讼之基本理论》，中国政法大学出版社2003年版。倾向于既判力扩张说的日本学者还有高田裕成、野村秀敏、冈伸浩等。

② 前诉中双方当事人通谋诉讼，诈害第三人，是第三人可主张的排除（对第三人不利的）反射效力发生的抗辩。双方当事人恶意串通的诉讼在日本学理上被称为"驯合诉讼"。

等问题。①

吉村德重认为，"实体法上依存关系是决定反射效力或既判力扩张的标准"②。所谓实体法上依存关系，是指"诉讼当事人在前诉中就系争权利、达成如判决内容的处分时，第三人在实体法上必须承认"之状态，此种状态下认可存在实体法上依存关系最为恰当。③ 但是吉村德重主张不能由实体法上的从属关系（依存关系）直接导出既判力扩张，而应使用在诉讼法上对应于实体法从属关系的概念——"当事人适格的依存性"作为既判力扩张的媒介。具体而言，"前诉中当事人就诉讼标的法律关系为最正当当事人（legitimus contradictor），主利害关系人的诉讼是为了从利害关系人（诉外第三人）而实施的，其既判力应扩张及从利害关系人"。吉村德重认为，"'当事人适格之依存性'……它是实体法上依存关系在诉讼法上相对应的概念"。"当事人适格的依存性"与实体法上依存（从属）关系的不同点是，其属于诉讼法上当事人适格的范畴。由于诉外第三人在实体法上处于从属地位，所以存在依存适格，其将受到主权利人所受判决既判力拘束。第三人具有"当事人适格的依存性"，故可对其类推适用既判力扩张及于诉讼系属后的特定继受人的规定。该第三人可实施共同诉讼

---

① 持既判力扩张说者认为，受反射效（实为既判力扩张）所及的第三人参加诉讼时，构成共同诉讼的辅助参加。而持反射效力说者，大概不会认为不受既判力扩张（实为反射效力所及）的第三人参加诉讼为共同诉讼的辅助参加，那么如果该第三人参加诉讼时，应为辅助参加。通说并不认为辅助参加中被参加人与对方当事人应受主诉判决的影响，共同诉讼的辅助参加却倒推出主诉判决及于多个参加人。但一般认为，像多个债权人对同一次债务人提起代位诉讼（债权人间本来是相互受反射效力所及，详见本书第二章的讨论内容）的，构成类似必要共同诉讼。

② 实体法上的依存关系与继承关系类似，则对实体法上有依存关系的第三人，类推适用继承而扩张既判力的规定、使之受前诉既判力所及，符合现行的法律和既判力扩张的实质根据。既判力扩张应区分不同的情形向不同目的及政策衡量寻求其实质依据；此时不但应考虑既判力相对性原则，亦应考虑法的安定要求。最重要的依据是如何使各利害关系人的利害获得最适切调整，以及保持判断基准的客观性。没有比将既判力扩张按实体法上依存关系有无作为标准能更好地达到该要求。参见吕太郎《民事确定判决之反射效力》，载吕太郎《民事诉讼之基本理论》，中国政法大学出版社 2003 年版。

③ 因为辩论原则、处分原则的作用效果与实体法上处分行为的效果类似。辩论原则的根据论学说之一即认为它依据了私法自治。

的辅助参加，并可在前诉串通诉讼时提起再审。① 同为既判力扩张说，吉村德重的学说却与贝特尔曼、布洛迈尔的"依据实体法上依存关系直接发生既判力扩张"的理论不同；相反，吉村德重是将既判力扩张间接地与实体法上依存关系结合在一起。而实体法上依存关系又与兼子一的"第三人对前诉结果必须当然承受"这一理论前设相近似。所以，这种处理方式与兼子一的反射效力说下的结果相同。

　　另一位日本学者铃木正裕一方面赞同以实体法上从属关系作为既判力扩张的根据，一方面质疑反射效力与既判力扩张在概念上的差异存在的合理性。其认为：其一，反射效力说认为此种效力是实体法上效力（判决的附随效力）；但反射效力说所举的实例其实也均可以既判力扩张说或既判力对第三人效力说解释。反射效力说主张的，发生构成要件的效力所依据的实体法上依存关系（在历史上）原为解释既判力主观范围扩张所依据的最正当当事人概念。从历史沿革上，可见反射效力其实是诉讼法上的效果。瓦赫与赫尔维希的理论均是以既判力扩张为出发点而曲折地导出构成要件效与反射效，由此也可看出反射效与既判力扩张的渊源。其二，库特纳认为，以无限公司与其股东为例主张既判力为诉讼法上之失权、附随效为实体法上抗辩的失权，既判力与反射效在性质上有差异。但是，为何无限公司在与其债权人的诉讼中败诉确定，发生"诉讼上失权"，却并不导致股东在诉讼上失权，而是使股东不得提出实体抗辩——亦即，使得股东在实体法上失权？既然既判力是诉讼法上的效果（诉讼法说），那么又为何承认由前诉既判力所发生的实体法性质的反射效？故所谓附随效实际上应具有诉讼法性质，且股东应在诉讼上失权，亦即，股东不得于后诉中对债权人争执公司债务不存在，宛如股东受无限公司与其债权人的前诉的判决既判力拘束。综上，两者在作用和机能方面相同。其三，既然反射效实为诉讼法上的效力，那么就不应适用辩论原则，即无须由当事人主张，而可以由法院依职权斟酌前诉裁判。之所以将反射效界定为抗辩事项，是为了使前诉能够片面有利地及于第三人（由第三人在后诉判断前诉裁判对其是否有利，进而决定是否主张援用前诉裁判）。由于既判力也可片面扩张，所以即使由法院依职权调查该片面扩张之既判力，也不会对第三人不

---

　　① 参见李亦庭《反射效之研究——自诉讼法及实体法兼顾观点》，硕士学位论文，台湾大学，2010年，第50—51页。

利。其四，反射效力说主张诉外第三人可提出前诉当事人通谋诈害第三人的抗辩，以此排除对其不利之反射效力发生。亦即，提倡反射效力说的学者以反射效为排除串通所形成的前诉判决效力的方法。而在日本法上，即使采既判力扩张说，也不会产生"前诉当事人恶意串通骗取判决诈害后诉当事人"的问题。因为，对于正在进行的合谋诈害诉讼，第三人可在诉讼中依据日本新民诉法（1996 年以后的《日本民诉法》）第 47 条第 1 款以"诉讼结果而使其权利受到损害"为由实施独立当事人参加。① 如前诉通谋诈害判决已经确定，第三人可依法提起再审。② 其五，从反射效对第三人的影响来看，反射效是在法律上不可争执的效果，此种效果与既判力的作用相同，那么，受反射效所及的第三人，亦应与受既判力扩张所及的案外人一样可以实施共同诉讼的辅助参加。其结果是，并不能以第三人是否受反射效所及决定该第三人可否实施诉讼参加，因此不能反过来依据反射效力与既判力扩张在诉讼参加方面的不同而区别这两者。其六，反射效所举的示例，多系由前诉法院在判决主文中的判断发生。因此"判决理由也可发生反射效"这一点能否作为两者的决定性差异，仍然存在很大的疑问。铃木正裕最后的结论是，抛开既判力本质说的影响，反射效力与既判力扩张并无实际区别。③

第二节　反射效力本质的既判力对第三人效力说

德国学者卡尔·海因茨·施瓦布（Karl Heinz Schwab, 1920—2008

---

① 对应日本旧民诉法第 71 条。

② 第三人对通谋诉讼判决提起的再审，日本旧民诉法第 483 条曾规定："第三人主张原告及被告系以共谋诈害第三人之债权为目的，使法院为判决，因而对判决声明不服者，准用回复原状之再审之规定。（第一款）于此场合以原告及被告为共同被告。"日本大正十五年修法时删除。学说上认为此种删除是因立法的疏失，并认为，在现行法下可类推适用未经合法代理而受判决确定的再审事由规定。1996 年日本民事诉讼法修正时曾讨论过是否恢复这一条文。参见［日］高桥宏志《重点讲义民事诉讼法》，张卫平、许可译，法律出版社 2007 年版，第 484 页。

③ 谷口安平在承认反射效之余，认为既判力概念流动化，将之作为既判力扩张，也属可能。参见李亦庭《反射效之研究——自诉讼法及实体法兼顾观点》，硕士学位论文，台湾大学，2010 年。

年）认为反射效力本质并非为一般的既判力主观范围的扩张，其认为，反射效力本质上应为所谓"既判力对第三人的效力"。其将基于诉讼上既判力制度而发生的对第三人之拘束力区分为两种："一般的既判力扩张情形"与"既判力对第三人效力（Drittwirkung der Rechtskraft）"。① "为预防对实质同一事项重复，并受法院的矛盾裁判，当事人对诉外第三人也能主张这种规准，从而该第三人亦应受拘束。从另一观点看，前诉中当事人对双方存在的法律关系为客体的诉讼，是最正当的当事人（legitimi contradictores）对诉讼标的有处分的可能性，按辩论原则有权主张事实或自认，该当事人间的判决效力应当及于诉外第三人。"② 按照狭义的"legitimus contradictor"，主利害关系人诉讼判决效力应及于从利害关系人。此种情形的既判力扩张，需要具备三要件：判决于"legitimus contradictor"间做出、非串通判决、非一造辩论判决（缺席判决）。萨维尼的既判力扩张的"代表理论"（Repraesentationstheorie）即受"legitimus contradictor"理论

----

① 一般的既判力扩张情形指，诉讼当事人间、当事人与第三人间的诉讼标的法律关系在客观上具有同一性，仅主体变更。既判力对第三人效力是，有既判力的前诉判决，对于前诉中一方当事人与第三人间的后诉而言，是前提关系（易言之，就是前后两诉的诉讼标的法律关系不同，但前诉的诉讼标的是后诉诉讼标的法律关系的前提内容），因而前诉判决对后诉之第三人发生拘束力。施瓦布提出的既判力对第三人效力说则是指："既判力的本质不是消极的规定，而是积极创造判决内容的规准性；但不是如既判力实体法说所主张的'依既判力形成实体法上权利'，而是当事人必须遵从判决。因当事人必须遵从既判力而受拘束，故法院亦应受拘束。"

② 根据日本学者吉村德重、铃木正裕的介绍，"legitimus contradictor"是中世纪意大利法学派，将罗马法上既判力相对性原则，结合日耳曼众人诉讼所创，该理论支配了15—19世纪后期注释法学乃至早期普通法学。它的出发点是，将诉讼当事人与诉外第三人对各诉讼标的之利害关系，进行比较衡量后，决定既判力是否及于该第三人。诉讼当事人与诉外第三人关于诉讼标的之利害关系可分为三类：一是诉讼当事人为从利害关系人，第三人为主利害关系人，此时不发生既判力的扩张，除非对该第三人为诉讼告知。例如土地用益权人进行诉讼，既判力一般不及于所有权人。二是诉讼当事人与诉外第三人，对于诉讼标的，利害关系同等，此时是否应当诉讼告知、以使既判力及于该第三人不明了，但接近于将诉讼当事人拟制为诉外第三人的代理，从而将既判力及于该第三人。如各共有人间一人起诉与其他共有人之关系、共同继承人间一人起诉与其他共同继承人的关系。三是诉讼当事人就诉讼标的法律关系为主利害关系人，第三人为从利害关系人；此时无须通知第三人，即应将既判力扩张及于之，例如父子间确认其父之诉与家属，主债权人、主债务人间诉讼与保证人之关系。参见吕太郎《民事确定判决之反射效力》，载吕太郎《民事诉讼之基本理论》，中国政法大学出版社2003年版。第三种情形，是其理论核心，称为狭义的"legitimus contradictor"。

的影响。不过，其虽然也要求上述三要件，但并不采用利益比较衡量的方法构筑理论。萨维尼将既判力扩张分为依继受关系的扩张（称为自然的扩张）以及其他依各法律制度的固有必要性所规定的扩张（称为实定扩张），并主张后者情形存有一个共通现象，即被扩张者在诉讼中被诉讼当事人代表，代表人以自己名义实施关于他人利益的诉讼，并非以他人名义代理或代表他人。然而"代表"一语，并不能揭示这种现象发生的根据，只是抽象地表述现象本身；因此后来的学者多不采用代表理论，而是着重将既判力扩张的根据归为前诉与后诉的"对象权利关系相互关联"。①

关于既判力对第三人效力的实例范围，施瓦布提到五类："（1）从属性。②（2）限制的权利继承。③（3）绝对权或法律关系的确定。④（4）第三人利益合同。当事人间所受确定判决，对于合同约定受利益的第三人，发生效力。（5）求偿。买受人因产品缺陷，向出卖人请求损害赔偿，受胜诉判决确定；出卖人向供货商或生产者起诉求偿时，后诉之被告不得主张买受人与出卖人间损害赔偿责任不存在。"⑤施瓦布认为既判力与既判力对第三人效力的区别是，"受既判力所及的后诉，应从程序上（通过诉讼判决）驳回；⑥受既判力对第三人效力所及的后诉，应以诉无理由实体驳回"。

个人对于此种学说基于既有的资料范围提出以下的疑问：首先，根据既判力本质的抽象说理，可否有力支撑这一理论？施瓦布对于既判力本质的说明，似未与既判力诉讼法说相差过远；但以防止重复实质审理、裁判歧异的理念导入既判力对第三人的效力，很难认为这在理论上不存在跳跃。即使是持类似学说的学者，例如重视纠纷一次解决理念而提出既判力

---

① 参见李亦庭《反射效之研究——自诉讼法及实体法兼顾观点》，硕士学位论文，台湾大学，2010年。

② 主债权人与主债务人间确定判决，在主债权人对保证人提起的后诉中有拘束力；债权人与债务人间确定判决，在债权人对抵押人提起的后诉中有拘束力。

③ 例如，债权人甲、乙分别对债务人丙取得债权存在的胜诉判决确定，甲在执行分配程序中不得争执乙丙间债权不存在。

④ 如继承权受判决确定，对遗产债权人的效力。

⑤ 如果在前诉中，供货商或生产者辅助出卖人诉讼并受败诉判决确定，其后出卖人对供货商或生产者提起求偿诉讼，被告应受前诉判断之拘束。按《德国民诉法》，此为参加效力。

⑥ 这种做法属于一般情形，不过在特殊情形下也有例外。参见［德］罗森贝克、施瓦布、戈特瓦尔德《德国民事诉讼法》，李大雪译，中国法制出版社2007年版，第1153—1154页。

本质为一事不再理说的三月章，也未引用上述学说。其次，该说所举实例，显示出其射程范围过广。例如在"求偿"的情形中，原来仅因书面的参加申请并辅助一方当事人实施诉讼方能发生参加效力；又例如，在限制的权利继承中，本来债权人可以在执行分配异议诉讼中对其他债权人所主张的债权是否真实存在为争执，也可就他人债权在受确定判决后所发生的新事实（例如债务人清偿的事实）起诉。若采此说，将可直接发生既判力扩张，如此诉讼法律关系恐将被嬉闹而混乱。退一步说，即使该说有莫大的实益，采用此说也会使诉讼法条文（尤其是诉讼法中关于判决效力的规定）机能丧失，面临大幅度适用调整的要求。最后，有学者认为，第三人效力的理论内涵与既判力扩张相同，仅因前后诉之诉讼标的不同而单独划分出第三人效力的观点并无多少实益。[①]

事实上，德国罗森贝克教科书第 16 版（后续的版本也是如此）删去了施瓦布的判决对第三人效力说，并对之进行了批评。[②] 其认为，既判力对第三方效力与既判力扩张理论的区别在于，第三人不会被阻止为自己而主张与裁判的认定相矛盾的权利。既判力对第三人效力仅禁止第三人主张第一次诉讼在其当事人间做出了不正确的裁判。罗森贝克教科书第 16 版提到，既判力对第三人效力说的合理之处是，第三人应当遵从作为实体事实构成的法律架构，且在理想状况下，法院对不同诉讼的事实认定应是毫无矛盾的。但既判力对第三人效力（未经程序中听审保障）缺乏法律规定的支持，且无特殊的正当理由。仅以当事人间诉讼与第三人间诉讼有先决关系即发生拘束力、即可以发生广泛的对世效力，这种观点在近代程序保障的要求下（尤其是在第二次世界大战以后，《德国基本法》将当事人的听审保障请求权作为程序保障的重要构成部分）很难成立。《德国民诉法》第 325 条和其他既判力主观范围扩张的条文规定，从法律精神上表明，既判力在主观上应仅在有限范围内发生。所以，原则上第三人不受在没有他参与的情况下就成立的裁判的拘束。那么，前诉中他人间所受裁判只能被视为事实，对后诉事实认定产生影响，法院可以斟酌这个裁判；这

---

① 参见［德］罗森贝克、施瓦布、戈特瓦尔德《德国民事诉讼法》，李大雪译，中国法制出版社 2007 年版，第 1179—1181 页。另外，如果前诉诉讼标的法律关系为后诉裁判之先决关系，则既判力作用的结果，自是以前诉裁判为准据做出本案判决。

② 由于罗森贝克、施瓦布分别是既判力扩张说、既判力对第三人效力说的提倡者，那么教科书中的不同见解大概是本书第三位作者——戈特瓦尔德的看法。

种事实不改变后诉中（前诉当事人之一对第三人提起的诉讼）当事人间客观证明责任的分配。相应地，第三人效力不应作为一般诉讼效力得到承认，而仅应基于实体法的依赖性得到承认。前诉中有利于第三人的、对后诉之前提法律关系的认定亦不具备对第三人效力，否则诉讼风险可能得不到平等分配。根据具体情况，法官只需斟酌前诉的裁判即可，而不是必须受前诉判断的拘束。故不存在既判力对第三人效力这种普遍的效力，而仅能依实体法上依赖关系承认。

罗森贝克教科书第 16 版举了一些因实体法上依赖关系而发生既判力扩张的例子。之前所提到的情形例如，"无限公司被他人起诉请求，判决之既判力及于股东"；"（主债权人先对主债务人起诉时）不利于主债务人的判决对担保人、抵押人或出质人没有拘束力"，担保权在判决发生既判力后才设定的，则应参考判决所认定的债权，因此，这时主债务人所受之前诉判决对诉讼担保人也有拘束力。融资租赁中，出租人不受既判力扩张，而是根据融资租赁合同的约定受供货人与承租人间关于出租物瑕疵诉讼之判决的拘束。（出租人起诉请求承租人迁房时），迁房判决对次承租人不发生效力；只要次承租人不是在迁房诉讼系属后才租赁的。[①] 又例如，连带债务中一人所受有既判力之判决，对其他连带债务人不生效力。这是《德国民法典》第 425 条第 2 款的明文规定。另外，债务人有多个债权人申请强制执行的，债权人对于债务人的其他债权人的债权只能作为事实加以承认，并仅得据《德国民诉法》第 878 条提起分配表异议之诉。[②] 综上所述，罗森贝克教科书退回了"反射效力本质为既判力扩张"的立场。

第三节　反射效力本质的争点效扩及第三人说

除上述两种重构反射效力本质的理论尝试以外，域外也有一些学者（主要是日本学者）从英美法上的争点效理论出发探讨反射效力的本质。日本民

---

① 尽管《德国民法典》第 546 条第 2 款规定，承租人将物交付给第三人使用，则出租人可以在租赁关系结束之后，向第三人请求返还物。这里次承租人仍不受承租人的腾退房判决的拘束。这里可能是因为在实体法上存在着其他见解。

② 对于其他债权人的债权作为事实加以承认，使债权人的受偿可能性受到影响，其他分配表上的债权人仍可以争执债权的存否。

事诉讼法学界在第二次世界大战以后研究了诸多英美法上的制度及相关理论，并在此启发之下对之前继受自德、日的反射效力理论提出了重构的观点。

英美法上争点效主观范围较广，英美法以裁判对第三人发生效力为原则，并设有若干例外规定，在这些规定所调整的情形中，前诉裁判的争点效力仅相对拘束前诉双方当事人，而不及于第三人。① 日本学者霜岛甲一所述的美国争点排除效相对性例外的判例观点现状为："基于前诉当事人已被赋予充分攻防之机会，（可以）承认第三人可以有利援用争点排除效，防止前诉当事人仅改换对方当事人即可对同一纷争重复争执，使法院重复审理；但有利于第三人的争点排除效于第三人为攻击型援用的场合，（系）由后诉法院裁量是否准许援用。"日本学者霜岛甲一据此主张一般既判力有利扩张及第三人，其法律依据为日本民诉法上的"为他人而为原告或被告"（诉讼担当）。其理论构成并非系依据实体法依存关系，而是单纯从既判力片面扩张处理问题。不过，霜岛甲一的说理遭受了一些质疑。比如，既判力片面扩张中前诉判决对诉外第三人有利时扩张、不利时不扩张，这种做法对于前后两诉中重合的当事人（例如保证关系中的主债权人）来说，诉讼风险加倍，有不公平的嫌疑。但是，对上述"不公平"的质疑，日本学者竹下守夫做出如下说明。其援引美国法上派生责任（derivative liability）的情形，指出保证人在实体法上处于"负担（由处于先决关系中的诉讼当事人——此处即为主债务人——的责任所发生的）派生责任"的地位、次承租人处于"能够为自己的权利基础利用（立于先决关系的）诉讼当事人所享有的权利"这两种情形，认为这两者都属于美国法上承认的相互性原则的例外。而且，前后诉中败诉的共通当事人在前诉中能够预见到后诉可能发生，并充分认识到其前诉的实施将影响到其双重的利益（前诉与后诉中的实体利益），所以即使效力不具有相互性（仅及于前诉双方当事人），也不影响其公平性。②

其后，日本学者原强检讨了反射效与争点效利益第三人效力之间的关系。在《日本民法典》第449条规定的情形中，③ 如果主债务不存在，保

---

① 参见黄国昌《民事诉讼理论之新开展》，北京大学出版社2008年版，第414—432页。

② 同上书，第385—414页；李亦庭《反射效之研究——自诉讼法及实体法兼顾观点》，硕士学位论文，台湾大学，2010年。

③ "保证人明知主债务因主债务人欠缺行为能力，仍应承担保证债务。"

证债务就不存在。如果认可存在反射效力或既判力扩张，在上述情形下，保证人单纯援用主债务人在前诉中对主债权人取得的有利判决可能无法取得胜诉判决，保证人应援用判决理由中"主债务人对债权人取得胜诉判决所依据的非个人事由"以外的理由，方可获得后诉的胜诉判决。[①] 从而，原强认为反射效理论"事实上有使第三人援用他人诉讼判决理由中判断的意义；从传统判决效力理论看，兼有判决客观范围（判决理由）与主观范围（第三人）扩张的作用"[②]。

原强所提出的观点并非以实体法上依存关系作为基础，因为以实体法上的概念说明判决效的扩张有所突兀，且在诉讼法上也欠缺说服力。原强乃是基于比较法上的研究对大陆法系德、日等国的判决效力相对性进行了反省，并导入了"第三人应援用判决理由"的观点。因此，原强教授的主张与反射效说的关联性甚少。另外，从既判力客观范围扩张的视角观察这一学说，可将其视为"已扩张至第三人的既判力之客观范围延伸至判决理由部分"的情形。

日本学者受此影响，虽然继续在反射效理论框架下展开论述，但已认识到在反射效力现象之下并非单独将"前诉对诉讼标的的判断之效力"及于第三人，[③] 而也涉及争点效扩张的问题。高桥宏志教授就认为，"相对于判决主文（既判力）的扩张，争点效的扩张可更为灵活地处理（上述现象）"。例如，此前兼子一教授认为，在清偿连带债务的情形下，不发生反射效力；[④] 如承认清偿这一事实能够发生争点效并扩张及于第三人，即可忽略清偿与抵销在判决效力上的区别（可满足实际上的使清偿之

---

① 《日本民法典》第 449 条的精准含义却并非如此所言。上述见解似有误会，详见本书第四章中杨淑文女士的观点。但实体法上确实存在独立保证的情形，且这种情形似符合原强教授的推论路径。只是该推论是否成功，笔者仍抱有疑问。本部分将详述。

② 日本学者对此种争点效扩张的态度，参见黄国昌《民事诉讼理论之新开展》，北京大学出版社 2008 年版，第 419 页。

③ 实际上也包含前诉发生既判力之判决部分，如兼子一教授所论及的诉讼上抵销。这些部分要发生既判力，对后诉产生拘束力，从外观上看恰似发生既判力扩张。

④ 兼子一虽采反射效力说，但其立论基础是既判力本质权利实在说，其将判决主文视为当事人之间的和解契约，进而对第三人发生效力。故发生反射效力的只有前诉判决主文部分，主要包括法院对诉讼标的的判断，当然也包括抵销（因为抵销的事实虽记载在判决书理由栏，但发生既判力）。而清偿的事实则是记录在判决书理由栏部分的。因此，连带债务诉讼中债务人中一人主张抵销时，对于其余连带债务人应能发生反射效力。

事实发生反射效力的要求）。① 但争点效扩张也有鞭长莫及之处，"在前诉缺席判决、前诉原告主债权人自认、认诺，由于不符争点效发生条件，所以只有前诉的判决主文的效力对前诉案外人扩张"②，另外，为保障审级利益，通常情形下该争点须经过上诉审才能发生争点效。

笔者认为，虽然日本学者在上述论述中对保证不具有独立性的情形在实体法上的意义似乎有误会；然而不得不承认，主张反射效力包含争点效扩张的理论的确颇有吸引力。但是，只有在符合争点效发生条件（不存在自认、认诺等）时由当事人援引判决理由，才能发生争点效扩张；而高桥宏志教授却认为，在当事人自认、认诺时，仍然认可判决主文（既判力）的扩张，这到底是怎么回事呢？既然在前诉原告主债权人自认、认诺的情形下不发生争点效（扩张），那么仅以前诉被告通过主债权人自认、认诺所获得的胜诉判决就无法判决后诉被告胜诉。在这里出现了难以自圆其说的现象。大概高桥宏志教授在感觉上认可"前诉原告（主债权人等）自认、认诺时，其败诉之判决效力及于保证人等前诉案外人"这一做法；然而囿于争点效扩张"前诉双方当事人应对该争点进行充分的攻击防御，不能进行自认、认诺"，所以将这种情况称为"判决主文的扩张"。

那么具体应如何看待此问题呢？首先可以看到，无法单独以反射效力说或既判力扩张说对实例做出完满说明，③ 争点效扩张说也不能单独用来说明上述示例中的"效力扩张"。从法感上来看，认为"后诉当事人亦应受'前诉中原告主债权人在前诉中自认、认诺受败诉判决'之拘束"的观点是合理的。因为主债务人与保证人之间存在求偿关系，当主债权人在其对主债务人提起的前诉讼中自认、认诺时，想必已考虑到对保证人诉讼的情形，但是其仍然自认、认诺；故而，基于程序法防免突袭裁判与禁止实质重复审理，并不会对主债权人产生不公。另外，从贴近保证关系格局的准必要共同诉讼关系来看（虽其并不为通说所采，但其在理论上指出了如下的内容），保证人与主债务人在主债务存否部分成立必要共同诉讼，

---

① 具体作用机制详见本书第四章中对连带债务的探讨。本书第四章第三节将论及的竹下守夫的见解也体现出，争点效扩张在反射效理论的争议中受到相当的关注。

② 外形上类似于既判力扩张。

③ 笔者将争点效扩张导入反射效力理论的理由与原强教授的说理不同，争点效扩张存在于连带债务诉讼，而非保证。

如此则主债权人就主债务存否对主债务人自认、认诺的效力亦应及于保证人。① 按既判力扩张说或反射效力说都可以承认主债权人自认时判决效力及于保证人，而争点效扩张却不能，或许高桥教授正是不愿放弃此种便利才单独将上述情形作为"判决主文的扩张"来对待。其次，既判力扩张说或反射效力说是否存在原强教授所发现的缺陷呢？② 既判力扩张之根据为实体法上依存关系，③ 在独立性保证中，扩张根据不存在，故不发生扩张。自一般的既判力扩张事由以观，例如在代位诉讼中，代位资格之有无为代位诉讼的当事人适格要件，④ 亦为既判力向被代位人扩张的根据；在本诉中，代位资格得到法院认定且符合其他代位要件时，既判力即扩张及被代位人；如判决确定后，被代位人又起诉次债务人，法院无须再次审查前诉代位权人有无代位资格，而径以既判力存在为由裁定不予受理或驳回起诉。那么，既判力扩张之根据如在前诉中得到审理，后诉即不必纠结于既判力扩张根据事实是否查明。因此，在保证债务诉讼中，法院于后诉需考量前诉判决理由是否为"构成独立担保，主担保人不负担债务，保证人负担保证债务"，这属于法律判断而非事实判断。当然，如果是连带债务的情形，还能不能沿用这里的结论仍有斟酌余地。处理连带债务问题的另外一个路径是考虑前诉债务人胜诉判决（包含尚未独立作为诉讼标的但为前诉双方争执的攻击防御方法）由法院依职权斟酌及于后诉债务人，或者（依法律规定由）当事人援用并及于（但不必然拘束）后诉债务人；不过，如攻击防御方法（包含诉讼标的法律关系之前提关系）对后诉债务人实质不利，则可由后诉债务人提起第三人撤销之诉（法国民法立法

---

① 参见［日］高桥宏志《重点讲义民事诉讼法》，张卫平、许可译，法律出版社 2007 年版，第 222 页。如果是主债权人对保证人做出自认、认诺，在分开诉讼之情形，主债务存否对主债权人与保证人的诉讼，是判决理由；而一般判决理由的（主观范围）扩张需要符合争点效。此时，自认、认诺时无法发生争点效。

但是，吕太郎先生认为，在连带债务的情形中，前诉主债权人自认、认诺，可能仅为对前诉中被告连带债务人的债务为免除，该行为对其他债务人则未必生效。然而，此处讨论的是保证债务；应当认为，前诉中主债权人对主债务人的免除需要及于后诉中保证人，如此方能在外部结果上（而不仅在后诉诉讼标的的范围内）符合保证的从属性。

② 兼子一的反射效力说是建构在"第三人应否承受前诉当事人达成的如同判决主文和解"的基准上的，因此与既判力扩张说有牵连。故本部分依从既判力扩张说加以说明。

③ 新堂幸司教授在其中加入了程序方面的依据。

④ 这是德、日通说见解。

例），或者通过（法条）解释论层面的操作认定对后诉债务人不发生效力（本书所采观点接近于此说，但此说提出者吕太郎先生认为在连带债务诉讼中前诉裁判系依"非基于前诉债务人的原因"而发生既判力扩张，无须前诉当事人认真攻防。但个人认为，前诉债权人认诺可能包含对债务人的免除，此种情形超越了我国台湾地区"民法"第 275 条"非基于个人原因"解释的最大射程，故前诉认诺、和解对后诉债务人应不发生效力）。准此以言，认为"前诉判决理由仅于发生争点效方能拘束后诉"的观点其实并无必要。然而在他种情形下，确有宜认可争点效（前诉判决理由）扩张的情形，此处不赘。结论是，保证关系毋庸借助争点效扩张说明，且在主债权人就主债务存否进行自认、认诺的情形下，既判力扩张说亦可较好地说明。然而，别的一些情形下（例如部分连带债务人进行的诉讼中），如欲构想对第三人有拘束力，只能承认判决理由的扩张。由此，仅借助既判力扩张说无法满足需要；故上述日本部分学说将争点效扩张融入反射效力中，而非单独采用争点效扩张解决问题是较为妥当的。而且，争点效及其扩张的理论作为后发的、自成体系的学说，首先即应单独讨论其合法性、范围等问题，其本身即为一复杂难题，更不宜将这个有疑问的理论作为全部反射效力现象发生的根据。新堂幸司教授在论述争点效主观范围时认为应按照既判力主观范围扩张来操作，[①] 涉及反射效力的仅一例：主债权人先对保证人提起诉讼并在诉中就主债务存否之前提事实进行充分攻防，结果法院判决因主债务不存在原告败诉。在后诉中，债权人再次对主债务人提出主债权存在，此时其即受前诉判决遮断。因前诉标的是保证债务，后诉标的是主债务；"主债务不存在"是前诉法院判决理由，外观看来，属于争点效的扩张。新堂幸司教授称之为争点效扩张的示例，理由是程序法上的禁止实质重复审理、维持当事人间公平的要求。但其未明确表明这种与一般反射效力作用方式不同的情形是否为反射效、未限定仅在此一种特别场合能够发生反射效，也未表明是否其他反射效作用情形为争点效扩张，因此在反射效发生（或者争点效扩张）之范围划定上遭遇到棘手的难题。何况，争点效在理论基础方面亦有欠缺之处，已为前述。

_____

① 参见［日］新堂幸司《新民事诉讼法》，林剑锋译，法律出版社 2008 年版，第 502 页。书中所列出的主观范围与英美法相比不同，似采相对性。但其未言明争点效扩张仅限于其所列情形。

观察部分日本学说，其称反射效力为既判力扩张、争点效扩张，乃是对所发生的法律现象自外部观察后的说法。实际上学者们是先从反射效的根据论出发，认可了个例中前诉的"判决理由扩张"或者"判决主文扩张"的现象具有合理性，而后分别称其为争点效扩张或者既判力扩张。代表性的学说有竹下守夫的理论，而竹下守夫是以既判力扩张作为其立说的基础的，这与构成要件效（反射效）不同。

竹下守夫首先指出反射效在说理上的疑难：反射效不符合既判力诉讼法说，而且反射效与既判力无区别（因而单独提出反射效理论并无实益）。继而其主张，通过类推适用民诉法既判力扩张规定的方式，对基于实体法上从属关系所发生的既判力扩张提供法律依据，并就个例中实体法关系的格局分配的不同，在"以实体法上诉讼当事人的地位为先决关系的第三人"及"在实体法上与诉讼当事人有法的共同关系的第三人"的两个场合，承认既判力或争点效有利扩张及于第三人。当然，这种做法也有公平性的问题，竹下守夫对效力扩张公平性问题也展开了一些分析（参见本章第四节）。前者以保证关系与无限公司及其股东关系为例，前诉败诉当事人（主债权人、无限公司债权人等债权人，下同）已经知道保证债务或无限公司股东的无限责任以主债务或无限公司债务为前提，所以败诉当事人是在受到程序权保障时对主债务人或公司实施诉讼，那么即使第三人受既判力扩张所及，败诉当事人也并未遭受未预料的不利益。再者，如果前诉败诉当事人可再对保证人或无限公司股东诉讼，不啻改变被告而对同一纠纷重复争执，此种行径应可评价为欠缺正当利益。反之，若不承认既判力扩张，则如果后诉中保证人或股东败诉，其又对前诉胜诉当事人求偿，而使该前诉胜诉当事人无法确保胜诉利益或影响胜诉当事人法地位之安定性。此时，可类推适用《日本民诉法》关于既判力扩张的三种事由规定。

后一场合的示例为连带债务、共有人诉讼。同样的，基于"败诉当事人程序权保障已获满足"以及"胜诉当事人利益确保的要求"这两点理由，可承认判决效力的有利扩张。另外，这种情形下前诉双方当事人间权利义务关系，通常和诉外第三人（如其他占有人）与前后诉共通当事人（如共有物无权占有人）之间的关系不同，前者有时不具有先决关系。各连带债务人与主债务人间、各共有人与无权占有人间也不存在实体法上的依存关系，应该是一种平行并列关系；因为实在无法认定，各连带债务人之间或者各共有人之间的法律关系孰为主、孰为从。因此这里所说的"判决效对第三人的有利扩张"，实际上多为依诚信原则发生的法院在前诉判决理由中的判断对第三人的有利扩张。因为一些日本学者将争点效发生的理论根据设定于民事诉讼之诚信原则，故上述结论等同于争点效扩张及于第三人。

另外，竹下守夫否定在前诉判决对第三人不利时前诉判决效扩张及于该第三人。例如，当无限公司在前诉中败诉确定时，其股东并未将自己固有财产可被执行一事（股东与无限公司债权人之间的争议）委托给无限公司（实施诉讼担当）代为诉讼实施。受判决效不利扩张的第三人，在前诉中并未有机会主张法律关系；比起前诉不利判决确定后（基准时后）的权利继受人来说，这里扩张的理由较弱。因为前诉（被继受人的）对方当事人胜诉，继受尚未发生，对方当事人无法预先以继受人为被告提起共同诉讼，故为确保对方当事人的利益不得不承认既判力扩张；但在先决关系或平行关系争议中则不存在这种状况。

第四节　否定反射效或既判力扩张的观点

德国反射效力或既判力扩张理论有实定法（民法、商法等规定）的支撑。因而在德国并无学者对反射效力或既判力扩张本身提出质疑。但在继受德国理论的日本，因其实体法上往往并无直接对于此种效力现象的明文规定，故不乏固守既判力相对性原则、否定发生反射效力或既判力扩张的观点。

例如，日本学者三月章对兼子一的反射效理论提出了否定看法。三月章认为，兼子一的反射效力理论是以既判力本质权利实在说为基础的。不过，此说虽然认为确定判决使权利实在化，然而这是在主观的（人）的界限内法的实在化，实在化的权利仍不能对世。从这种存在主观上限制的法的实在化推导出对第三人能够发生制度上的拘束的效果，已是理论上的飞跃。反射效力既然可使法院对第三人的诉讼为裁判时必须以前诉判断为前提而不得为实质的审理，实际上无异于使第三人受既判力扩张。在法对既判力扩张并无明文规定的情形下，这显然与既判力相对性原则矛盾。因此，正确的做法是从立法政策角度对既判力应不应当向该第三人扩张的问题进行考察。用反射效这种含混不清的概念处理这类问题，在理论上显得不太恰当。如果是讨论将来的立法改进，还是有研究的余地；但在解释条文、指引实务操作时则不得越过既判力相对性原则以避免不必要摩擦。三月章认为，既然将反射效力建立在权利实在说基础上，那么由于实在化的权利应受尊重，所以既判力应依职权调查，故反射效应如同既判力那样须由法院依职权调查；而兼子一主张反射效应由当事人援用，故而兼子一的观点存有着内在的矛盾。再者，承认这样的效果，也与通说的（在主债务人为原告的诉讼中）将保证人与主债务人作为普通共同诉讼被告且此两被告不必合一确定的观点矛盾。三月章在反射效力现象的性质论上持既判力扩张说，但认为这种效力在合法性上有疑问。所以三月章的观点先行否定兼子一的反射效力性质论，而后再否定实为既判力扩张的反射效力现象的正当性。但是，三月章之后认为，为了调节围绕于一权利的复数主体间的利害关系，可按《日本民诉法》"口头辩论终结后的权利继受人在既判力主观范围内"的规定，在解释上承认既判力片面扩张，进而取代反射效这样的暧昧不明的效力。

日本学者上村明广也认为反射效与既判力扩张无异，然后质疑贝特尔曼、布洛迈尔的论说脉络。对贝特尔曼的利益衡量的方法，提出方法不明确、论理方式错误等怀疑，主张在民事诉讼的辩论原则、处分原则下，法无明文规定不能轻易承认既判力扩张。

日本学者本间义信认为，反射效的实体法上依存关系的概念不明确、无承认反射效的实益、混淆了实体法与诉讼法的关系、无理由打破既判力相对性而使当事人或第三人蒙受不利、判决效主观范围不明确。其对贝特尔曼、布洛迈尔的既判力扩张说也提出批评，其认为：其一，实体法上的法律行为不能与诉讼行为或判决等同视之，因为法律行为意味着创造新的法律状态，但判决仅有确认作用、不发生任何法状态（此论针对贝特尔曼）。其二，布洛迈尔直接以实体法上依存关系导出诉讼法上的依存关系（当事人适格的依存关系），但缺乏媒介沟通两者；作为判断是否扩张的标准的期待可能性之利益衡量方式也过于暧昧不明、缺乏客观性。其三，"贝特尔曼、布洛迈尔的既判力有利扩张不违反辩论原则下的既判力扩张，只是消极的论理根据。"其四，当事人适格的依存性，只是单纯为既判力扩张而使用的技术性概念，该概念并不能作为既判力扩张的根据。

日本学者后藤勇认为，除上述论据外，可通过民事诉讼的目的评价反射效理论的妥当性。民事诉讼以纠纷解决为目的（日本通说），关联纠纷是否统一解决、当事人间诉讼处理是否公平均属立法政策的问题，所以没有必要扩张既判力达成纷争的统一解决。即使不发生既判力扩张，也不会产生社会的混乱，这不同于公司诉讼或婚姻诉讼等制度那样还含有防止法律关系混乱等社会公益性的要求。因此其拒绝反射效理论，主张返回既判力相对性原则。

日本学者伊藤真认为，反射效缺乏实定法依据。至于可类推于既判力基准时后权利继受的既判力扩张规定的观点，也存在疑难点。因为反射效并不严格查究类推的要件（基准时后发生、权利继受的要件）存在与否。如果以程序保障作为反射效或既判力扩张的根据，也无法得出既判力可扩张的结论。因为"程序保障以诉讼标的之权利关系为基准"，在关联纠纷中，纵然争点为同一事实，就"不同当事人的不同权利关系"也应赋予单独的程序保障，不能将后诉简单地等同于纷争再燃。认为既判力不扩张也不能说不当。以保证债务为例，从实质公平与诚信原则看，债权人可能先对保证人起诉、对保证人和主债务人提起诉讼（保证人和主债务人构成共同被告）或先对主债务人起诉；债权人仅系"偶然"而先对主债务人起诉，若因此而使得主债权人败诉后不得对保证人有所请求，这反而给予保证人不当的利益。就本书第一章所论及的"各诉裁判矛盾发生保证人向主债务人求偿"的问题，根据《日本民法典》第 459 条（委托保证人的求偿权），主债务人既然因保证而享有利益，使其承担求偿的风险也不违反公平；如果是非委托保证，根据《日本民法典》第 462 条前段（未受主债务人委托而由保证者清偿债务，或以其他形式个人出捐使主债务人免其债务后，主债务人应于当时受益限度内有求偿权），既然主债务不存在的确定判决存在，则不能认为主债务人因保证人的清偿而受益，因而保证人的求偿请求不能认同。

日本学者上野泰男认为，民法的保证债务从属性的规定无法导出实为既判力扩张的反射效。由于主债权人在前诉中本可以保证人为共同被告，所以不具有类似于"在口头辩论终结后发生权利继受的情形下继受人受既判力扩张"的那种情形中所具有的必要性，如此扩张反而剥夺债权人设定复数债权担保以向不保证同债务人再为诉讼的机会，如此一来将会减损债权人的利益。

　　日本学者松本博之赞同则上述反对反射效说或既判力扩张说的立论。其另外认为,反射效或既判力扩张导致风险分配不公平。如果采用既判力片面扩张的观点,前诉中的败诉当事人(如保证中的主债权人)须承担双倍的诉讼风险;如果不论胜败诉皆及于第三人,则在前诉裁判不利地扩张至第三人时,第三人欠缺当事者权的保障。对于本书第三章第三节所提到的竹下守夫的观点,松本博之坚持认为防止突袭性裁判这一理由无法解释公平性方面的质疑(债权人的双倍诉讼风险),其另外称,美国法上对第三人有利的争点排除被定位为抑制滥诉的手段,这一规则对于重视就诉讼标的赋予当事者权保障的日本法而言,有可能并无借鉴价值。松本博之虽不支持既判力扩张或反射效说,但是,其认为,"从当事人一方与第三人连接,或针对关系人的利益评价的关系实体法规范解释来看,也时有第三人例外地受到当事人间判决的法律上影响的情形。基此,保证人可依保证债务的从属性,援用归属于主债务人的抗辩,而债权人请求无理由驳回的确定判决也可视为抗辩,所以保证人可以援用"。松本博之结论的立场与肯定反射效说的小山昇、小林秀之近似,亦即前诉确定判决可作为后诉的抗辩援用。[①] 实际上,松本博之作为精研德意志民事诉讼法的日本学者(来自高桥宏志的评价),其观点也与《德国民法典》、民事诉讼的现行解释一致。

第五节　域外反射效力理论重塑的现状

　　反射效力起源与发展的中心在德国。而如前所述,德国目前的通说系将反射效力现象视为既判力主观范围的扩张。以保证关系纠纷为例,德国通说和实务都认为,如果主债务人在其与主合同债权人的前诉中败诉,该判决既判力也不扩及保证人,但诉讼担保除外;其理由在于,德国通说和实务将主债务人在其与主合同债权人的前诉中所取得败诉判决视为保证合同成立后新出现的扩张保证人责任的事由,因此,将主债务人在其与主合同债权人的前诉中所取得败诉判决既判力扩及保证人违反《德国民法典》

---

　　① 以上各说,参见李亦庭《反射效之研究——自诉讼法及实体法兼顾观点》,硕士学位论文,台湾大学,2010年,第56—57、65—66页。

第 767 条第 1 款第 3 句 "保证人的责任不因保证成立后主债务人的法律行为而扩张" 这一意旨。[1] 典型的示例比如，主债权人在其对主合同债权人的前诉中并未主张时效抗辩，导致法院判决原告主债权人胜诉；此时对于主债务人而言，主债权的消灭时效或诉讼时效适用请求权经法院判决确定延长时效之规定，保证人也可以对主债权人提出主债务人本来可以在前诉中对主债权人所能主张的主债权经过诉讼时效的抗辩，而保证人基于保证债务消灭时效经过所能提出抗辩仍然不受影响。[2] 反之，如果主债务人在其与主合同债权人的前诉中所取得胜诉判决，则保证人可以在其与主合同债权人的后诉中援用该判决，而主合同债权人不得对保证人争议前诉判决的正确性。德国实务上观点例如，联邦最高法院民事庭第八庭 1969 年 11 月 24 日判决认为，依据《德国民法典》第 768 条第 1 款第 1 句，债权人可以对主债权人提出抗辩，其也能主张主债权人对于主债务人的债权已遭确定判决之否定。根据罗森贝克教科书第 8 版的规定，[3] 此处涉及所谓既判力扩张，亦即，判决确定力依据实体法的规定对第三人发生效力。因此，（主债务人在其与主合同债权人的前诉中所取得的胜诉判决）同时能够确定，在作为原告的保证人与作为被告的主债权人之间，被告对于主债务人所享有的债权已经民法上和解（Vergleich）而消灭，依据《德国民法典》第 767 条，（该结果）同样适用于本诉被告对原告的保证债权（即因该和解而消灭）。[4] 德国民诉学者（例如赖希奥尔德、芬格等等）和联邦最高法院将这一情形作为既判力扩张的情形，这种观点在德国属于通说。但一些实体法学者（例如沙克）和先前的德国帝国法院认为该情形只不过是单纯适用《德国民法典》第 768 条第 1 款第 1 句的结果，其认为这是保证人对主债权人援引主债权人对主债务人所取得的败诉结果的情形；主债权人对于保证人关于保证债务的诉讼的结果不能对主债务人发生效力。附带一提，在德国诉讼实务中，如果主债权人对主

---

[1]　这是德国从帝国法院（RG）到联邦最高法院以来的一贯实务见解。联邦最高法院代表性的观点，vgl. BGHZ 139，214（218）= NJW 1998，2972，2973。

[2]　参见德国联邦最高法院民事庭第六庭 2007 年 9 月 18 日判决，vgl.BGH，Urteil vom 18.09.2007－XI ZR 447/06。

[3]　当时的德国联邦最高法院判决已经有援引学者所撰写的教科书、注释书（评注）作为论证依据的习惯。

[4]　Vgl. NJW 1970，279（该判决的相关理由部分）。

债务人和保证人一同起诉，则构成《德国民诉法》第 61 条之普通共同诉讼。[①]

对于连带债务人之间各自就其所负债务进行诉讼是否发生反射效力或既判力扩张的问题，《德国民法典》第 425 条第 2 款规定，确定判决仅对进行诉讼的连带债务人发生个别效力；这也是因为，《德国民诉法》第 325 条规定，裁判的实质确定力仅对诉讼的双方当事人发生效力（既判力的相对性）。因为连带债务人中一人与债权人之间进行诉讼所获得的判决的既判力并不能扩及其余连带债权人，所以并无合一确定的问题，因而各个连带债务人进行诉讼一般构成普通共同诉讼。这时也涉及，法院可能在诉讼中先行针对连带债务人中一人或数人（并非全体连带债务人）做出一部判决（Teilurteil）；例如，债权人对数个连带债务人起诉后，可以先针对部分连带债务人做出判决。不过，德国联邦最高法院始终认为，一部判决所针对的诉讼上请求部分应与诉讼上请求的剩余部分相互独立，以至于法院做出一部判决不会导致矛盾裁判；在普通共同诉讼中，原告针对多个被告提起诉讼时，法院也可以针对部分被告先做出一部判决。[②] 因为德国联邦最高法院将防止矛盾裁判置于重要地位，故而，即使是在普通共同诉讼中，如果法院针对部分被告先做出一部判决可能导致矛盾裁判时，法院也不能先行做出一部判决。这种情况例如，作为被告的各个连带债务人与债权人之间的权利义务关系存在牵连（先决或求偿）关系，如果法院在针对先决法律关系做出裁判的时机尚不成熟时，先针对被决定的法律关系做出裁判，则可能出现法院嗣后对先决法律关系的裁判与前诉矛盾的局面。[③] 不仅如此，这时前诉关于债务的判决对于各连带债务人之间的内部关系也不发生既判力。前诉中作为被告的连带债务人中一人如被判决败诉，其对债权人履行或强制执行后，则债权人的债权转移给该连带债务人（相当于《德国民法典》第 426 条第 2款），如果该连带债务人又向其余连带债务人追偿，则前诉判决也不能拘束其余连带债务人；按照诉讼标的旧说或旧实体法说，此时前诉诉讼标的

① 参见德国联邦最高法院民事庭第八庭 1969 年 5 月 21 日判决，vgl. NJW 1969, 1480, 1481。

② 德国联邦最高法院民事庭第六庭 2004 年 2 月 17 日判决中的相关说明，vgl. NVwZ 2004, 1526。

③ Vgl. NVwZ 2004, 1526.

为债权债务关系，后诉诉讼标的则为新债权人对剩余连带债务人的追偿请求权，前诉诉讼标的为后诉诉讼标的的先决法律关系，但并不能发生既判力扩张。

当然，上述"对连带债务人中一人所为确定判决的既判力，不问利与不利，不及于问参加前诉的其余连带债务人"之法理也有例外。例如，在比较法上，依据《德国商法》第25条，商号因营业而对债权人负担债务，债权人与商号又因为该债权债务关系进行诉讼，法院判决商号败诉确定发生既判力后，受让他人营业并继续使用原来商号之人与原商号经营者共同对该债务负责，并受到前诉判决既判力拘束；又如，依据《德国商法》第28条，股东变更后，公司对原营业主在营业中产生的债务负责，倘若在此之前，债权人已经与原营业主进行了诉讼并取得胜诉确定判决，该判决的既判力应能拘束该独资公司。同时，依据《德国民诉法》第729条第2款，商号因营业而对债权人负担债务，债权人与商号又因为该债权债务关系进行诉讼，法院判决商号败诉确定发生既判力后，可以对受让他人营业并继续使用原来商号之人展开执行（付与执行文）。因为，受让他人营业并继续使用原来商号之人系概括承受他人因营业所发生的权利义务关系，而其所承受的债务关系的状态已经由前诉判决既判力所决定，故前诉判决既判力也能拘束受让人。这是基于实体法上的承受关系而产生的既判力扩张；此种承受关系，与一般诉讼法上所言之"特定继受"并不完全相同；严格说来，此种情形大体上相当于既判力基准时之后所发生的特定继受。反之，如果在法院判决商号败诉确定发生既判力前发生了上述相当于《德国商法》第25条第1款、第28条第1款所规定的法定并存债务承担的情形，只能适用连带债权债务关系的一般规定，因为并存债务承担依照德国通说并不构成《德国民法典》第325条所规定的特定继受人，故而也不发生既判力扩张；未参加前诉的连带债务人不受在该连带债务关系成立之后（债权人）对于连带债务人中一人的判决的既判力的拘束。[①] "对连带债务人中一人所为确定判决的既判力，不问利与不利，不及于问参加前诉的其余连带债务人"之法理的另一个例外情形则是，在无限公司债权人对无限公司起诉

---

① 德国联邦最高法院民事庭第二庭1989年5月8日判决中对此有讨论，参见 vgl. BGH Urt. v. 8. 5. 1989-II ZR 237/88, BeckRS 9998, 76124。

并获得确定判决后，如果无限公司股东对其债权人并无单独个人的抗辩，则该确定判决对于无限公司股东有限地发生（wirkt beschränkt）既判力。这里之所以称为"有限地发生"，是因为前诉无限公司的判决既判力仅能阻碍无限公司股东对无限公司债权人提出无限公司所能主张的抗辩（该抗辩的范围是在前诉判决既判力基准时前发生的抗辩，无限公司股东仍能主张前诉判决既判力基准时后发生的抗辩），而无限公司股东自身对无限公司债权人所能提出的抗辩并不受前诉判决既判力的阻碍。① 如果无限公司股东在无限公司债权人对无限公司取得的判决确定前即已经从该无限公司退出，则该判决并不拘束无限公司股东；因为该前股东已经不能通过事务执行的方式在无限公司与债权人之间的诉讼中通过诉讼实施影响该诉讼的结果。②

在比较法上，德国联邦最高法院曾数次探讨"已经退出无限公司但仍然应对公司债务承担责任的债务人是否应当适用《德国民法典》第420条以下各条"的问题。关于这一问题，德国联邦最高法院并未讨论"上述关于连带债务关系的条文能否直接适用"，而是广泛地考察各方当事人之间的利益关系并分析在各个具体情形当中《德国民法典》第425条中所蕴含的法思想是否适用。在上述情形中，需要着重衡量的是无限公司债权人和已经退出无限公司的股东的利益。已经退出无限公司的股东在上述情形中无法影响无限公司和债权人之间的前诉。甚至该股东对于无限公司和债权人之间的前诉并不知情，也自然不能作为辅助参加人参加前诉辅助无限公司进行诉讼。另外，该股东既也不能期待无限公司在前诉中能够以必要的判断及审慎对其债权人提出一切所能主张的抗辩，也不能在退出公司时通过约定排除该无限公司因不当的诉讼实施所获得的败诉判决的拘束；尤其是该股东无法预计在其退出无限公司后将有何等债权人对该无限公司主张何种请求权。因此已经退出无限公司的股东有值得保护的利益，其应能自行在无限公司债权人对其提起的后诉中主张无限公司对同一债权人的抗辩。相对于已经退出无限公司的股东所享有的上述利益而言，不宜允许无限公司债权人在其对已经退出无限公司的股东所提起的后诉中援用其在之前对无限公司提起的前诉中所获

---

① Vgl. Muenchener Kommentar zum BGB, 7. Auflage 2016, Bydlinski, BGB § 425, Rn. 29.

② Vgl. a. a. O.

得的胜诉判决；债权人为能够对已经退出无限公司的股东取得执行名义还必须对其提起诉讼。在无限公司债权人在其对已经退出无限公司的股东所提起的后诉中，该前股东仍然能对于该债权人提出之前无限公司在债权人对其提起的前诉中所已经主张或本应能主张的抗辩，但这对于债权人而言并不构成具有期待可能性的牺牲。如果在债权人对无限公司提起的前诉中，法院经过实体审理后认为无限公司所提出的抗辩无理由，则债权人可以在其对已经退出无限公司的股东所提起的后诉中援用前诉判决。不过，确实存在法院在（债权人对无限公司提起的）前诉和（债权人对已经退出无限公司的股东所提起的）后诉做出抵触判断的风险。然而避免矛盾裁判的利益需求应予退让。同理，债权人意图享有的"阻碍已经退出无限公司的股东在债权人对其所提起的后诉中提出无限公司在债权人对其提起的前诉中因过咎或其他原因所未能主张的抗辩"之利益也应予退让，亦即，这些抗辩在后诉中仍应得到实体审理。①

此外，也不能基于所谓实体法上的依存关系对其余连带债务人扩张既判力主观范围。例如，在使用承租人将租赁物交给第三人使用或者借用人将借用物交给第三人使用的情形，转租赁关系与使用租赁关系之间、借用关系与转借关系之间都存在实体法上的依赖关系，若法院在使用承租人与出租人或借用人与出借人的前诉中判定该租赁合同或借用合同到期或存在效力瑕疵且使用承租人或借用人应对出租人或出借人返还租赁物或借用物，这一判断对于转租人或转借人（Unterentleiher）而言并不发生既判力的扩张。因而转租人或转借人仍可对于出租人或出借人主张使用承租人或借用人基于主租赁关系或主借用关系所能提出的抗辩。并且，在保证关系中，实体法上的从属关系也不能使得主债务人在债权人对其提起的前诉中所获得败诉判决的既判力扩及保证人。当然，所谓"能基于所谓实体法上的依存关系扩张既判力主观范围"这一规则也存在对应的例外。考虑不同实体法律关系的特殊性，并非参加前诉的其余连带债务人仍有可能受到前诉判决既判力的扩张。这种例外主要存在于无限公司与其股东之间的关系。如前所述，在比较法上，《德国商法》第128、129条规定无限公司股东对无限公司的债权承担连带责任，亦即，尚未退出无限公司的股东受

---

① 德国联邦最高法院1965年11月8日判决的相关详细说明，vgl. BGH, Urteil vom 8. 11. 1965-II ZR 223/64（Koblenz）。

到无限公司与其债权人之间的债权债务关系诉讼的判决的既判力拘束，即使该前诉判决对无限公司不利。究其原因，乃是无限公司股东应对无限公司所为一切事务执行和诉讼行为负责，无限公司股东因其在公司中拥有股份，进而其享有代表权或依据一定方式选定代表的权利（相当于《德国商法》第125—127条的规定），无限公司股东因而通过上述方式参与了前诉中无限公司的诉讼实施，[①] 这一点与"已经退出无限公司的股东无法参与退出后的无限公司和债权人之间的前诉"完全不同，故而将前诉判决的既判力扩及该无限公司股东并不会对该股东的程序利益造成侵害。基于同样的道理，连带债权人中一人所获得的判决既判力也不扩及其余连带债权人。[②]

　　不过在无限公司和其股东之间的关系中，还存在着比较特殊的情形，在这些情形中是否发生既判力扩张也有疑问。例如，在比较法上，德国帝国法院时期有观点认为，如果主债务人在其与主合同债权人的前诉中所取得胜诉判决，则保证人可以在其与主合同债权人的后诉中援用该判决，主合同债权人不得对保证人争议前诉判决的正确性；类似地，如果无限公司在债权人对其提起的前诉中获得胜诉判决，则该前诉判决在实体上对无限公司股东发生有利的扩张效力；即使该无限公司股东在判决确定前即已经退出该无限公司，也是如此。其理由在于，股东对公司的债务作为连带债务人向债权人负个人责任（《德国商法》第128条的规定）。当然，对于德国帝国法院的这一观点还存在着争议。[③] 一般在上述情况中，无限公司在债权人对其提起的前诉中获得胜诉判决，无限公司的股东在后诉中都受该判决的拘束（发生既判力扩张），然而已经退出无限公司的股东是否能够援用对其有利的前诉判决，还存在着很大的疑问。即使认为在债权人在其对无限公司提起的前诉中败诉时不宜再允许该债权人对已经退出无限公司的股东行使同一债权，则此种作用到底是属于实体法层面的还是诉讼法层面的（既判力扩张）很难辨明。此外，民法上所谓无权利能力社团（nichtrechtsfähiger Verein）依据《德国民诉法》第50条第2款享有当事人

---

① Vgl. Muenchener Kommentar zum BGB, 7. Auflage 2016, Bydlinski, BGB § 425, Rn. 30.

② Vgl. Musielak/Voit, ZPO, 14. Auflage 2017, ZPO § 62, Rn. 7.

③ Vgl. Muenchener Kommentar zum BGB, 7. Auflage 2016, Bydlinski, BGB § 425, Fn. 76.

能力，能够作为当事人进行诉讼，在诉讼中其与有权利能力的社团同视。① 债权人对无权利能力社团获得胜诉判决后，该判决对于社员不发生既判力扩张。②

目前日本民事诉讼学界对于反射效力探讨处于暧昧不明的状态，甚至出现了绕开效力现象的性质、直接分析该效力现象的具体作用等规定性的思维。此种立场被称为"性质不重要说"。③ 例如，新堂幸司教授认为，在承认反射效力或既判力扩张说的学者所举实例中，反射效力的性质认定自身对于问题的解决具有多大的实际意义，不无疑问。④ 真正的问题点是，认可这种效果是否妥当？在什么样的要件、何等范围内认可此种效力是合理的？是应当采用前诉判决效力胜诉及于第三人、败诉不及的片面扩张的操作方法，还是应将确定判决视为和解契约并以第三人对此是否须承受为判断标准？新堂幸司将情况分为反射效不利及于第三人与反射效有利地及于第三人两种，在此两种情形下又细分为各个示例类型，分别为其寻找不同实质依据。⑤ 其所举的实例为：合名公司受判决，利与不利均及于其股东；债务人与第三人间判决效力（既判力及争点效），利与不利及于一般债权人；⑥ 债权人在对主债务人的诉讼中败诉确定，在债权人与保证人的后诉中，经保证人援用前诉裁判，债权人不能对前诉判决主文的内容

① 罗马法理论中唯有自然人及法人享有权利能力，原则上权利能力（民事权利能力）与当事人能力（民事诉讼权利能力）的主体相同。但在例外情况下，一些组织形式无权利能力但有当事人能力，例如商事人合社团（Personenhandelsgesellschaften，涵盖无限公司、两合公司）、民法上合伙、政党等。当然，通常情况下一些主体有权利能力但无当事人能力。Vgl. Muenchener Kommentar zur ZPO, 5. Auflage 2016, Band 1, ZPO § 50, Rn. 2f。

② Vgl. Muenchener Kommentar zum BGB, 7. Auflage 2016, Bydlinski, BGB § 425, Rn. 30.

③ 该说在思路上部分地取法于既判力扩张说，因为既判力扩张说认为，反射效与既判力扩张实无区别。所以这里也列出一些采用既判力扩张说的日本学者的见解。参见吕太郎《民事确定判决之反射效力》，载吕太郎《民事诉讼之基本理论》，中国政法大学出版社2003年版。

④ 按照林剑锋的介绍，新堂幸司学说的特色在于，否定纯粹从法概念或法制度的定性出发逻辑演绎法效果的方法。在这个问题上，或许也体现了这种研究思维。参见［日］新堂幸司《新民事诉讼法》，林剑锋译，法律出版社2008年版，序言第6页。

⑤ 高桥宏志教授采用了同样的理论框架。

⑥ 而出租人与承租人间，承租人所受不利判决不及于次承租人。新堂幸司教授未明示有利是否及于次承租人。

提出争议;① 如果债权人先向保证人起诉请求履行保证债务,法院做出主债务不存在之判断,在债权人对主债务人的后诉中,不能对此争议;在连锁买卖中,出卖人对买受人主张合同无效及所有物返还请求,获败诉判决,之后在对次买受人的合同无效及所有物返还诉讼中,不得重复主张。②

新堂幸司教授对于反射效的阐述,从已有资料看,令人产生一种不明确的感觉。其对于反射效是否须经当事人援用、扩张到底系既判力或争点效扩张、反射效发生的确定范围为何(例如是否包括连带债务的情形)等问题均未详细论述。其仅提出了论证的指南(实质根据)。这可能是基于反射效研究的总体状况错综复杂的缘故。

高桥宏志教授从铃木正裕的既判力扩张说出发,得出没有必要回应"反射效还是既判力扩张"的性质命题之争。③ 其认为,反射效的作用是,不让法院审理发生反射效的事项;在此反射效与既判力作用无差别;在"是否应职权调查""受效力波及之人可实施何种诉讼参加"等问题上,依据该效力的定性也无法回答。能解决问题的方法是,从既判力扩张、争点效扩张之外形来加以确定,并需要加深对辅助参加等制度的理解。铃木正裕则认为,两说无实质区别。所谓的"反射效=依援用斟酌=可主张串通诉讼以排除该效力=一般的辅助参加""既判力=依职权调查=不可主张串通诉讼"这两个等式,实际上并无坚实的根基。

笼统地说,以既判力扩张形式表现出来的反射效,似不宜采援用说;但反射效有时以争点效扩张表现出来,而争点效是由当事人援用法院始得调查。对于是否应由法院职权调查的问题,铃木正裕认为反射效为诉讼法上效果,故应依职权调查。但从构成要件事实说来看,其尚须当事人援用;同理,如依兼子一的权利实在说,既判力原则上存在于双方当事人间,对第三人而言,无既判力的作用,当然非诉讼法上效果。而根据我国台湾地区学者沈冠伶教授的主张,法国法将既判力设定为当事人的利益,

---

① 新堂幸司将之视为既判力扩张的一例。

② 后两种情形,新堂幸司教授未明示是否属于反射效。债权人对保证人提起前诉之例涉及参加效力及争点效扩张。参见〔日〕新堂幸司《新民事诉讼法》,林剑锋译,法律出版社 2008 年版,第 514—515 页。

③ 高桥宏志认为,不应拘泥于事物的性质,即使称呼其为既判力扩张或反射效,均无不可。参见〔日〕高桥宏志《民事诉讼法——制度与理论的深层分析》,林剑锋译,法律出版社 2007 年版,第 612 页。

因此法院不依职权调查，而由当事人提出抗辩；这种做法就不同于德国法依职权调查前诉判决既判力。但另有学者经过研究后认为法国新民事诉讼法典对既判力的调查方式没有规定。此外，在"驯合诉讼"的情形中，如援用对前诉案外人不利之反射效，可能导致该案外人提出驯合诉讼的抗辩以阻止反射效及于自己；这几乎等于重新审理，可能造成诉讼的迟延。① 所以将是否引发派生纷争的选择权赋予当事人，即由当事人斟酌是否援用前诉判决，似乎更有道理。② 但判决主文的扩张，是否亦由当事人援用呢？不得而知。从已有资料看，日本学者在是否援用这一点上并未形成定论。③ 在本书以下部分的论述中，是否援用是一种笼统的说法，并不代表笔者对此问题有结论，该问题还有待理论进一步解决。

将受前诉反射效力所及之案外人可以何种方式参加前诉呢？反射效力说认为是一般的辅助参加，既判力扩张说认为是共同诉讼辅助参加。共同诉讼辅助参加，是指"判决效力及于被参加人之对造与参加人间时，第三人辅助参加，其地位与权限都得到强化"④。铃木正裕认为，保证人参加主债务人与主债权人的前诉应构成共同诉讼辅助参加；进而，反射效力说与既判力扩张说无区别。但是，新堂幸司教授认为，第三人仅受对其有利的判决效所及，故没有必要认可此种情形的参加；⑤ 且理论上一般是将此种参加限于"第三人无独立实施诉讼之适格"的情形。⑥ 保证人辅助参加主债务人与主债权人的前诉时，应构成一般辅助参加。故于保证的场合，认为保证人所实施的是共同诉讼辅助参加，这在理论上恐有困难。在其他

① 这是采反射效力说的情形。采用既判力扩张说者认为案外人可提起再审。发生驯合诉讼时应排除反射效力或既判力扩张。

② 日本学者高田裕成的见解，参见［日］高桥宏志《民事诉讼法——制度与理论的深层分析》，林剑锋译，法律出版社 2007 年版，第 612 页。

③ 从高桥宏志教授的行文看，他似乎采援用说。

④ 我国民诉法有无此种诉讼参加制度呢？考察中国《民事诉讼法》第 56 条第 2 款，我国无独立请求权第三人制度与比较法上的共同诉讼辅助参加制度在参加人应受主诉判决效、参加人无独立实施诉讼等方面均一致，而一般辅助参加人并不能直接受本诉判决。将该法条文义扩张，似乎可以推论第 56 条第 2 款也规定了共同诉讼的辅助参加。

⑤ 对此，高桥宏志教授的看法是，一般情况下没有必要强制性地将被参加人胜诉的判决效扩张排除在共同诉讼辅助参加之外。只是，最迫切的问题还是判决效对第三人不利扩张的情形。

⑥ 德国法上常见的参加的两种情形，参见［德］棱特、奥特马·尧厄尼希《民事诉讼法》，周翠译，法律出版社 2003 年版，第 431—432 页。

反射效力的例子中，有些现象的性质难以直接认定为既判力的扩张；① 有的在学说上认为其与法定的诉讼担当相关，② 难以直接推论其中案外人可以在前诉中实施共同诉讼辅助参加。那么，似宜在个例中分别讨论案外人构成何种参加。高田裕成认为，如果考虑前诉外的第三人所受的影响，那么允许该第三人可实施共同诉讼辅助参加较为妥当；根本地说，在具体的示例中是否发生既判力扩张，不能决定那是何种参加类型。另外，高田裕成主张，既然既判力扩张与反射效说在对第三人程序保障上无区别，所以承认它是既判力扩张也不妨。如此一来也产生了判决主文扩张、判决理由扩张是否等同于既判力扩张、争点效扩张的疑问；因为学说在是否援用、是何种参加的问题上不明确。③ 或许正因如此，高桥宏志教授笼统地称之为"判决效"。从学者的论述看来，该"效力"有其特别之处，与既判力扩张、争点效扩张并非绝对吻合。日本学者在探讨争点效扩张问题时，并未明示其主观范围是否及于受反射效力之人；但既判力扩张说、性质不重要说、争点效扩张说在论述上则具有一定的共通性。那么是否可将其视为这"一种效力"具有流动性的表现？还是说，理论尚未趋于一致而仍处于过渡阶段？该效力的理论走向，仍有待今后进一步观察。

第六节　司法实践领域对于反射效力理论的探讨

一　反射效力或既判力扩张的实定法依据问题

之所以将反射效力理论的适法性问题单独检讨，是因为学说仅能在合乎法律框架、至少与法律不背离时，方能现实地发挥其功用。如果实务中有类似于德、日等国的判例制度，那么在察觉到现有法制不良时，通过判例发现法，逐步发展出反射效力的规范，也有可能承认该理论的合法性。否则，关于反射效理论或既判力扩张的构思还需要进一步完善或者由立法填补空白才能实现。当前对于反射效现象只有

---

① 如争点效扩张时。

② 如共有物返还诉讼。

③ 这是反射效力自示例着手展开研究的方法所衍生的副作用。

在理论上的一些论述和研究，却并无法制根据作为其基础，实务中也没有明确的裁判采用该理论，因此不能够直接根据反射效理论解释和完善法律。

谈到合法性问题，首先，须检验各说对于反射效力或者既判力扩张的发生事由能否提供坚实的根据。其次，因德国的构成要件说、兼子一的反射效力说在理论构成上有缺陷（与既判力本质说的通说相左），故上述两种学说自然难以采用；而符合既判力本质说通说的既判力扩张说在我国当下也欠缺法律明文规定作为其根据。对于既判力扩张说而言，若抛开理论体系的合理性、仅着眼其合法性，由于各国民诉法以既判力相对性为原则、对既判力主观范围（及扩张）均有明确规定，实在不宜在法律未规定扩张的情形下，将既判力扩张及于诉外第三人；且既判力扩张干系重大，足以遮断后诉再审理请求，其并不考虑未参加前诉的第三人的程序利益，是以既判力扩张说的合法性颇有疑问。况且，在"是否所有的反射效力的示例，均为既判力扩张？"这一问题上，学者间有不同意见；对于后诉当事人援用判决理由之示例，恐怕不能认为系既判力扩张情形。如此一来，判决理由效力本身即有合法性争议，何况判决理由对第三人发生拘束力乎？①

大概是由于上述原因，反射效理论的历史虽然悠久，但并没有被当代不同国家或地区的实务所采用。例如，学者观察到，日本最高裁判所对于反射效理论的态度"较为保守"，日本最高裁判所"在个案中持否定见解"；又如，我国台湾地区在实务中对反射效力理论的态度也暧昧不明，显得并不热心。当然在日本，也不乏部分下级审法院明确采用反射效的见解的例子。例如，名古屋地判昭和14年8月28日判决认为，前诉因买主所订立的不动产买卖契约无效否定买主的所有权，对其后就该不动产为假扣押之买主的债权人发生反射效。又如，责任保险中肇事者的责任确定的判决对保险人发生反射效（东京地判昭和45年1月21日）。再如，农地被收买者争执收买处分的效力，在前诉以国家为被告的土地所有权确认诉讼败诉确定后，判决对被收买者以县长为被告主张收买处分无效的诉讼，

---

① 关于保证人得援用主债务人前诉胜诉判决的实定法基础的疑问，参见黄国昌《民事诉讼理论之新开展》，北京大学出版社2008年版，第430页。

发生反射效（神户地判昭和 37 年 3 月 23 日）。① 除此以外，还存在着关于转租关系的两则判决（将于本书第四章第五节转租关系分析部分中引述）。与实务的态度相比，学者们对反射效理论则非常乐观，高桥宏志教授即认为"最高裁判所并未从正面否定反射效"。

此外，虽说债权人可能采用将普通（通常）共同诉讼分为两个诉讼的策略，但一般这种情形并不是太多。相反，喜好"毕其功于一役"（在诉讼中列出共同被告、将其一并击倒）的债权人倒是居多数。在这种情况（共同诉讼）下，主张共通、证据共通原则即可发挥防范裁判矛盾之功能。另外，在我国实务中通常强调法院的司法能动性，也基于发现客观真实的原因重视避免裁判矛盾，法院往往会职权或依申请将保证人等无独立请求权第三人加入诉讼使其受判决拘束；实际上按参加诉讼法理，连带债务人、转租关系中的次承租人亦可作为此种第三人。

同时，在本书引言例一的情形中，如果债权人在前诉中败诉，很难想象其本人或律师会建议提起第二个诉讼，因为后诉翻盘的可能性着实不高。全体法官的素质理论上被要求一致，加上后诉的管辖法院很可能统一，后诉法院不会经常做出与前诉不同的判断。纵然前诉判决不具有既判力那样强的效力，实务中，当事人提出关联之前诉判决作为证据时，后诉法院认为前诉判决认定准确合理，即会做出与之相符的判断；如后诉法院判断前诉判决认定存在谬误，即加以纠正、不受其拘束，显得相当实用灵活。这种做法按照日本学者的论述相当于判决证明效的理论。此种效力不是判决的法律上效力，而是判决实际上有影响后诉法官的事实认定的效果。生效判决理由中的内容（事实认定或权利关系的判断）在其他诉讼中有如同证据的作用或事实上的影响力；它对法官的心证形成有某种程度的实际影响。② 至于具体的"程度"如何，则取决于不同国家或地区的实务情形而定。例如，《民诉解释》第 93 条第 1 款第（五）项规定，"已为人民法院发生法律效力的裁判所确认的事实"，当事人无须举证。《关于民事诉讼证据的若干规定》（以下简称《证据规定》）第 9 条规定："已

---

① 参见李亦庭《反射效之研究——自诉讼法及实体法兼顾观点》，硕士学位论文，台湾大学，2010 年，第 57 页，注 112。

② ［日］高桥宏志：《民事诉讼法——制度与理论的深层分析》，林剑锋译，法律出版社 2007 年版，第 622 页，注 20。

为人民法院发生法律效力的裁判所确定的事实"，当事人无须举证，但"当事人有相反证据足以推翻的除外"。姑且不论本条规定是否合理，如果实务中遵照执行，将不太可能产生那些矛盾认定的问题。具体做法是，法院将人民法院发生法律效力的裁判作为证据方法以形成心证，并载于裁判文书说理部分，当事人可举出相反证据推翻之。之后如前诉裁判变更，当事人可按《民事诉讼法》第179条、第184条规定提起再审。

综上，总体看来现行法上未赋予反射效力理论以合法性。原则上实务中对于反射效力理论中所举之例可按《证据规定》第9条来处理，亦即，后诉法院适当斟酌前诉裁判及理由即可。另外，活用普通共同诉讼与无独立请求权第三人制度也可缓解问题。

二　第三人与他人间判决内容欠缺权利关联性的示例

新堂幸司教授认为，一般债权人有利或不利地承受债务人与第三人之间判决的效力（既判力、争点效）。[①] 一般债权人对其债务人的交易活动不能干预；仅当破产程序开始后，该一般债权人可以在分配方案异议程序中提出异议，并有可能提出分配方案异议之诉；或者，该债权人也可以在符合债权人撤销权、代位权的要件时介入债务人之法律关系，因为，通常只有基于债务人的处分，一般债权人才可能从债务人的总资产中获得清偿。简言之，一般债权人在通常情况下无直接处分其债务人财产的权能，而只是享有"从债务人的总财产中获得偿付"的地位。因此，在债务人与第三人诉讼时，当判决确定债务人败诉导致其资产减少时，该效果当然及于一般债权人。一般债权人仅能通过代位权、撤销权、提起分配方案异议及分配方案异议之诉、破产法上对其他债权人申报的破产债权进行争执的权利（否认权，在比较法上，《日本破产法》第165条规定了执行行为的否认："就欲否认的行为，虽有执行力的债务名义，或其行为系基于执行行为者，亦不妨碍否认权的行使。"）等手段在自己与第三人之间排除债务人与第三人间诉讼的不利结果。高桥宏志教授对此则评价道，新堂幸司教授的解释采用了《日本民诉法》第115条的既判力扩张所规定的"（受扩张者）欠缺程序保障所必需的实质性利益"情形作为其根据；在

① 参见［日］新堂幸司《新民事诉讼法》，林剑锋译，法律出版社2008年版，第512—513页。

债务人的其他债权人对债务人提起的所有权确认诉讼中，债务人是与该债权人进行诉讼的最具利害关系的当事人，故这种情形可被视为间接的"主张利益的代理行使"的情形。"（受扩张者）欠缺程序保障所必需的实质性利益"之情形亦为《日本民诉法》第115条既判力扩张的实质根据，对应于诉讼担当的情形。

对此，个人认为，如果分配方案记载的执行债权依据的是确定的执行根据（确定判决），而其他债权人主张执行债权不成立或已消灭并提出书面异议，这当然可以。债权人可作为分配方案异议诉讼原告，因为该诉讼系为解决该债权人与其他债权人之间关于分配金额之争议。判决仅应表明原告应增加的分配额与被告应剔除的分配额，其效力不及于其他债权人。债权人对债权人提起分配方案异议诉讼的事由与债务人可在异议诉讼中主张者不同。在以确定判决作为执行名义时，债务人在与债权人的（形成执行名义的）诉讼中，已经做充分的攻击防御，故其所能主张的实体事由受既判力的遮断，所以，债务人不得在异议诉讼中主张既判力基准时前存在的事由。而异议诉讼的原告债权人一般未进入被告债权人与债务人的（形成执行名义的）诉讼中，这与债务人提出异议的情形不同，故异议诉讼的原告债权人可主张既判力基准时前存在的事由；另外，被告债权人与债务人之间的前诉也存在恶意串通取得虚假债权的可能，故扩大异议事由的范围很有必要。如果认为被告债权人与债务人间的前诉的确定判决对原告债权人发生既判力扩张，因而禁止原告债权人在异议诉讼中主张既判力基准时前存在的事由，这似乎不当地限制了原告债权人的程序保障。对此，欺诈再审之途径或许不失为救济原告债权人、使其可主张既判力基准时前事由的变通方法；不过，既然分配表异议诉讼已能涵盖上述事由，那就无须另起炉灶。况且，在我国民诉法中并未规定诉讼欺诈的再审。此外，前已述及，前诉既判力扩张及于异议债权人似无合法根据。故而，结论上以"既判力不扩张而异议债权人可在异议诉讼中争执其他债权人债权存否"为宜。在未有分配表异议、分配表异议诉讼的情形下，法院按分配表分配，实际上使得一般债权人受其他债权人所得的执行名义的拘束。

另外，在破产程序中，经判决确定的债权，其他债权人能否否认并提起异议？《日本破产法》第129条（一）规定"对于有执行力的债务名义或终局判决的债权，异议人只能依破产人可为的诉讼程序（债务人异议之诉），主张其异议"。据此，兼子一认为前诉判决对其他债权人发生反射效。但也有日本学者认为，那是既判力扩张，异议人（其他债权人）只得与破产人一样以前诉既判力基准时后发生的事实主张异议；为赋予其他债权人受既判力扩张之程序保障的机会，破产管理人有为全体债权人的利益而对确定债权名义的异议权（《日本破产法》第 165 条）及提起再审的权利。相对而言，我国《企业破产法》第 58 条第 3 款的规定含糊其辞（"债务人、债权人对债权表记载的债权有异议的，可以向受理破产申请的人民法院提起诉讼"）。根据《最高人民法院关于〈中华人民共和国企业破产法〉施行时尚未审结的企业破产案件适用法律若干问题的规定》（2007 年 4 月）第 9 条 "债权人对债权表记载债权有异议，向受理破产申请的人民法院提起诉讼的，人民法院应当依据企业破产法第二十一条和第五十八条的规定予以受理。但人民法院对异议债权已经做出裁决的除外"之规定，意味着那时尚未审结的案件其他债权人是无权对他人的债权名义提起异议诉讼的。考虑到民诉法里也没有债务人异议之诉，是否本条解释也暗示其他债权人受既判力所及呢？还是说，因为其与前诉判决所记载的权利义务关系欠缺（实体）利害关系，故其他债权人不得异议？这些都无法推知。另外，该司法解释适用范围也有疑义：是否一般地适用于新发生的诉讼？以上问题显然还有进一步探讨的空间。

新堂幸司与高桥宏志两位教授的观点的共同之处是认为此例中含有既判力扩张。对此有几处疑问：首先，所谓 "既判力扩张" 的实质论据是，判决所确定的内容与一般债权人间不存在法的关联性。其次，如果确为既判力扩张，那么，其他债权人与债务人纠纷获得判决并生效，后诉中一般债权人与其他债权人间发生对前诉标的物所有权之确认诉讼，应以前诉有既判力诉讼驳回。[1] 然而即使是新堂幸司也承认一般债权人的干预的权利。再次，上述现象的本质既然不是实体法上的依存关系，[2] 故而认为上述情形属于既判力扩张的作用也欠缺理论基础。末次，如果认为此处发生反射效，应许可第三人为一般的辅助参加。但是，前诉中债务人责任财产的增减对于第三人来说只是事实上有利害关联，而非权利上有关联，因为

---

① 适用法条为《民事诉讼法》第 111 条："对判决、裁定已经发生法律效力的案件，当事人又起诉的，告知原告按照申诉处理，但人民法院准许撤诉的裁定除外。"

② 日本学者后藤勇认为，一般债权人承受债务人对其他债权人的判决效，是因为一般债权人对其债务人与他债权人间的纠纷无直接进行争执的法律上利益和权利。高桥宏志教授认为，一般债权人承受债务人对其他债权人判决效的理由并非 "实体法上的从属关系"。

第三人对财产本身没有权利。债权所指向的对象为给付而非财产；第三人对于债务人的前诉是没有参加利益的，遑论实施既判力扩张说下的共同诉讼辅助参加了。

但是，假设债务人 A 的其他债权人 B 对 A 提起的确认 G 物所有权属于 B 的诉讼中，[①] 存有诈害 A 的另一普通债权人 C 的意图，亦即，事实上 G 物为 A 所有，但 B 为诈害 C，故意在诉讼中为对己不利的自认、认诺，B 受胜诉判决确定，[②] 则 C 应如何救济？如果按新堂幸司等人的见解，这里 C 受既判力所及，应赋予在既判力扩张说下的事先、事后的救济手段。如果按"基于债权人对他人间之纠纷无直接争执的利益"而认为其他债权人事实上应承认前诉确定之实体法关系，则 C 可提起确认他人间所有权法律关系存否之诉（C 对 B 或 A 提起确认 G 物所有权属于 A 之诉讼），不限定于既判力扩张说下的事先、事后的救济手段。[③] 根据之前的论述，以后说为恰当；当然，两者在处理上的差异也并无云泥之别。具体来说，"一般债权人无权介入他人纠纷"或许仅意味着，该其他债权人不能参加前诉，该债权人并非不能对前诉中债权人提起确认诉讼。该其他债权人提起确认诉讼确认标的物为债务人所有后，可以根据自己对债务人的债权申请强制执行该标的物。该其他债权人也可以按我国民事诉讼法第三人异议之诉的规定，在债务人提出异议时，由该债权人将第三人与债务人作为共同被告请求法院许可执行，由法院在诉讼中对三者之间的权利义务关系做出统一的裁判。

本例中的情形，如认其性质为反射效力，那么在 C 对 B 的后诉确认诉讼中，其可主张前诉判决因恶意串通而无效。不过，即使采反射效力说，第三人在后诉中，还是在相当的程度上承受前诉判决的不利效果；这体现

---

① 案由为"所有权确认纠纷"。

② 一般认为，通谋诈害诉讼（我国大陆多称为"诉讼欺诈"）的判决也有既判力，而且不符合对其提起代位权、撤销权之条件。在诉讼进行中，在日本、我国台湾地区，其他债权人可提起"诈害防免主参加之诉"；但在我国，由于诈害诉讼的情形不符合《民事诉讼法》有独立请求权第三人参加的条件，所以诉讼进行中其他债权人对此也无可奈何。如其他债权人认为当事人间构成诈骗罪（按照刑法中的"阵营说"，第三人受诈骗的情形也可以作为诈骗的效果），则在诉讼中的恶意串通发生后可向公安机关报案。

③ 参见李亦庭《反射效之研究——自诉讼法及实体法兼顾观点》，硕士学位论文，台湾大学，2010 年，第 319—320 页。

在，在后诉提出驱合诉讼抗辩并获得胜诉判决前，仍须忍受前诉债权人对债务人的前诉系争物的执行。因此实际上当事人之间的利害格局与提起再审之诉无太大区别。但是反射效须当事人援用方发生，这一点与实情不符；因为从一般债权人的实体法地位看，其"自动"受到拘束。纵然不援用，一般债权人仍应承认前诉判决所确定的实体权利归属。

另外，代位诉讼理论的通说认为，多个主债权人共同提起代位诉讼，构成类似必要共同诉讼；一主债权人参加他债权人已经提起的代位诉讼系属，是共同诉讼参加或当事人追加：① 此处防止矛盾裁判的要求稍高，所以认为未提起代位诉讼的其他债务人受代位诉讼既判力扩张所及（不论胜败诉）符合代位诉讼通说的要求。未提起代位诉讼的其他债权人，由于其本来即有权通过代位诉讼干预主债务人的法律关系，故其虽未实际起诉，但已与前述一般债务人地位不同，那么，应采用既判力扩张说下串通诉讼的处理规则，赋予其他债权人适当的程序保障。

三　本章观点的归纳

对于现在就将反射效力导入实务的观点，② 笔者有几点不同的看法：其一，如前所述，现在一般可按《证据规定》第 9 条，法院适当斟酌前诉裁判及其理由即可。其二，比较法上，反射效力理论久经发展，但仍有待明确，如贸然引入立为法制或用于裁判实务，很难说将来没有不妥的结果。其三，在关联争议中，如果前诉裁判有误，而后诉仍以之为圭臬，可能发生连锁错误。③ 其四，如果在实务中完善现有的诉讼参加制度，较之通过反射效力解决问题，更富有实效。因为，诉讼参加制度已经臻于成熟，而反射效力理论中所存在的分歧相当复杂。

当然，现行法于一般情形未赋予反射效力合法性，并不等于理论本身无价值。维护裁判统一、提高国民对裁判的信服度、纠纷解决一回性等诸

① 我国台湾地区学者骆永家教授将"共同诉讼参加"界定为，受判决效力所及且具有本案诉讼当事人适格的第三人，可自行以当事人地位参加诉讼，而与先前起诉的当事人一方为共同原告或共同被告。

② 虽然学说上存有两种性质论的争议，但先对性质下结论还是存在着诸多不便。故采用反射效力一语指称此种拘束力现象。

③ 我国台湾地区学者陈荣宗教授曾以此理由反对争点效理论，笔者援引这点理由，但并非系针对争点效。

多程序法上的理念都可适当说明其合理性。在法曹素质普遍提高、审级制度改进、裁判可资信赖且比较法上反射效力的理论与实务俱进的基础上，通过个案裁判的积累形成实务见解并推动法的发展，或许能将反射效力理论中某些类型导入实务。但在此之前，则宜将讨论限缩在完善理论的范围内。此时关注的问题点应该是：在学理上，反射效力性质是什么？性质的认定有无实益？应由法院以职权探知还是由当事人援引该效力？受效力所及诉外第三人能否为共同诉讼辅助参加或其他类型的参加？效力发生的具体实例范围为何？在各例中发生效力的依据是否尽然相同（或者说，实体法上依存关系在个例中的具体表现有哪些）？

反射效力理论的独特性在于，讨论的定性、依据与示例范围、效力形式等具体而微的事项同处于不明确的阶段。效力的定性等较高层位的事物对解明示例范围、效力作用形式等问题并无较大帮助。况且，反射效或者既判力对第三人扩张的理论尚处于构想阶段，也就是从类型中提取抽象事物，进而统合综观的思维过程。同时，被学者们认为可能发生反射效力的示例中，包含着众多复杂的考量因素，① 由此宜先行讨论具体的案件类型。

---

① 参见 ［日］ 高桥宏志《民事诉讼法——制度与理论的深层分析》，林剑锋译，法律出版社 2007 年版，第 613 页。

第四章

具体关联纠纷中反射效力作用的分析

第一节　合伙责任纠纷中反射效力作用的分析

主张反射效力的学者认为，主债务人对合伙企业诉讼的判决结果，无论胜负，效力皆及于合伙人。[①] 普通合伙企业的债务不是各普通合伙人的债务，合伙人仅依法负清偿之责。[②] 合伙人的补充责任近似于保证，不过，在合伙财产不足清偿时，经法院裁定，合伙人须以自己财产最终承担债务，而保证人承担的并非最终责任。

有疑问的是，对于《执行规定（试行）》第 77 条，应当如何理解？一般将之理解为执行主体变更，但此仅为对事物表象的认知。因前诉（主债务人对合伙提起的履行债务诉讼）未曾列合伙人为被告，[③] 合伙企业的

[①] 关于合伙责任问题，《中华人民共和国合伙企业法》第二章普通合伙企业部分规定（第 38 条）："合伙企业对其债务，应先以其全部财产进行清偿。"同法第 39 条规定："合伙企业不能清偿到期债务的，合伙人承担无限连带责任。"同法 40 条规定："合伙人由于承担无限连带责任，清偿数额超过本法第三十三条第一款规定的其亏损分担比例的，有权向其他合伙人追偿。"《最高人民法院关于人民法院执行工作若干问题的规定（试行）》（以下简称《执行规定（试行）》）第 77 条规定："被执行人为个人合伙组织或合伙联营型企业无能力履行生效法律文书确定的义务的，人民法院可以裁定追加该合伙组织的合伙人或参加联营企业的法人为被执行人。"

[②] 根据合伙企业法的规定，存在着合伙协议、全体合伙人约定有限合伙中的有限合伙人、特别普通合伙中有过错的合伙人以外的合伙人不承担连带责任的例外情形。所以，本例仅涉及普通合伙企业责任之情形，不包括上述例外。

[③] 现行法并未明确规定能不能在前诉中将合伙人列为被告。我国台湾地区实务见解则不允许债权人对合伙人提起合伙无能力履行债务时的补充性诉讼（将来给付诉讼）。

债务与合伙人以全部财产负担的无限责任，性质上是不同债务。既然并非同一债权债务，那么在诉讼中就构成不同的诉讼标的。合伙人的无限责任未受裁判，未发生既判力，也不符既判力扩张的条件，此时将执行力及于合伙人，并不妥当；即使认为《执行规定（试行）》第 77 条是执行力扩张的规定，"人民法院可以裁定追加"的说法也令人生疑：能否仅以裁定的程序与形式即发生既判力扩张？而且也未规定执行中相应事实的证明要求。这说明本条解释不完善。

　　《德国商法》规定了民事合伙的两种变体，即普通商事合伙（第105—160 条）和有限合伙（第 161—177a 条）。① 近似于我国大陆普通合伙企业的是无限公司。《德国商法》区别了"合伙人"的责任（128 条）②与"合伙"的责任（124 条）。③ 根据同法第 129 条第 1 款："一名股东因

----

　　① 普通商事合伙与有限合伙是英美法的用语，《德国商法》使用"无限公司"与"两合公司"的对应称呼。无限公司的定义，根据《德国商法》第 105 条，是两个或两个以上的人，以在一个商号下经营商事营业为目的而结成的合伙，且全体合伙人的个人责任都不受商号财产的限制。无限公司股东则对应于"合伙人"。参见［德］罗伯特·霍恩、海因·科茨、汉斯·G. 莱塞《德国民商法导论》，托尼·韦尔、楚建译，中国大百科全书出版社 1996 年版，第 263、267 页。
　　由于股东经营风险很大，无限公司在商事主体上不占有重要地位。我国台湾地区近年来据称无限公司不超过几十家。
　　② 《德国商法》第 128 条 1 款："股东对公司的债务作为连带债务人向债权人负个人责任。"
　　③ 《德国商法》第 124 条 1 款："无限公司可以其商号取得权利和承担义务，取得土地所有权和其他物权，并可以起诉和应诉。"
　　由此，与最高人民法院《关于贯彻执行〈中华人民共和国民法通则〉若干问题的意见（试行）》（以下简称《民通意见》）第 45 条"起字号的个人合伙，在民事诉讼中，应当以依法核准登记的字号为诉讼当事人，并由合伙负责人为诉讼代表人"对比，这两者如出一辙，更可见此处立法原意应指无限公司。此处所谓"个人合伙"，似乎是术语使用不规范的讹误，应解为"合伙人为自然人的合伙"，而一般所谓的"个人合伙"则是民法债编分则中的合伙合同；观照同解释同条第 2 款，更显然可见同条第 2 款规定为合伙合同的规定。而此后我国立法则转采英美法术语与立法模式。
　　根据《民诉解释》第 52 条，"合伙组织"有当事人能力。同解释第 60 条中"个人合伙"，应为一般所谓的合伙合同，无当事人能力，以全体合伙人为共同被告。有学者认为两个司法解释相互矛盾，笔者则认为其拘泥于字面，而未追寻条文真义；实际上，两则解释的含义吻合。
　　个人合伙与合伙组织在实体法上是一般制度与特殊制度的关系，但其在诉讼法层面的当事人能力方面是否有差别？我国台湾地区少数说（已故姚瑞光先生所采）认为合伙无当事人能力，通说则认为合伙有当事人能力。新堂幸司教授认为民法上合伙有当事人能力，如果其具有确定的代表人，日本判例亦承认了民法上合伙的当事人能力（日本民法中的合伙可理解为我国的个人合伙）。因此，应重新考虑上述两个司法解释的规定是否妥当。

公司的债务而被请求权利的，只限于可以由公司提出的场合，才可以主张非在其人身上设定的抗辩"，罗森贝克教科书第 16 版认为，无限公司与其股东的抗辩在前后诉相同范围内被排除；此时发生既判力扩张。同条第 4 款规定："不得以指向公司的、具有执行力的债务名义，对股东进行强制执行"，债权人对无限公司的胜诉判决执行力不及于股东。由于《德国民法典》关于民事合伙的规定也适用于无限公司，包括合伙财产的规定，无限公司（不是法律上的"人"，并非法人）的财产由股东以共有的形式享有。① 无限公司的债权人，可起诉公司请求债务清偿；也可以直接起诉股东，以执行其个人财产。在德国实践中，常常将这两个诉讼合并在一起。主债权人对股东提出的是将来的补充性请求。

　　日本学者对负担连带责任的股东与合名公司之间的关系也有阐述。② 合名公司股东间存有高度信赖关系，公司代表人实施诉讼的行为可视为"代理行使每个股东诉权利益"，即令公司代表人诉讼的结果拘束股东，股东在程序中所受的程序保障也是充分的；某人成为合名公司股东，就是向第三人表示，该股东当然向公司代表人进行诉讼实施权授予（发生任意诉讼担当）并全面遵从公司诉讼的结果，所以可类推《日本民诉法》第 115 条（既判力扩张）的规定，以"利益主张的代理行使"来肯定这种判决效（既判力、争点效）扩张。此做法不侵害股东的接受裁判权。股东可提出自己不是该公司股东的主张，排除上述效力扩张。③ 这种理论主张的进路虽然与德国法存在一定的差异，但在结果上却与德国法大体相同。但日本学者竹下守夫认为，前诉不利的判决效不应及于股东。④

　　我国台湾地区"公司法"规定了无限公司，其"民法"第 681 条规定了合伙。我国台湾地区学说与实务见解都认为，按照其"民法"第 681 条，"执行名义"命合伙团体履行债务的，应先对合伙财产为执行，不足清偿时才能对合伙人个人财产执行；合伙财产不足清偿合伙债务是合伙人

---

　　① 条文根据为《德国民法典》第 718、719 条。无限公司股东是企业的所有人、"合伙"财产的共有人。

　　② 无限公司英文为 general partnership company，拿破仑 1807 年商法典中称为"société en nom collectif"，德文为 offene Handelsgesellschaft，日本法上称为"合名会社"，翻译成"合名公司"。

　　③ 参见［日］新堂幸司《新民事诉讼法》，林剑锋译，法律出版社 2008 年版，第 512 页。

　　④ 竹下守夫教授以主债权人在前诉中可以追加被告却未这么做，来区分认定不利判决效力是否扩张，与德国的做法不同，可以说是一种富有弹性的思维。

就合伙债务的连带责任发生的停止条件。债权人在执行中欲请求执行合伙人个人财产，应对该停止条件负证明责任。但我国台湾地区实务向来认为，在未证明合伙财产不足以清偿合伙债务前，债权人对合伙人连带清偿请求权尚未发生；而且对合伙的执行名义，实质上就是对全体合伙人的执行名义，在合伙财产不足清偿时，可直接对合伙人执行，所以诉讼时，无须将合伙人加列为被告。如果在前诉中，债权人加列合伙人为被告，似乎应因无权利保护必要而判决驳回。但根据前诉判决对合伙人的个人财产执行时，如果被执行人否认其为合伙人，实务认为除非执行申请人能提出确认被执行人是合伙人的"确定判决"，否则执行法院应驳回债权人对合伙人的强制执行申请。对上述"实务"见解"在合伙财产不足清偿时，可直接对合伙人执行，故无须于合伙外，再将合伙人列为被告"，有学者提出不同意见。

我国台湾地区学者邱联恭即认为，债权人对合伙进行的诉讼，因为是由有诉讼实施权者（合伙的代表人）所为，故既判力应及于未实施诉讼的股东。然而如果认为判决执行力也扩张及于合伙人，合伙人的个人财产可能有遭执行的不利；而且无法认为股东事先已将个人财产授权给代表人处理。所以为保障合伙人的程序选择权，应认为合伙所受不利判决执行力不及于合伙人。如主债权人欲在嗣后对合伙人个人财产执行，应在前诉中将合伙人加列为被告。这是一种既判力与执行力分离的观点。

我国台湾地区学者许士宦认为，"主债权人对合伙财产之债权"与"主债权人要求合伙人以个人财产清偿之权"是不同诉讼标的。主债权人对合伙提起的前诉，合伙组织由合伙代表进行诉讼，符合法定诉讼担当，所以既判力应及于合伙人。但合伙人补充性清偿债务，未成为前诉的诉讼标的由双方当事人辩论、法院裁判，所以此补充性给付债务不应发生既判力、执行力。债权人诉请合伙履行合伙债务，并不须列合伙人为共同被告，请求其补充性给付；但是如将两诉合并，有利于诉讼经济、纷争一次解决。我国台湾地区实务见解否认债权人可合并合伙人为被告请求补充性给付，这有害于债权人的"适时裁判请求权"与"程序选择权"。此时应当赋与合伙人就补充性给付债务存否进行争执的机会，合伙人对主债权人的执行申请，可提起债务人异议、异议之诉；[①] 执行法院驳回债权人对合

---

① 依我国台湾地区"强制执行法"第14条。

伙人个人财产提出的补充性给付债务执行申请时，债权人可提起许可执行之诉。[①]

对上述讨论，个人认为，从性质上看，许士宦教授已令人信服地说明了此种操作的原因，是两个诉讼标的不同，进而既判力、执行力不因诉讼担当发生扩张。德国立法、实务亦持类似的态度（但与此并不完全相同），亦即允许主债权人合并提起诉讼。从《执行规定（试行）》第77条的文义看，解释制定者恐怕已认识到，[②] 直接以对合伙的执行名义转对未参与诉讼的合伙人的个人财产执行的做法不妥；因而加上"人民法院可以裁定追加"一语。但合伙财产是否不足清偿合伙债务，须执行申请人证明；而且我国台湾地区实务认为，在没有法院的确认判决时，不能仅依债权人在执行程序中的证明即认为被执行人是合伙人：实际上这里所涉及的争议事项，是执行名义中未列为被执行人的，是否是合伙人，涉及实体法上争议，实在不宜于执行程序中以"裁定"的审理与裁判形式确定，而应赋予被执行人通过诉讼争执补充性给付的机会。[③] 在执行程序中的证明，没有上诉等救济渠道，对被执行人不利。退一步讲，非要囿于解释的用语的话，执行实务仍可循上述做法、经两造实质辩论后"裁定"。《执行规定（试行）》相比我国台湾地区实务，更重视保障债权人的利益。因为我国台湾地区实务虽然不许对合伙人与合伙组织提起合并之诉，认为在合伙资力不足时自然可以直接对合伙人执行，但要求债权人在执行时提出确认被执行人是合伙人的确定判决。《执行规定（试行）》仅抽象规定了法院裁定的程序，被执行人可以在执行中提出异议。此外，虽说在债权人对被执行人提起诉讼、确定其为合伙人之时或之前，可将其财产保全，但耗费时力。

除上述理由外，另有他种论据可资支持不及的结论。按我国将既判力、执行力经裁定及于合伙人的规定，合伙人可通过在执行中对债权人提出异议之诉，主张其与债权人间发生的抵销、清偿主张。[④] 如不将前诉既

---

① 依我国台湾地区"强制执行法"第14条之一。

② 《执行规定（试行）》属司法解释。

③ 例如主张其并非合伙人，或者主张其地位如同保证人，借此提出合伙代表人在债权人对合伙的前诉中未主张的抗辩。因为是两个诉讼标的，所以前诉判决对后诉不发生遮断效。

④ 如果前诉合伙的代理人不是合伙人，该代理人就未必能提出合伙人与债权人间发生的抗辩事实。

判力、执行力及于合伙人，清偿、抵销这样的事实应该在主债权人对合伙人提起的后诉中受审理。

然而，执行异议之诉必须基于判决基准时后发生的事实。如果债权人在对合伙企业的前诉系属中，对某一合伙人免除其将来受追偿的部分（按合伙人的责任份额），之后却食言，向法院提出此人为合伙人、应承担债务云云，法院不知免除而裁定追加，则合伙人将不能基于免除这个前诉判决基准时前发生的事实提出执行异议之诉。[①] 根据《最高人民法院关于适用〈中华人民共和国民事诉讼法〉执行程序若干问题的解释》第 21 条后段"被执行人反对申请执行人请求的，应当以案外人和被执行人为共同被告"，勉强可得这个结论。在我国的实务操作中，可能并不严格区分执行异议所据事实是否在判决基准时之后发生，在这样的立法下，认为既判力、执行力扩张也无可厚非；但这不是严谨的论点。按照实体法，债务免除的效果在前诉既判力基准时前即已发生。如果认为不发生前诉既判力、执行力的扩张，在债务人对合伙人的后诉中合伙人即可提出免除的抗辩。由此清晰可见，否定扩张有助于周全应对。所以在实务中，法院裁定追加被执行人时可要求债权人提出此类事实，经证明后不许变更执行主体。综合上述两点理由后可知，根本解决问题的途径是：债权人对被执行人申请强制执行时，如被执行人提出自己并非合伙人，债权人可对合伙人单独提起许可执行之诉、获得对合伙人的执行名义；之后如被执行人提出免除的事实，得提起债务人异议之诉。

我国台湾地区学者吕太郎先生则认为，既然合伙债务与合伙人个人责任是不同责任，诉讼标的不同，债权人对各合伙人债权未受裁判，不发生既判力、执行力扩张。所以债权人对合伙团体的确定判决，对于合伙人个人补充性给付债务而言，是其发生的构成要件事实。那么，此时发生的应是反射效力，仅有实体法上效果；债权人可在对各合伙人诉讼中，援用该构成要件事实。由于很难想象，债权人会援引对己不利的前诉判决；所以前诉如债权人败诉，后诉中一般由合伙人援引。吕太郎先生虽认为不发生既判力、执行力扩张，但其提出债权人援用对己有利判决的效力的观点，

---

① 对于债务人异议之诉的提起条件、程序等事项，我国现行法制尚未做完整的规定。参见马登科《基于案外人再审之诉民事执行救济扩展的比较与探讨》，《广东行政学院学报》2010 年第 6 期。

实际上仍着眼于我国台湾地区实务的"法院确定判决仅令合伙团体履行债务，但合伙财产不足时，自然可对合伙人执行"见解的正当化论证，只是为之加上"经债权人援引"的条件与"反射效力"的名称。当然，如本书第二章中所述，构成要件效力说在理论构成上有困难，德、日通说对既判力本质均采诉讼法说，因此不宜将前诉判决的此种作为构成要件效力。并且，在理论上没有承认"对合伙的不利判决对合伙人发生效力"的必要。但是，前诉主债权人对合伙败诉，后诉合伙人是否受该判决效力所及？此问题与本书第一章中的示例类似，为避免重复讨论，本书将在保证关系的部分中展开讨论。

在上述讨论的基础上，还有必要进一步探讨我国合伙关系中涉及执行的问题。在某些情况下，生效的给付判决没有明确指出的利害关系人也成为执行程序中的执行申请人或被执行人，国内学界称这种情况为执行承担，立法上则称为执行当事人的变更与追加。《民事诉讼法》第 209 条、《最高人民法院关于民事执行中变更、追加当事人若干问题的规定》（以下简称《变更追加执行当事人规定》）、《最高人民法院关于人民法院执行工作若干问题的规定（试行）》（以下简称《执行规定（试行）》）第 76—83 条规定了这些变更或追加的具体情形。

对于执行当事人变更与追加的性质，本书认为应区分不同情形看待。《民事诉讼法》第 209 条、《变更追加执行当事人规定》第 2 条之情形，按照继受理论，属于一般继受的规定，[1] 继承人、权利义务承受人不仅受本案既判力所及，而且也受到执行力所及；同样的，《变更追加执行当事人规定》第 4、5、6 条等中的分立、合并后存续或新设的法人或其他组织以及《执行规定（试行）》第 79 条中的分立后存续的企业，也依照一般继受的规定，[2] 受既判力、执行力的扩张。[3] 根据《执行规定（试行）》第 78 条第 1 款，企业法人的分支机构实际上是为企业法人进行诉讼，属于任意的诉讼担当，因此企业法人受到企业法人的分支机构实施诉讼的判

---

[1]　参见［日］新堂幸司《新民事诉讼法》，林剑锋译，法律出版社 2008 年版，第 486、487 页。

[2]　参见王甲乙、杨建华、郑健才《民事诉讼法新论》，广益印书局 1983 版，第 513—514 页。

[3]　《民诉解释》第 474 条、《变更追加执行当事人规定》第 27 条仅仅涉及名称的变更，在变更前后法人或其他组织的主体资格仍然同一，因此，它与既判力、执行力扩张无关。

决拘束，也受到执行力扩张所及。①

《执行规定（试行）》第 77 条中个人合伙组织，无能力履行生效法律文书确定的义务时，人民法院可以裁定追加该合伙组织的合伙人为被执行人，笔者认为，这里虽然也发生既判力、执行力的扩张，但具体情形又与上述其他类型不同。

具体而言，合伙组织依据《民诉解释》第 52 条（二）以及民事诉讼法第 49 条第 2 款第 2 句之规定，享有当事人能力，由主要负责人实施诉讼。在债权人对合伙组织提起的诉讼中，诉讼标的为合伙债务，范围及于合伙财产；按照诉讼担当法理，没有实施诉讼的合伙人，也受到主要负责人实施诉讼的结果的拘束，也就是说，法院就合伙债务存在与否的判断，拘束到合伙人，这是既判力主观范围的扩张。但是，合伙人在合伙组织无力履行生效法律文书确定的义务时的补充责任，并不构成本案的诉讼标的，本来不因为既判力主观范围的扩张而得到判定并能够付诸执行；认定合伙人的补充责任的构成要件，包含了合伙债务的存在与合伙组织无足够的财产可供清偿，虽说合伙债务的判断发生既判力、执行力（主观范围扩张），拘束合伙人，然而合伙组织有无足够的财产可供清偿这一事实，并没有经过双方的实质争执与判决的确定，仍然需要债权人与合伙人进行诉讼。只是合伙人的补充责任基于《执行规定（试行）》第 77 条的规定，具有执行力；严格地说，这是执行力客观范围扩张的规定。

我国执行主体的变更与追加，一般都有它的合理依据，在比较法上也有相似的立法例；但是《执行规定（试行）》第 77 条的合伙人被追加为被执行人的规定未将对合伙债务发生的既判力及于补充性债务，而补充性债务却受到执行力所及，两者的范围不一致。之所以如此，是因为既判力扩张与执行力扩张基于不同的考虑因素。

既判力的目的，是在后诉维持前诉的判断结果，确保法的安定性。因此，在考虑既判力是否发生扩张时，需要斟酌可能受到既判力扩张的案外人的程序保障是否充分，也就是说，是否有机会参与判决做出的过程，提出诉讼资料，影响法官心证。合伙人的补充责任，并不是前诉审理的对象，合伙的主要负责人，也无法在各个合伙人的个人财产的处分上，充分代理各合伙人进

---

① 参见许士宦《新民事诉讼法之争点（一）——分公司之当事人能力与当事人适格》，《月旦法学教室》2010 年第 3 期。

行诉讼；所以前诉既判力如果及于合伙人，并不具有正当性。

执行力的目的，是在强制执行程序中实现前诉判决所确定的给付内容。执行力扩张，实际上是要省略执行债权人对受到扩张的第三人提起诉讼（以获取执行根据）这一手续，将前诉给付判决转对第三人执行；[①] 那么，执行力扩张应着眼于其正当性与效率性，一方面要评估扩张的正当与否，是否足以维护第三人的程序利益及实体利益，另一方面，也要考虑增强前诉执行根据的实际效用，借此减少债权人提起新诉所多耗费的时间、精力、金钱，并减少法院受理、审理案件的负担。《执行规定（试行）》第 77 条的评价，可以在上述分析框架下进行。

从正当性考虑，合伙债务已经在前诉判决中得到确定，就表明合伙人的补充责任有很大的概率成立；因为合伙人的补充责任以合伙债务的存在为其前提（之一），只要合伙财产不足以清偿合伙债务，合伙人的个人责任随即发生，所以，允许债权人直接申请执行合伙人的个人财产，具有现实合理性。反之，另行要求债权人对合伙人起诉，争执补充责任是否存在，可能不会奏效；因为合伙财产是否足以清偿合伙债务，取决于执行的实际结果，有时即使经过诉讼争执，实际结果也可能恰恰相反，何况某些财产的变价评估比较复杂，这样一来，徒增审判庭的工作难度而已。综上所述，由执行法院在审查执行案件中，依照执行申请人提交的证据，可以初步认定合伙组织财产不足以清偿债务时，即启动对合伙人的执行，符合正当性、效率性与执行工作的现实状况。因为评估合伙财产是否足以清偿合伙债务，属于事务性问题，通常不会过多涉及法律适用；判断被执行人的合伙人身份，无非是关于退伙日期、审查合伙协议等活动，执行法院能胜任这两个条件的初步审查工作。

然而，合伙财产是否足以清偿债务，以及执行申请中的被申请人是否确实为合伙人这两个条件，终究并未经过双方充分的攻击防御与判决的确定；换句话说，执行力扩张充其量不过是变通做法、权宜之计，那么，"法院可以裁定追加"后发生执行力扩张的现行做法并不可靠。如果被执行人主张他不是合伙人，而且他也不是担当诉讼的合伙组织负责人、从前诉判决中无法看出该人是合伙人时，倘若执行法院经过初步审查后，也认为被执行人不是合伙人，这时债权人可以按照《最高人民法院关于适用

[①]　参见赖来焜《强制执行法总论》，元照出版社 2007 年版，第 198—202 页。

〈中华人民共和国民事诉讼法〉执行程序若干问题的解释》第 21 条的规定，提起许可执行之诉；不过，倘若执行法院经过初步审查后，认为被执行人是合伙人，那么该人一方面其合伙人身份未经过判决确定，另一方面又没有其他停止强制执行的救济途径、不得不面对强制执行，成了砧板上的鱼肉。另外，如果被执行人承认他是合伙人，但否认合伙财产不足以清偿合伙债务，在我国现行法上，他也没有停止强制执行、消除判决执行力的方法。因此，上述两种情形表明合伙人所受的程序保障不足，甚至可能会动摇执行力扩张的正当性。那么，评价《执行规定（试行）》第 77 条合理与否时，在肯定执行力客观范围扩张立意良好之余，也要反思如何创设案外人的程序救济机制以杜绝由此产生的弊端。

本书第四章第一节中认为，执行法院在依照合伙债权人提交的证据，可以初步认定合伙组织财产不足以清偿债务时，即启动对合伙人个人财产的执行。此时被执行人可提出两种实体抗辩事由，一是被执行人在债务发生时不是合伙人，二是合伙人的补充性责任不发生或者已经消灭。首先被执行人可以对合伙债权人提起确认之诉，请求法院确认上述两种抗辩事由确实存在，进而申请执行回转，或提起损害赔偿之诉，请求合伙债务人不得申请执行。

不过上述途径仍然过于迂回，不如由被执行人起诉对执行当事人的适格进行争执，或者提起诉讼法上的形成之诉、消除判决的执行力来得直接。然而我国的相关制度不够完善，可能需要借鉴国外的一些做法。例如，根据德、日等国的强制执行制度，执行法院在初步审查，认为补充性责任存在时，被执行人主张自己不是合伙人的，可以提起执行当事人不适格的债务人异议之诉；如果执行法院初步认为被执行人不是合伙人，则执行申请人可提起许可执行之诉（赋予执行文之诉）。倘若被执行人主张合伙财产足够清偿合伙债务，因此合伙人的补充性责任不发生的，或者主张补充性责任已经因清偿、免除而消灭的，被执行人可以提起债务人异议之诉（补充性责任并未经过法院判决确定，因此债务人提出异议之诉的事由，包括了补充性责任不发生、消灭的事实），并申请法院裁定暂停执行。

另外，从合伙债权人的角度看，为了避免在执行中与其他合伙人争执补充性责任的存在与否，有必要允许合伙债权人事先对合伙负责人之外的其他合伙人提起诉讼，请求承担补充性责任；因此，合伙债权人可以在对合伙组织提起诉讼的同时，对其他合伙人提起补充性责任的将来给付之诉，或者提起确认补充性责任存在的诉讼。但是这种处理方式往往导致当事人及法院资源的浪费，所以无须强求合伙债权人先提起该诉，赋予当事人视具体案情选择执行力客观范围扩张或者提起将来给付之诉的权利即可。

第二节　保证纠纷中反射效力作用的分析

一　保证的从属性及其例外

主债权人与主债务人、保证人间存在多数但目的同一（让债权人受领一次给付）的债务。前文已经述及，保证的从属性是两个债权间的关联性，这种关联性是片面的，不是相互间的。主债务决定保证债务的命运，反之不然。主债务的成立、范围、移转、消灭对保证债务发生同样效力；保证债务的变动，不必然发生主债务的变动。从属性是一种简化的立法技术，立法者仅规定主债务，再根据从属性扩展至保证债务。

保证从属性也有例外，此时保证债务与主债务为独立债务。在我国法上的具体情形则可分述如下：

首先讨论主债务无效时是否有保证从属性的例外。我国《担保法》第 5 条第 2 款规定了主合同无效的担保人责任，《担保法解释》第 8 条区分了担保人有无过错两种情形。[①]

对于《担保法解释》第 8 条细化的保证人"有过错"时的"责任"，有教材认为此为缔约过失责任，但援用的法条是《中华人民共和国合同法》（以下简称《合同法》）58 条。[②] "责任"包括两种：一是保证人明知主债务无效，仍提供保证，则保证人对于主债务人的损害赔偿责任为按

---

① 《担保法》第 5 条 2 款规定，担保合同无效，担保人当然不再承担担保合同所载明的担保责任。但有关过错当事人要根据相应过错承担民事责任。

《担保法解释》第 8 条规定，主合同无效致担保合同无效时，担保人无过错的，免责；担保人有过错的，其责任限制在主债务人不能清偿部分的 1/3。

② 条文为："合同无效或者被撤销后，因该合同取得的财产，应当予以返还；不能返还或者没有必要返还的，应当折价补偿。有过错的一方应当赔偿对方因此所受到的损失，双方都有过错的，应当各自承担相应的责任。"

保证人的过错比例负有保证债务；① 二是主债务无效，须恢复合同订立前原状，保证人承担恢复原状的补充责任，之后对主债务人享有追偿权。

笔者认为，该观点对《担保法》及其解释中的上述两个条文的规范意旨认识有误。理由是：第一，如果将条文中"过错"解释为明知主合同无效仍中介撮合，那么《担保法解释》第 8 条与同法第 41 条将发生功能的重叠。② 在解释法条时，需要考虑到不同的法条在体系中的协调性；如果解释结论中不同的条文功能重复，则其妥当性值得探讨。所以"过错"宜被解释为知道无效的情事。③ 第二，《担保法解释》是针对《担保法》出台的，④《担保法》是于 1995 年施行的，而《合同法》晚于《担保法》制定实施，则《合同法》第 58 条规定的缔约过失责任在《担保法解释》第 8 条的解释对象——《担保法》第 5 条第 2 款生效时还不存在。第三，纵然认为立法机关在《担保法》中认识并规定了缔约过失责任，⑤ 那也很难说得通。一般缔约过失责任限于弥补旧有救济权利的不足，其发生情形的种类都是固定的，不能无限扩张适用于所有情形；⑥ 而保证人承担的缔约过失责任，在比较法理论及实务上均无旁例。况且，缔约过失责任系于订立主合同的双方当事人之间存在，固然主债务人须对主合同承担缔约过失责任，然而保证人对于无效的主合同而言是与其无效无关的第三人，至多是知其无效而保证，很难说其侵害了主债权人的信赖利益，也不见得其在缔结保证合同时有什么过失。结论是，《担保法》第 5 条第 2 款规定的不是缔约过失责任。事实上，这种责任就是保证人明知主债务无效仍提供担保时所承担的补充责任，保证人承担责任之后可向主债务人求偿。

---

① 在我国，对本条规定中"过错"的理解，一直存有异议。有观点称，这里指保证人明知或应知主合同无效，故意或放任此种结果。也有条文注释书认为，保证人对主合同订立的"过错"，并非因保证人明知主合同无效而保证，而是明知主合同无效仍中介撮合，并以保证使主债权人订立了合同。

② 条文为："债务人与保证人共同欺骗债权人，订立主合同和保证合同的，债权人可以请求人民法院予以撤销。因此给债权人造成损失的，由保证人与债务人承担连带赔偿责任。"

③ 按德国学说及实务见解，包括保证人应当知道而未知。

④ 《担保法解释》于 2000 年制定实施。

⑤ 或者说，《担保法解释》制定者援引《合同法》第 58 条赋予《担保法》第 5 条第 2 款新的含义。

⑥ 参见王泽鉴《债法原理》（第一册），中国政法大学出版社 2001 年版，第 227—252 页。

在比较法上，我国《担保法》第 5 条第 2 款和《日本民法典》第 449 条、① 我国台湾地区"民法"第 743 条较为相似。② 而我国台湾地区学者对其"民法"第 743 条的解释，同样存有分歧：一种观点认为，保证人此时有独立负担债务的意思，故在保证人与主债权人间成立一个担保契约；③ 另一观点认为，保证人此时为担保的意思，应系"就主债务无效、基于不当得利而发生的请求权为保证"。④ 我国台湾地区学者杨淑文认为，问题的要点是，首先要考量债权人是否有如此强大的担保需求，以至于主债务人不负责时保证人仍须给付债务。其次，保证人在订立保证合同时是否已知独立担保的不可预估的风险从而独立地负绝对担保责任？最后，保证合同常由银行预先拟定、以格式合同（条款）的方式出现，在解释合同时能否以主债权人单方意思表示而认为保证人应独立负责？⑤

德国学说及实务认为这时保证人负担的不是独立债务。这种情形下保证人与债权人订立保证合同的合意应解释为，保证人担保的是"债权人因主债务无效而就已为的给付（如消费借贷的借款）而发生的不当得利请求权"。德国联邦最高法院认为，担保人所负担的是从属性担保债务，还是独立的担保债务，应通过补充的契约解释来决定。债权人在订立保证合同的意思为何、其是否要求保证人承担独立责任，这些都不是唯一的决定因素；更重要的是，主债务无效的原因究竟是在债权人或债务人。例如主债权人在决定是否出贷时，把风险完全转嫁于主债务人，致契约无效（因约定利息过高导致超过部分无效），这时不应当认为保证人负担独立保证债务，而应为从属性保证责任。

结合上述理由，《担保法》第 5 条第 2 款解释时应考虑保证人于订立保证合同的意思而定。有疑义时，应认定保证人的意思是"担保在主债务无效时主债务人对债权人所负不当得利返还债务"，⑥ 即保证人的债务仍有从属性。此时，主债权人在对主债务人的前诉中，如果不为诉之变更，

---

① 高桥宏志教授认为，此时保证人与主债务人各负独立债务。不过笔者对此持不同见解。

② "条文"为："保证人对于因行为能力之欠缺而无效之债务，如知其情事而为保证者，其保证仍为有效。"

③ 如采此种观点，则保证人系独立负担保证责任，并不以主债务的存在为前提。

④ 如采此种观点，则保证债务仍有从属性。

⑤ 杨淑文：《民事实体法与程序法争议问题》，元照出版社 2006 年版，第 14—15 页。

⑥ 保证人对主合同无效有过错时，保证人给付范围为不能清偿部分之 1/3。

其要求履行主债务的请求会遭到法院的本案驳回；主债权人对保证人提起后诉要求保证人履行以主债务存在为前提的保证债务时，此时如承认反射效力，保证人只要援用判决主文判断，① 那么显然后诉就会遭本案判决驳回。所以这种情况中，承认反射效力的作用的情形并非如同高桥宏志教授所说的那样"需要判决理由的扩张"。

但是，实体法上有明确规定主债务消灭后保证债务仍存在的情形。例如，《中华人民共和国企业破产法》（以下简称《破产法》）第 92 条第 3 款、② 第101 条,③ 这是法律所规定的保证从属性的例外。根据本书第二章的结论，反射效的本质采用既判力扩张说，那么此时不发生既判力扩张。在《破产法》第 92 条第 3 款与第 101 条规定的情形中，保证人所负担的是独立债务，其与前诉主债务无关系，无实体法上从属性可言。法院于后诉审理时，仅须注意前诉判决是否系基于《破产法》第 92 条第 3 款与第 101 条的事实，这是后诉法院对前诉判决进行斟酌时的一种法律上的判断。

二　保证中反射效力态样——既判力扩张

首先要澄清的是，一般保证（区别于连带保证），虽保证人在诉讼中可主张先诉抗辩，但债权人可对保证人提起（依据《担保法》第 17 条第2 款，已经对主债务人获得胜诉判决或仲裁裁决，但申请强制执行无法满足债权时的）将来给付诉讼，亦可将该诉与对主债务人的给付请求合并为一个普通共同诉讼而进行。即使债权人对保证人提起的是现在给付诉讼，在我国《担保法》规定的先诉抗辩权消灭的要件（如债务人住所变更致使债权人要求其履行债务发生重大困难的，先诉抗辩权的抛弃）得到主债权人证明时，主债权人也能获得胜诉判决。

本书第二章中已经表达了对反射效力学说的基本看法，因此区别了当为与实存，这里仅在理论构成上探讨此效力的合理化。

赞成反射效力的新堂幸司教授，一般地认可保证人可援用（前诉中债

---

① 反射效力发生有援用说和职权调查说的对立。

② 条文："债权人对债务人的保证人和其他连带债务人所享有的权利，不受重整计划的影响。"同法第 94 条："按照重整计划减免的债务，自重整计划执行完毕时起，债务人不再承担清偿责任。"

③ 条文："和解债权人对债务人的保证人和其他连带债务人所享有的权利，不受和解协议的影响。"同法第 106 条："和解协议减免的债务，自和解协议执行完毕时起，债务人不再承担清偿责任。"

权人对主债务人败诉）判决拘束力。原因有①：这时第三人接受裁判权未受侵害，应该将保证债务的从属性反映到不同纠纷解决的结果关联中。即，如果主债权人对主债务人、主债权人对保证人的不同诉讼的判决结果符合实体法的从属性关系，则第三人保证人受前诉判决效力拘束，此为既判力相对性原理的例外。该做法符合常识、妥当。另外的两个理由则是：首先，在主债权存否的范围内，主债权与主债务人进行了充分的攻防；则主债权人与保证人间的纠纷，在主债权存否这一前提事实上，实际上已行使了接受裁判之权利。其次，在不可预测方面，主债权人应知有保证人，（发生判决拘束力）不会对其发生不利益。故后诉中，主债权人再对该事实争执，属实质上重复争议纠纷，不应允许。这符合公平原则。② 因前诉中主债务存否是后诉标的保证债务存否的前提，外观看来是前诉判决作为后诉判决的先决关系，发生既判力扩张。高桥宏志认为，此时可类推《日本民诉法》"口头辩论终结时继承人受既判力扩张"的规定。③ 在主债权人先起诉保证人的场合，符合一定条件，发生上述所述的效力。

学说上多数未提及，前诉对第三人不利时拘束后诉的情形；而是经常举出前诉判决效力向第三人有利地扩张。本书第二章中引述了兼子一的前诉主债务人败诉判决效力不及保证人的理由。此外，前诉中主债务人如自认、认诺，对于后诉中的保证人来说，是放弃主债务人本可主张的抗辩；按实定法，保证人可提出主债务人抛弃的抗辩，④ 不受前诉判决效力拘束。按上述理由，（如承认反射效力），本书引言部分中的例一不发生反射效力，例二发生反射效力。

对于前诉有利判决效力对保证人扩张的情形，高桥宏志教授认为，不仅应从程序法考虑它的正当化根据；实体法方面的状况也对说理构成有一定的影响。如果单凭程序法上的理由，看不出来前诉裁判在其他的一些示例中是否应发生拘束力。例如，在三方当事人 A、B、C 对同一标的物所

---

① 新堂幸司教授认为，仅依据保证的附随性不能很好地对此情形说明，而应从诉讼法的视角寻求根据。这种学说从程序法一面论证反射效力，或许也是为了符合程序保障、纠纷相对性解决之现行观念。

② 参见 ［日］ 新堂幸司《新民事诉讼法》，林剑锋译，法律出版社 2008 年版，第 514 页。

③ 参见 ［日］ 高桥宏志《民事诉讼法——制度与理论的深层分析》，林剑锋译，法律出版社 2007 年版，第 617 页。

④ 同时按反射效力理论，前诉中主债务人败诉，不对后诉保证人发生反射效。

有权发生争议，A 先对 B 提出确认所有权属于 A 的诉讼，受败诉判决后；又对 C 提出确认所有权属于 A 的诉讼，此时 C 是否可援引前诉判决？高桥宏志教授应该认为采否定的立场。因为，虽然在保证以及多人间争议所有权归属的情形中，如不承认反射效力，都会造成实体法秩序的混乱；但保证的情形更甚：保证人在主债权人对之提起的后诉中败诉，将向前诉中胜诉的主债务人追偿，而确认所有权诉讼不存在求偿。那么，前诉当事人与第三人间实体法关系在量上的紧密程度，是考虑是否发生反射效力时（与程序法因素）同样重要的因素。笔者认为，实体法要素与程序法要素一并考量的见解，是周到细致的；但与判决的其他效力（如既判力）相比，仍不明确，而且难以精确划定效力作用的范围。

实体法上保证的从属性，因法条并未指出两个法律关系的从属可突破既判力的界限，从而其效用亦不高。① 在具备本书第三章第六节中所述的一定的客观条件后，可考虑实体法领域赋予从属性突破单个诉的范围的意义。比较法上实务中的例子，有日本最高裁判所昭和 52 年 10 月 21 日判决。② 债权人对主债务人及连带保证人（性质上应属不真正连带债务）提起共同诉讼，主债务人对主债务进行争执、而保证人不争执，因此法院将两诉辩论分离，在债权人对保证人的诉讼中，法院做出债权人胜诉的判决，该判决先于主债权人与债务人诉讼之判决确定。在主债权人与债务人的诉讼中，法院则判决主债权人败诉。那么，两诉的判决结果在实体法上是矛盾的。债权人持对保证人之胜诉判决申请对保证人强制执行时，保证人以"主债务人胜诉的判决"提起执行异议之诉。日本最高裁判所的判决要旨如下："上诉无理由驳回。一般而言，即使可理解为，依据保证人于债权人所提起的保证债务履行请求诉讼中援用主债务人胜诉判决确定一事，能导出保证人的胜诉判决，但在保证人已受败诉的确定判决时，纵然保证人败诉判决确定后主债务人胜诉判决确定，不过，既然同判决（主债务人胜诉判决）是以保证人败诉确定判决基础的事实审言词辩论终结前所生的事实为理由，则应解为保证人并无以前开主债务人胜诉确定判决作为对

① 《日本民法典》第 448 条规定："保证人的负担，就债务的标的或样态，较主债务为重时，缩减至主债务的程度。"

② 参见［日］高桥宏志《民事诉讼法——制度与理论的深层分析》，林剑锋译，法律出版社 2007 年版，第 623—624 页。

保证人败诉确定判决的债务人异议之诉事由的余地。因为即使容许保证人援用主债务人胜诉的确定判决，也应理解为，这并非是基于前开确定判决的既判力扩张。并且，保证人败诉的确定判决效力，基于作为该判决基础的事实审言辞辩论终结前可提出但未提出的事实，已不容许保证人争执债权人的权利，纵然在保证人败诉确定后存在主债务人胜诉的确定判决，只要该胜诉理由并非基于保证人败诉判决基础的事实审言辞辩论终结后所生的事由，那么，承认援用主债务人胜诉确定判决作为对保证人确定的败诉判决之债务人异议诉讼事由一事，实质上形同承认保证人依据前开保证人败诉确定判决效力所禁止主张的事实再为争执。"

有观点认为，判决保证人败诉的缘由是"保证人所受确定判决之既判力优先于主债务人胜诉判决的反射效"。对此，有如下质疑：首先，该判决并未承认反射效说，而仅就此假设。其次，即使承认该判决假设了反射效，那么，反射效说可能导致实体法上发生主债务消灭的效果，可被认为是保证债务诉讼中口头辩论终结后新发生的（异议）事由。但本案债务人异议之诉最终被驳回，很明显，判决未承认反射效理论。

日本最高裁判所的这则判决，应从债务人异议之诉的视角看待。日本的债务人异议诉讼，是为了排除因债权人获得的执行根据所示请求权在判决确定后有所异动而发生的不当执行。因此，执行根据是确定判决的，其事由应为事实审言辞辩论终结后（既判力基准时后）发生的事由，但抵销是例外。另外，认为保证人含有"将其与主债权人间纠纷委托由主债务人实施"的意思，进而认可保证人可得到债务人异议之诉的胜诉判决，也不合理。首先，并未实际发生授权。其次，保证人在诉讼中的不争执，从其外部可得知的意思，显然与"将其与主债权人间纠纷委托由主债务人实施"不符，因为保证人在诉讼未有积极的抵抗，则主债权人对这种外部行为的信赖应当得到保护；如果以保证人内心意思如何，来决定可否异议，也过于儿戏。此外，事实审法院分离辩论的不当操作，不能正当化债务人异议事由，因为分离辩论只是极为不妥，尚未至于违法的程度，若只是因为这个原因就将前诉推倒重来，也是不妥。综上所述，在债务人异议之诉与既判力扩张间权衡轻重得失，仍以否定该事由可提起债务人异议之诉为宜。

高桥宏志教授也认为，第一，该例中，能否将第二个判决视为债权人与主债务人的处分，进而对保证人发生影响，存在问题。对于已生效的第一个判决，不能说在既判力标准时后发生何等执行异议之诉之新事由（如清偿等)。其二,如果第二个判决基于的事实是在主债权人对保证人诉讼口头辩论终结前发生的,而保证人未提出,导致其败诉,即不能在执行异议之诉中提出;反之则可。①

从本案出现矛盾裁判的情形看,法院因保证人未于诉讼中争执,即将辩论分离之做法不妥。如果未将辩论分离,通常共同诉讼还是可能得到一致的裁判的。如合并审理后保证人为认诺、自认,则自己责任原理可正当化其败诉之判决。有学者认为,在主债务人出席但保证人缺席时,法院应指示,对主债务能否为保证人的利益为诉讼参加的问题进行讨论。

第三节　连带债务纠纷中反射效力作用的分析②

一　连带保证与连带债务的关系

按连带债务同一性的理解,有同一法律上原因、③ 共同目的说、④ 履

---

① 参见 [日] 高桥宏志《民事诉讼法——制度与理论的深层分析》,林剑锋译,法律出版社 2007 年版,第 524—525 页。

② 山本和彦在《反射效》一文中认为,纯粹作为实体法效果的反射效与既判力扩张应当是相互区别的,反射效作为指涉实体法上效果之概念,系以债务形态的牵连性为标准,而在连带债务的情形,应当否定反射效的扩张。参见 [日] 高桥宏志《民事诉讼法——制度与理论的深层分析》,林剑锋译,法律出版社 2007 年版,第 612—613 页脚注。

③ 同一法律上原因,指连带债务的成立以各债务人所负给付义务是否基于同一法律上原因为前提。德国帝国法院时期已扬弃此种见解,例如数保证人先后约定为同一债务人担任保证人,纵然其中一保证人不知其他保证债务的存在,数保证人仍按《德国民法典》第 769 条(相当于我国台湾地区"民法"第 748 条)成立连带债务。应注意的是,此处并非指保证人与主债务人间成立连带债务,而是各保证人间成立连带债务。我国台湾地区"民法"第 748 条规定的多个保证人共同所负担的连带债务,学说上则称为"共同保证"或"保证连带",以区别于连带保证。参见黄立《民法债编总论》,中国政法大学出版社 2002 年版,第 578 页以及孙森焱《民法债编总论》(下),法律出版社 2006 年版,第 720 页;林诚二《民法债编各论》(下),中国人民大学出版社 2007 年,第 279 页。林诚二教授依从郑玉波先生的看法,认为连带保证是特殊的连带债务,但其仍然列出了几处连带保证与连带债务的不同之处。

④ 此说认为连带债务必须有内在关联性,数债务必须有共同的给付目的才成立连带债务。多数德国学说认为共同目的说缺乏明确性。另外,如果此说成立,则无法区分让与请求权是否属于连带债务。例如,据我国台湾地区"民法"第 218—1 条之规定,关于物或权利之丧失或损害,负赔偿义务之人,得向损害赔偿请求权人,请求让与基于其物之所有权或基于权利对于第三人之请求权。此时,两债权人的履行利益并无不同,但受让请求权之人与最终赔偿义务人间不是连带债务。

行共同体说、① 同一阶层说。② 德国通说为同一阶层说。债务的成立如果因为法律行为，应考虑各债务可识别的意义与目的；债务如因法律规定而成立，则应通过法律规定的类推适用，决定是否为同一阶层。③ 同时，如果实体法上有一个最终的债务人，而其他债务人的履行不能消灭债务、仅为预先替此最终的债务人履行，之后此债务人仍须履行债务——通过给付消灭其他债务人的求偿权或承受权。④ 那么，按同一目的说，因主债务与保证债务的目的均为使主债实现，为连带债务。但按同一阶层说或履行共同体说，保证人的清偿不能使主债务人免于债务履行，主债务人仍有向保证人清偿的义务；主债务与保证债务不属同一阶层，即不是连带债务。依我国台湾地区学者孙森焱所论，为不真正连带债务，连带债务各条规定不适用之。⑤

　　不过，不真正连带债务是否当然不适用连带债务的规则，恐怕也不能如此断言。如上所述，从不真正连带债务和"真正"的连带债务之间的关系看，这两者的差异通常只是存在于各个债务人是否处于同一阶层。各个债务人之间是否处于同一阶层往往只是影响求偿权是否存在，但这并未决定"何等事实在各个债务人之间具有共通效力抑或仅具有个别效力？"这一问题。不真正连带债务关系的法律效果并无统一且明确的基准，在探讨这一问题时宜分别针对不同的案件事实群加以分析。当然，若当事人之间系以合同成立该不真正连带债务关系，则较容易确定"何等事实在各个债务人之间具有共通效力抑或仅具有个别效力"这一问题；因为只需要根据当事人之间的约定或者在当事人无明确约定时依据当事人意思表示的解释方法确定即可。若当事人并非以合同成立该不真正连带债务关系，则需

---

　　① 有观点认为债务人是否处于同一履行共同体可以作为区分是否构成连带债务之基准。如一债务人履行债务，其他债务人不须给付。此标准足以识别连带债务。

　　② 关于学说的介绍，具体参见杨淑文《民事实体法与程序法争议问题》，元照出版社 2006 年版，第 33—36 页。

　　③ 此为杨淑文女士所提出的抽象思考方法。

　　④ 《德国民法典》第 774 条第 1 款第 1 句规定"保证人向债权人清偿的，债权人对主债务人的债权移转于保证人"。此种债权转移性质上为法定的债权移转，移转后保证人对主债务人的债权与保证人对主债务人的求偿权构成请求权竞合。参见黄立《民法债编总论》，中国政法大学出版社 2002 年版，第 592—693 页。

　　⑤ 参见孙森焱《民法债编总论》（下），法律出版社 2006 年版，第 743 页。

要分别讨论。首先，各债务人如并不处于同一阶层（Fehlende Gleichstufigkeit），则并不能适用各连带债务人之间相互求偿之规定，也不能适用连带债务人中一人对债权人为清偿后发生法定债权转移的规定（在比较法上，例如《德国民法典》第 426 条对此做了明确规定）；当然，在某些例外情形中，法律可能另行规定了债务人之间的求偿权；例如，根据《德国民法典》第 774 条第 1 款的规定，保证人向债权人为清偿后，在清偿的范围内债权人对主债务人的债权转移于保证人。这种求偿权不仅是例外的规定，也是单向的规定，亦即，只能是在保证人向债权人为清偿后，债权人对主债务人的债权转移于保证人，而不能是在主债务人对债权人清偿后，债权人对保证人的保证债权转移于保证人。从最终责任分担份额的角度看，这并非由各个债务人平均承担债务份额，而是由最终应承担责任的不真正连带债务人承担全部债务责任。其次，不真正连带债务人中一人对债权人为清偿，则根据连带债务关系中"给付全部履行前，全体债务人依然负有义务"这一法理（在比较法上相当于《德国民法典》第 421 条第 2 句）的反对解释（反面推论，e contrario），给付全部履行后全体债务人不负给付义务，因此不真正连带债务人中一人对债权人为清偿发生清偿效力（Tilgungswirkung），亦即，债权人不能再对其余连带债务人请求给付。是否发生债权消灭之效力，以及债权在何等范围内消灭或转移于给付债务人，则取决于具体的实体法规定；这一点也与真正的连带债务相同。与债务人中一人对债权人清偿类似是债权人对连带债务人中一人免除债务的情形。同时，对于连带债务人而言发生个别效力的事实（相当于《德国民法典》第 425 条所规定的事实）也能够适用于不真正连带债务，因为这些规定具有适用的广泛性。最后，对于债权人迟延对于全体不真正连带债务人而言是否发生共通效力，在理论上存在争议。[①] 总之，不真正连带债务并非完全不适用连带债务的规定，而是颇有适用连带债务之规定的可能性。

二 连带债务人构成共同诉讼的类型

我国《民事诉讼法》第 53 条规定共同诉讼，第 1 款规定共同诉讼的主

[①] 德国学者对不真正连带债务的法律效果的探讨，vgl. Muenchener Kommentar zum BGB, Band 2, 7. Auflage 2016, BGB § 421, Bydlinski, Rn. 69–71。

观合法性及识别标准，① 第 2 款规定诉讼中当事人之间的关系。② 共同诉讼之要件，分为法院职权调查之程序要件（管辖权、诉讼程序同种、无禁止合并的规定），与主观合法要件（又称为实体要件，属当事人抗辩事项）。③ 第 1 款规定了两个种类，与别国立法有所不同。例如德、日等国立法系将本款的主观合法要件与识别标准分开规定，因为主观合法要件之含义是共同诉讼成立的条件，而识别标准是各种共同诉讼之间的区别。④ 德、日立法以"合一确定之必要"为标准，而学者则通过条文的解释对之进行损益，以符合实务需要；相对的，我国的规定则以实体法关系区分共同诉讼种类。同条第 2 款当事人关系则与前款两种情形对应，第 2 款中的规定应分别对应必要共同诉讼与普通共同诉讼，且本款规定仅涉及一部分（共同诉讼中一人对对方的诉讼行为尚未区分利与不利而是否及于他共同诉讼人）。

我国通说及实务以原先《民诉意见》第 55 条作为连带债务诉讼是必要共同诉讼的实定法根据。⑤ 但通说内部也不一致，之前的统一见解认为是必要共同诉讼，随着大陆法系民诉理论的传播，有学者提出了连带债务为类似必要共同诉讼的观点。⑥ 那么，通说在此前不区分类似与固有的必

---

① "当事人一方或者双方为二人以上，其诉讼标的是共同的，或者诉讼标的是同一种类、人民法院认为可以合并审理并经当事人同意的，为共同诉讼。""诉讼标的是共同的"与"诉讼标的是同一种类、人民法院认为可以合并审理并经当事人同意的"为两个种类，从"人民法院认为可以合并审理并经当事人同意的"一语来看，前者似为必要共同诉讼，后者似是普通共同诉讼。

② "共同诉讼的一方当事人对诉讼标的有共同权利义务的，其中一人的诉讼行为经其他共同诉讼人承认，对其他共同诉讼人发生效力；对诉讼标的没有共同权利义务的，其中一人的诉讼行为对其他共同诉讼人不发生效力。"

③ 属于责问要件。至于是否由法院职权调查，有争议，参见［德］棱特、奥特马·尧厄尼希《民事诉讼法》，周翠译，法律出版社 2003 年版，第 421 页。

④ 《日本民诉法》第 38 条规定了主观合法要件，第 40 条指出必要共同诉讼识别标准为"对共同诉讼人全体必须合一确定诉讼标的"。《德国民诉法》第 59 条规定主观合法要件，第 62 条规定"争执的权利关系只有对全体共同诉讼人一致时才能确定，或者因其他原因而共同诉讼成为必要"。

⑤ "被代理人和代理人承担连带责任的，为共同诉讼人。"

⑥ 观点的汇总参见林栩塑《连带债务诉讼研究》，硕士学位论文，西南政法大学，2009 年，第 7—8 页。德国在其民诉法制定初期，帝国法院将连带债务作为必要共同诉讼，自赫尔维希提出必要共同诉讼的标准后，再无这种见解；日本通说也没有此种见解。只是在我国台湾地区，早期"判例"将之作为类似必要共同诉讼，20 世纪 80 年代，杨建华、陈荣宗等学者提倡特殊形态的必要共同诉讼、类似必要共同诉讼说。我国有学者也采用上述观点。

要共同诉讼，只能表示各诉中作为共同前提之部分应合一确定、合一诉讼，这种对于连带债务诉讼的理解类似于德、日民诉理论中的准必要共同诉讼。然而通说所依据的《民事诉讼法》第 53 条第 1 款 "为共同诉讼" 一语恐怕并不能证明解释者明示连带责任诉讼场合即构成必要共同诉讼；若将此 "共同诉讼" 理解为必要共同诉讼，这过于勉强，而且没有根据；因为《民事诉讼法》规定了两种共同诉讼。① 再者，连带债务人虽然处于同一阶层，但恐怕不能理解为 "诉讼标的共同"。纵然连带债务人一人发生的事项对其他债务人在实体法上有效力（此共同连带也是多数之债），连带债务本质上也是多数之债。② 如此，连带债务难以认为符合《民事诉讼法》第 53 条的标准。

　　以上论述是从我国民诉法条的理解出发而展开的。国内外学说上对于连带债务归类的论述颇多。③ 其结论是：连带债务诉讼是普通共同诉讼。例如德国学说及实务上都认为，因《德国民法典》第 425 条规定除《德国民法典》第 422—424 条所规定的情形或由债之关系另有规定外，所发生的事实原则上仅对各连带债务人发生个别的效力（所谓的 "个别效力原则"，Grundsatz der Einzelwirkung）；因为有此等仅发生个别效力的事实，导致债权在各个连带债务人之间有不同的法律上之命运，以至于全体连带债务人仅构成普通共同诉讼。在比较法上，《德国民诉法》第 62 条规定的必要共同诉讼的情形为 "争议法律关系仅能就全体共同诉讼人合一确定" 和 "基于其他原因有共同诉讼之必要" 这两种。不过，"基于其他原因有共同诉讼之必要" 的含义过于模糊。因此学说在解释该条文时，认为一切基于法律上原因而必须合一裁判的情形都构成必要共同诉讼，并进一步将其分为 "基于诉讼法上原因必须合一裁判" 和 "基于实体法上原因必须合一裁判" 这两种情形。前者指因既判力发生扩张而构成必要共同诉讼的情形，总体而言这种情形比较罕见，例如，在特定继受的情形中，在诉讼系属中受让系争物或争议权利义务关系的第三人因为适用当事人恒定

---

　　① 有学者认为当事人可选择提起普通共同诉讼，而解释是明文特别规定的，那么应该是解释者强调此为必要共同诉讼。

　　② 共同连带是各连带债之间的关联密切、近似于一债务的情形。参见孙森焱《民法债编总论》（下），法律出版社 2006 年版，第 722 页。

　　③ 详细论述，参见林栩塑《连带债务诉讼研究》，硕士学位论文，西南政法大学，2009 年，第 4—14 页。

制度而不可能与出让人一起作为共同诉讼当事人进行诉讼，类似的情形还包括诉讼担当，诉讼担当人与被担当人也不构成共同诉讼当事人。后者的情形所涉及的范围则略广。基于实体法上原因必须合一裁判的情形中，有一类是公同共有之诉。不过因为实体法的规定不同，也并非一切公同共有之诉都构成必要共同诉讼；对于公同共有人所提起的给付之诉，只有按照实体法的规定必须对全体公同共有人起诉或原告在给付诉讼中所主张的请求权仅针对公同共有财产、该给付义务不能由公同共有人中一人所履行的情形下，才构成必要共同诉讼；例如全体公同共有人被判决交付动产或合意移转不动产所有权，在该例子中，给付义务在性质上绝对不能由公同共有人中一人履行。① 与此相反，连带债务在性质上并不必然需要由全体连带债务人履行，因此不能归入这一类必要共同诉讼的类型中。

我国通说及实务认为（未细分必要共同诉讼），各连带债务人须一并起诉、被诉，方能适格；判决基于不相矛盾的诉讼资料做出，各诉仅在重合的事实部分发生必要共同诉讼，将不产生裁判理由歧异的问题。但此说也存在一些问题。主要是这与实体法规定相去甚远。所以德、日通说及实务，均将连带债务作为普通共同诉讼；我国台湾地区通说，也持同样看法。但考虑到我国大陆有关连带债务的法律规定非常简陋，其仅规定各债务人均须对债务全额履行，从这一点看，认为必要共同诉讼说有问题的观点似乎欠缺实体法依据。

与一般的必要共同诉讼的架构不同，法院在此不必做出同胜同负的判决，而且，当事人如以非共同事实认定错误为理由提起上诉，该上诉不及于全体。总之，不涉及各连带债务人间共通的事实时，无必要共同诉讼规定的适用。虽说此种做法自理论上看来匪夷所思，但也不是全然不可能。

三　连带债务人一人所受判决效力与其他债务人的关系②

德国的法制状况，本书第三章第二节、第五节部分已做了说明。但在德国普通法时代，通说认为，在共同连带关系中，不独作为当事人的债务人的债务被否认，即连全体债务的存在都在被否认时，其判决对其他债务

---

① Vgl. Rosenberg/Schwab/Gottwald, Zivilprozessrecht, 17. Aufl. 2010, §49 Rn. 2ff.

② 学者的论述，参见卢正敏、齐树洁《连带债务共同关系之探讨》，《现代法学》2008年第1期。

人发生有利的效力。日本民法未就此设明文。学说认为，此种情形适用其民法第 440 条相对效力事由之规定。

法国最早有"默示委任说"，认为连带债务人在诉讼上，视为受其他债务人的委任，所以判决效力及于其他债务人；但又允许该第三人提起撤销之诉。其后出现"不完全委任说"，认为前诉判决有利于其他债务人时扩张。最后，出现否定说，其认为基于既判力相对性原则，连带债务人一人受确定判决既判力不及于其他债务人；此为多数说。

我国台湾地区的情形则稍微复杂一些。问题主要在于如何理解我国台湾地区"民法"第 275 条。① 有"判例"、学者根据这个规定，认为各连带债务人间是类似必要共同诉讼，② 而且既判力扩张及未参加诉讼的债务人。反对者则针对本条，指出判决效力不应及于未实施诉讼之人，而且当事人是在为自己利益进行诉讼，虽然其在诉讼中也对"与其他连带债务人共通的前提事实"进行攻防，也不影响结论，故而这种情形与诉讼担当无关；这也不符合系争权利让与时既判力扩张的条件。故本条应理解为实体法抗辩事由，而不能将其作为既判力扩张的规定，其他债务于后诉中，仅可援用确定判决所载对其有利的事由，请求法院实体驳回债权人之诉（诉无理由）。如认为这里构成既判力扩张，那么将发生"当事人提出实体法上抗辩后，法院做出的却是既判力遮断后诉的诉讼驳回判决"的局面，这里显然存在互相矛盾之处。③

当然，在上述情形中，后诉债务人援用抗辩应毋庸证明该抗辩确实成立；否则，法院可直接以已证明的抗辩做出实体判决，本条将毫无意义。笔者认为，本条实际规定了后诉债务人援用前诉判决中债务人的胜诉理由，换句话说，前诉债务人胜诉的理由（如清偿的事实），经后诉债务人援用，可直接对抗债权人。

前诉中判决理由中认可的清偿等绝对效力事项，依既判力相对性原则主义，本无法由后诉援用。实体法上绝对效力事项的意义只存在于虚拟的真实当中，在这种真实中，某个绝对效力的事实对他债务人产生影响。然

---

① 内容为：连带债务人中一人受确定判决，而非基于其个人关系，为他债务人利益，发生效力。

② 我国台湾地区通说对此种观点的批评，参见卢正敏、齐树洁《连带债务共同关系之探讨》，《现代法学》2008 年第 1 期。

③ 孙森焱：《民法债编总论》（下），法律出版社 2006 年版，第 726 页。

而诉讼中所认定的事实一般不发生对外效力；甚至当事人直接针对该事实或与前诉不同的诉讼标的进行诉讼时，如不承认争点效，前诉的判断在前诉当事人之间都没有拘束力。如果没有我国台湾地区"民法"第 275 条，严格地说，后诉债务人必须于后诉证明清偿等事实，方得获胜诉判决。

由此，本条留下了一个问题：倘若前诉债务人提出清偿抗辩，债权人自认，如后诉又对此事实进行争执，那么自认的清偿事实究竟是基于个人原因，还是非个人原因？出现这种疑难的根源，是实体法上虚拟的真实在诉讼中受到辩论原则（如自认）等机制的"扭曲"。本书对此暂不予回应。不过，毋庸置疑的是，我国台湾地区的上述规定是否等同争点效对第三人效力，也暧昧不明；为简化讨论起见，可暂称为争点效扩张。①

在不存在本条规定的日本法制背景中，日本学者提出连带债务中的反射效指涉上述现象。② 高桥宏志教授直接以争点效扩张指称此种实体法上的绝对效力事由超越诉的主观范围的现象。这种反射效力的作用，不影响法院于后诉做出与前诉不同的实体权利的判决，但不能做出与前诉争点不同的认定。具体地说，前诉中法院以清偿为理由判决债权人败诉且发生清偿事实认定的争点效；后诉中其他连带债务人则主张连带债务成立时存在欺诈的抗辩，前诉的争点虽然扩及后诉当事人，但后诉法院不能依据前诉判决结果做出裁判，法院应对后诉中债务人所提出的抗辩进行实体审理。此时不可能如同发生既判力扩张那样，不许当事人为任何抗辩而驳回诉讼。

例如，债权人先对一连带债务人起诉履行，债务人提出清偿之抗辩，法院认定抗辩成立，驳回债权人请求。后诉中，债务人提出债权人于订立合同时存在欺诈或债权人已对其个人免除债务，则后诉法院仅能够审理债务人提出的那些事实，并做出本案判决。如果后诉债务人一并提出前诉的清偿事实，作为预备抗辩，法院仍须审理欺诈、免除事实是否存在，不能直接以前诉中认定的清偿事实驳回债权人的后诉。争点仅于后诉实体审理涉及该争点事实时，才能够由当事人援用发生拘束后诉法院的争点效力

---

① 我国台湾地区学者王甲乙、姜世明、许士宦认为我国台湾地区"民法"第 275 条涉及争点效片面向第三人扩张。参见黄国昌《民事诉讼理论之新开展》，北京大学出版社 2008 年版，第 423 页，脚注 1。

② 因为自认的事实不发生争点效。参见本书第一章第三节中的说明。

扩张。

另外，清偿等绝对效力事项，在实体法上对其他债务人未必绝对有利。债权人对全体债务人为债务免除，于后诉中债务人援用免除的事实，并不对债务人发生不利益。后诉债务人援用前诉的清偿抗辩，固然可使其免于债权人的请求；但是，在前诉债务人对后诉债务人的求偿关系中，清偿成为对后诉援用人（其他债务人）不利的事实，此时前诉法院对清偿事实的认定是否可拘束后诉援用人？如置于实体法静态秩序来回答这一问题，应该说，清偿为"真实"，自然可约束后诉债务人。但是在诉讼审理中如此操作则对于后诉债务人并不是很有利，这在反面对"赋予绝对效力事项过强程序法效力"的观点给予一击。

以既判力扩张说解释上述现象的不便，是既判力扩张不许后诉债务人提出任何与前诉判决确定的事物不同的主张，这种状况和实体法的规定不符。一般认为，纵然在前诉中法院认为清偿事实存在，后诉债务人仍可提出债权人与其个人之间发生的更为有利的事实。采用既判力扩张说，就等同于禁止其他债务人提出前诉判决理由以外的抗辩事由，这并不可取。况且，如果认为发生既判力扩张，会直接产生上段中所述的"在前诉债务人对后诉债务人的求偿关系中，清偿的事实是否拘束后诉债务人？"这一疑问。在后诉债务人提出前诉债务人清偿的事实得到胜诉判决后，前诉债务人依据求偿权规定请求后诉债务人给付，虽说后诉债务人在法律上不受前诉判决理由的拘束（其仅受"连带债务不存在"的拘束），但事实上其可能遭受不利。如采争点效扩张说，实际上赋予后诉债务人提出较清偿更优主张之机会，[①] 判决也可能更接近真实。

由此可见，连带债务的情形与保证中反射效力的本质解说不同。将保证债务反射效力本质解释为既判力扩张，对于后诉保证人而言，不发生丝毫不利益。因为主债务人的清偿，并不会产生对保证人的求偿权；保证人援引所有主债务人胜诉的事由（破产和解、重整时的债务免除除外），都不发生不利益。[②] 并且，后诉中保证人固然可提出主债权人于订立主合同时诈欺主债务人的事实（同时保证人无过错），但不如采用既判力扩张那样节约当事人与法院的经费、劳力。况且既判力的扩张也可涵盖当事人自

---

① 如债务人对之为个别的债务免除。

② 德国学者普遍认为，前诉主债务人对债权人胜诉，既判力及于后诉保证人。

认、认诺等争点效扩张不及的范围。

在域外的实务中，日本最高裁判所对不真正连带债务案件做出过判决否定反射效。① 案件事实如下：A 驾驶的货车与 Y1 运输有限公司所提供给诉外人 B 驾驶的货车在国道上发生冲撞，A 死亡，A 妻子及其子 X 等（原告、二审被上诉人、三审上告人）以 Y1 为被告，并以 Y2（国家，被告、二审上诉人、三审被上告人）的道路管理瑕疵是事故原因为由，对 Y2 请求损害赔偿；Y1 与 Y2 为普通共同诉讼被告。② 一审中，Y1 以因同一事故所产生的对 X 等的损害赔偿请求权作为主动债权提出抵销主张，法院判决认定了此种抵销的主张，在扣减反对债权数额后确定损害赔偿额以及 X 等所获得的汽车损害赔偿保险金额后，就残额部分认可 X 等对 Y1 的请求，判决未经上诉而生效。但另一被告 Y2 未提出抵销的主张，因此一审判决中所确定的损害赔偿额未减去抵销债权数额。在控诉审中，Y2 以其损害赔偿额亦应减去相当于 B 的抵销数额，要求法院做出与一审中 Y1 所获得之判决一致的判决。控诉审法院仅对 X 等与 Y1 间判决确定一事进行认定，未实际再次认定作为主动债权的 Y1 对 X 等的损害赔偿请求权存在与否，即认可 Y2 的请求。X 等以二审违反既判力相对性原则且不应承认反射效为由提起上告。最高裁判所撤销这一判决，将案件发回重审。判决理由称："不真正连带债务人中一人与债权人的确定判决的效力不及于其他债务人，即使在（旧）民诉法第 199 条第 2 项（发生既判力的抵销抗辩）的主动债权存否判断的问题上，也是如此。当然，如不真正连带债务人中一人与债权人之间为实体法上有效的抗辩，则于债权消灭限度内其他债务人的债务也消灭，但在其他债务人与债权人的诉讼中，为了认定该债务消灭并以之作为判决基础，需判断上述抵销抗辩在实体法上有效。纵然于抵销当事人（债务人与债权人）之间存有肯定该抵销效力的确定判

---

① 后藤勇将此判决解读为否定反射效，奈良次郎则认为解读为肯定反射效。参见［日］高桥宏志《民事诉讼法——制度与理论的深层分析》，林剑锋译，法律出版社 2007 年版，第 611 页，脚注 2。日本学者畑瑞穗教授认为它是不真正连带债务。本书将此判例置于连带债务部分讨论。如前所述，德国学说将连带债务扩充，在相同关联与相同给付的情形中都可以成立连带债务，不真正连带债务有类推适用连带债务的余地。另反射效力的发生，在连带债务、不真正连带债务之间并无太大差异。

② 参见李亦庭《反射效之研究——自诉讼法及实体法兼顾观点》，硕士学位论文，台湾大学，2010 年，第 58—59 页。

决，但由于该判决效力不及于其他（不真正连带）债务人与债权人间的诉讼，故前述判断在本诉中不得省略。因此，从 X 等与 Y1 等间的有关抵销内容的确定判决来看，原判决直接依前判决认定 Y2 的债务在抵销的额度内消灭，是误为关于判决效力的法解释，属于判决理由不备之违法，前述法解释错误影响判决一事甚明，故原判决废弃。"最高裁判所认为，对于其他连带债务人与债权人间的诉讼中做出的债务消灭判决，如后诉中法院欲以该判决为基础，则必须再次判断上述抵销在实体法上是否有效；即使存在着肯定前诉债权人与债务人之间的抵销效力的确定判决，其效力也不及于他债务人。

但是，按普通共同诉讼中主张共通的原则，Y 在一审中虽未提出抵销抗辩，但 B 已提出抵销抗辩，法院应对该事实审理、做出判决。然而一审法院却未如此操作。按兼子一的观点，抵销之事实发生反射效；最高裁判所则坚持先对抵销是否适法进行审理，从个案看其不无理由。根据《日本民法典》第 509 条，① 债务人 Y1 不得对 X 等主张抵销抗辩。最高裁判所发回重审，即让 X 在重审中主张抗辩无效；因此，即使存在减去抵销额的判决，该判决也不对其他债务人发生影响。所以最高裁判所的判旨是基于"实体正义优先"的考量。如将此处作为既判力的扩张，在 X 等未就前诉判决提起再审时，前诉判决仍存在；按照反射效力说，则是经援用效力及于后诉；如将争点效的扩张作为此处反射效力的本质，抵销是法律与生活事实混合的产物，前诉法院法律见解错误，后诉可不受拘束（但对此也有相反见解）。② 由于反射效力并不给予后诉法院审查前诉判决被援用部分正确与否的机会，所以可认为，最高裁判所否定了反射效理论，后诉法院斟酌前诉的判断即可，而不能一经当事人援用就受前诉判断的拘束。

---

① 条文为："债务系因侵权行为而产生者时，其债务人不得以抵销对抗债权人。"立法理由系为债权人因债务人无资力偿还，而受偿无望，于是对债务人实施侵权行为，借以泄愤。如事后许其抵销，有害公正，且诱导债权人实施侵权行为。参见黄立《民法债编总论》，中国政法大学出版社 2002 年版，第 711 页。

② 法律适用为法官的专属职权，所以前诉法院的法律见解，不能拘束后诉法官。但法律见解常与事实问题结合，如诈欺的事实；我国台湾地区学者沈冠伶认为这时仍可发生争点效。本例中抵销的事实能否发生争点效，受究竟是法律问题还是事实问题而异。参见沈冠伶等《"民事诉讼法"研究会第 103 次研讨记录报告》，《法学丛刊》2009 年第 4 期。

笔者认为此处是法律适用错误，在生活事实认定清楚的情况下，是单纯的法律问题。

按照我国通说及实务的"连带债务诉讼是必要共同诉讼"的见解，仅能在共同事实层面构成必要共同诉讼。对共同事实，要求所有连带债务人一并应诉，[①] 同时法院对其做出统一认定。共同诉讼人一人自认，不生效力，也无须发生争点效扩张。所以，在这个语境下，笔者认为不发生反射效力，当然也不需要讨论它的本质。

第四节　共有物返还纠纷中反射效力作用的分析

一　我国实定法框架下的情况

《中华人民共和国物权法》（以下简称《物权法》）第 34 条规定了一般的物权返还请求权，但未在"共有"部分中规定共有物返还请求权。《民诉解释》第 72 条规定，[②] 全体共有人"为共同诉讼人"。从这一表述看，解释者似乎认为各共有人有合一诉讼的必要。我国学界一般也认为共有物诉讼为必要共同诉讼，即德国法上所谓的"合一确定诉讼"。当然，因为我国民事诉讼法并未明确必要共同诉讼的含义，故而采用此种表述容易发生误解。不过，按日本通说，凡是合一诉讼，均须合一确定；不存在"必须合一诉讼、但无合一确定的必要"的情形。[③] 总之，原先的《民诉意见》第 56 条、现行《民诉解释》第 72 条大概是将共有物返还诉讼作为固有必要共同诉讼的，但也可能并非如此。[④]

---

① 但情况可能并非如此，例如按照日本学者中村英郎的观点，当事人就可以分开诉讼。参见 [日] 高桥宏志《重点讲义民事诉讼法》，张卫平、许可译，法律出版社 2007 年版，第 218 页。连带债务分开诉讼时，就如同保证关系，所以讨论此种情形下是否发生反射效仍有实益。

② "共有财产权受到他人侵害，部分共有权人起诉的，其他共有权人为共同诉讼人。"

③ 对于代位诉讼，如持那种债权人应将债务人与次债务人作为共同被告的见解（与通说仅将代位权是否存在作为当事人适格要件不同），大概就是"应合一诉讼、但无合一确定的必要"。参见 [日] 高桥宏志《重点讲义民事诉讼法》，张卫平、许可译，法律出版社 2007 年版，第 185—186 页。

④ 在这个方面，我国民诉立法和解释可能并没有参考外国立法例与学说。如果在连带债务诉讼中也要求将全体连带债务人作为必要共同诉讼的被告，实在困难。在共有物返还诉讼中，其诉讼标的对于全体共有人而言同一或不可分，但是在连带债务和保证关系纠纷中只是要求裁判结果在逻辑上不矛盾。

　　如共有物返还诉讼构成固有必要共同诉讼，从民事实体法的不考虑诉讼成本、实际状况（如送达的困难）的理想立场观之，固然不成问题。所有物请求权仅得由所有权人为之，在共有物返还诉讼中，自然应由全体共有人行使该权利。尤其是在未分割的遗产、夫妻共同财产制下等共同共有财产的返还纠纷中，应由全体继承人、夫妻双方起诉、应诉，否则当事人适格欠缺；原则上，纵得其中一人同意，也不得个别起诉、应诉。但实际上经常不是如此理想。倘若起诉之人已得全体共有人的同意，这时如果还要将诉驳回并要求全体共有人一并起诉就显得迂阔。另外，如逢共有人中一人长期外派、出差、出国、分居、下落不明而尚未宣告失踪死亡等所在不明情形，事实上无法一并起诉。更有共有人擅自处分、暗地与外人勾连，或原告中数人与被告间情谊亲密，故意不予同意实施诉讼，则共同利益很难保全。为解决此等问题，《民事诉讼法》第119条、原先《民诉意见》第57条、现行《民诉解释》第73、74条设置了强制追加当事人制度，以维持共同当事人的格局，应该说是颇有创见的前瞻立法；但是，其对引入条件、程序（提出、送达、证明及审查）、法律效果、费用未做明细规定，对被引入人的程序（听审请求权）保障不足。①

　　我国台湾地区学者邱联恭先生认为，法院职权告知诉讼这一制度涉及未参与诉讼共有人所应受"程序保障"及无权占有人应诉时的"诉讼经济"问题。在共有人败诉时，如果认为参与诉讼的共有人所得判决及于未参与诉讼的其他共有人，那么对其他共有人的程序保障恐有不周之处；如起诉的共有人胜诉而未参与诉讼的其他共有人可以申请法院对无权占有人为强制执行，对被执行人不公平。所以，以法院职权告知未共同起诉之他共有人为前提，其他共有人本得加入诉讼而为攻击防御，其程序权已受有保障，将来不论本案判决胜负如何，既判力均及于未起诉的其他共有人；至于其他共有人实际上是否参加诉讼并实施了攻击防御，则在所不问。

---

　　①　我国台湾地区"民诉法"2003年修正，增设第56条之一"强制追加为原告"。制度较为完备。然而其制定背景不同于大陆地区。第56条之一的适用范围是"诉讼标的对于数人必须合一确定而应共同起诉"的情形，即固有必要共同诉讼，而我国台湾地区"民法"第821条、828条第2项规定各共有人得单独对无权占有人提起返还诉讼。也就是说，共有物返还诉讼不适用强制追加原告的规定。

《民事诉讼法》第119条、现行《民诉解释》第73、74条强制追加当事人的制度，在解释上似可参酌上述法理依据以正当化前诉共有人败诉既判力及于未起诉的其他共有人之现象。当然，此法理又以未参加诉讼的其他共有人告知利益受充分保障为前提，所以，在追加后仍应对其他共有人通知期日等。而且，由于强制追加原告，影响当事人的程序处分权，因此法院应使未起诉的共有人有陈述意见的机会，以不低于本案审理之强度，评价其他共有人拒绝共同起诉是否是权利滥用。一般而言，前述数情形均属无正当理由；如果已起诉者为"其他组织"的管理人或代表人，有权依法为多数人的共有财产起诉，或依任意的诉讼担当情形，其本有起诉适格，无须与他人一并起诉，可认为其他共有人的拒绝有正当理由；法院此时以不追加为宜。不过，这种做法并未考虑到在共有人败诉的场合将判决效力及于未实施诉讼之人，对于未实施诉讼之人的程序保障存在不足。例如，实际实施诉讼的部分共有人，于诉讼中为附限制自认而失策导致其抗辩被驳回，最后遭败诉判决；或实施诉讼的部分共有人暗地与对造勾连，趁其他共有人不在，实施诉讼诈害共有人的财产权等，因其他共有人没有实际实施诉讼，所以有保障其事后对前诉裁判加以争执的必要。至于通过何种方式保障未实施诉讼的共有人的利益，还有进一步讨论的空间。采取类似于德国学说的做法，允许其他共有人在前诉败诉后再度对前诉被告提起共有物返还诉讼，也不失为一条有力的救济途径。我国台湾地区的学说则认为上述部分共有人客观无法行使权利及主观上不愿行使权利都不能使得起诉的人本案败诉。[1]那么，在司法实践中，如果强制追加原告但其他共有人拒绝，原告只是主观上不愿行使权利，或者已加入共同诉讼中的原告如果为舍弃请求、自认等不利行为，应当对于诉讼结果不发生影响；如查明返还请求有理由，法院仍应做出全体共有人一体胜诉的判决。

另外，我国台湾地区学者黄国昌指出在返还诉讼中各共有人间可能存在实体权利状况不一致而无法合一确定的情形。[2]当共有人一人以物权行为为第三人设定用益物权，本质上为无权处分；如其他共有人拒绝同意，

---

[1]　而日本等立法例将按份共有人提起的返还诉讼作为类似必要共同诉讼来处理。

[2]　参见黄国昌《民事诉讼理论之新开展》，北京大学出版社2008年版，第336—338页。

对全体不生效力。① 然而当一共有人擅自与第三人订立债权契约，并将标的物交第三人占有，此第三人本于债之相对性，得对抗与其缔约的共有人的返还请求；在其他共有人起诉返还时，如缔约的共有人依共有人间的分管协议，享有管理出租物、出租部分的权利，第三人可据此对抗之；反之，第三人即不得拒绝返还。

对于黄国昌的上述观点，笔者持有不同看法。上述观点显然认为各共有人间与第三人在返还诉讼中所得结果可能不同。如果这种观点成立，那么就意味着我国将全体共有人都列为共同诉讼当事人在做法在有些案件类型中行不通。然而各共有人对于对方当事人之间的诉讼结果是否有可能不同，尚与实体法秩序相关。所以，个人将分别针对实体法上共有物处分、变更、设定负担、管理等方面逐次检讨在我国法制下是否存在上述观点所提出的实体权利义务关系不一致情形。

首先，以物权行为在共有物上设定用益物权是设定负担的行为。我国《物权法》第97条规定处分共有物的表决方式，② 但未规定变更及设定负担的行为的决定方式。从处分、变更、设定负担对当事人权利影响大小相仿这一点来看，应认为可将该法第97条类推适用于变更及设定负担的情形。共有物的处分、变更与设定负担须得到共有人的同意并与第三人订立契约，达成设定的合意。在一共有人以共有人全体名义（或2/3多数的名义）将标的物擅自售与第三人，构成无权处分，物权行为未经追认而无效，第三人不得对抗全体共有人，只能在事后追究无权处分人债务不履行的责任；但如果共有物为动产，符合动产善意取得之要件，即取得动产所有权，并得对抗全体之返还请求。

如果是一共有人以自己名义将标的物全部售与第三人，还须区别不同

---

① 就我国台湾地区共有"法制"而言，此说不尽精确。其"土地法"第34条之一即规定共有土地或建筑改良物设定用益物权系采用多数决的办法。我国台湾地区"民法"第819条第2项规定共有物处分、设定负担、变更须经全体共有人同意。本条与"土地法"第34条之一为特殊与一般的关系。不过这里的说法仅为设例，黄国昌的意思只是"未经过共有人的同意而处分"而已。

② 我国《物权法》第97条规定："处分共有的不动产或者动产以及对共有的不动产或者动产作重大修缮的，应当经占份额三分之二以上的按份共有人或者全体共同共有人同意，但共有人之间另有约定的除外。"

情形。① 倘若出售人得到其他共有人的出售共有物代理权授予，构成隐名代理；如果只有同意出售的意思表示而未有代理权授予，可以认为其他共有人与出售人间存在委托关系，受托人可按委托的合意，形成物权变动之合意。② 如他共有人不同意，不发生"处分"的效力，买受人不得对抗全体共有人的返还请求。另外，在一共有人以自己名义出售共有物的特定部分或应有部分的情形，买受人仅得依债权合同请求共有人承担债务不履行责任。按我国台湾地区"民法"242 条代位权之规定，在按份共有的情形下，买受人可代位出卖人（或出卖人主动）行使分割共有物的权利，如果按照分割结果，出卖人分得作为买卖标的物的共有物特定部分或更多，即可请求该出卖人履行合同，办理移转所有权登记；如按照分割结果，出卖人未分得买卖合同标的之特定部分，买受人可请求出卖人承担债务不履行责任，或取得按出卖部分计算的应有部分（此为我国台湾地区"最高法院"判例创设）并办理移转登记，与他共有人形成共有。③ 但上述论述不适用于大陆地区。因为按《合同法》，债权人仅得代位行使金钱债权；所以，其他共有人不同意，出卖人也没有主动请求分割共有物以取得出卖标的物的处分权能时，买受人仅有请求出卖人承担债务不履行责任的权利。出卖人出售共有物应有部分时，也是如此。此外，即使一些共有人同意，其他共有人仍然享有先买权。总之，在上述各情形中，如共有人提起返还诉讼，法院在实体法上的处理结果皆同。所以法律后果在能否对抗全体共有人这一点上相同。实际上，一共有人擅自对标的物处分、设定负担或变更，均须全体一致同意才发生效力；此为债权行为生效后，未实施物权行为的情形。

对于共有物的应有部分，理论上则承认其可单独让与。至于能否单独就应有部分设定负担（抵押、质押）、出租，学说上不尽一致，部分民法

---

① 参见谢在全《民法物权论》（上），中国政法大学出版社 1999 年版，第 289—292 页。

② 代理权授予与委托，在民法上相互独立。仅有委托，未必就有代理权授予。而王泽鉴先生认为，这时讨论其他共有人同意的真意，或许可以理解为"表示加入出让人的让与合同成为出让人"，但这是契约主体之变更，应得到原契约当事人的同意。

③ 具体参见谢在全《民法物权论》（上），中国政法大学出版社 1999 年版，第 291—292 页。尤其可以参见王泽鉴《民法物权》，北京大学出版社 2009 年版，第 228 页。

学者认可。① 但此处与各共有人返还权利的状况彼此之间是否一致无关。兹分述如下：

在共有人擅自根据买卖合同、将标的物移转占有于第三人的情形，第三人为无权占有。这里不同于基于债权对抗返还请求权的情况。在所有权人将房屋出售之例，房屋虽移转占有但迟未办理登记，此时所有权人不得对之行使返还请求权，不论买受人是否支付对价。设有甲、乙、丙三人共有之土地一笔，出售于丁并交付使用（尚未办理所有权移转登记，所有权未变动），各共有人仍不能请求返还共有物。② 理由是买受人虽不享有房屋所有权，但根据买卖合同可对抗出卖人的返还请求权。这能否类推适用于前述共有物无权处分的场合，颇有疑问。因为这里买受人的合法占有状态源于出卖人（所有权人）履行买卖合同的交付义务，③ 而出卖人本来即负有履行合同、使买受人取得占有之权利。在一共有人出售共有物时，该合同主观履行不能，如何能使买受人基于债权从无权处分人那里取得合法占有？举一极端之例，假设甲将其单独所有的房屋出售于乙，尚未交付，后甲之妻将房屋交付于乙并使用，此时乙仍为无权占有。虽有合法的买卖合同，但这是经无所有权之人"交付"的占有，仍然不合法。所以笔者认为，对共有人全体，买受人不得以基于债权的占有对抗返还请求权，仅得对无权处分人请求承担债务不履行责任。同理，共有人中一人擅自设定负担而导致第三人（权利人）可能占有标的物行使权利的情形也是如此，不论订立合同是以其中一人或全体的名义，也不论处分的是标的物的一部抑或全部、是无权处分人的应有部分还是其他部分。

在共有人中一人将标的物以自己名义出租并将标的物移转于承租人的情形中，承租人得否对抗共有人？民法理论认为，出租不是处分、设定负担行为，而是利用行为，④ 属于管理行为的一种。我国《物权法》

---

① 参见王泽鉴《民法物权》，北京大学出版社 2009 年版，第 220—221 页；谢在全《民法物权论》（上），中国政法大学出版社 1999 年版，第 284—286 页。

② 参见王泽鉴《民法物权》，北京大学出版社 2009 年版，第 122—124 页。

③ 物的出卖人，负有交付其物于买受人并使其取得该物所有权的义务。

④ 参见史尚宽《物权法论》，中国政法大学出版社 2000 年版，第 159—160 页；谢在全《民法物权论》（上），中国政法大学出版社 1999 年版，第 295 页。

第96条规定各共有人皆有管理之权，① 即共有人中一可自行将共有物出租，则承租人自然可以对抗全体共有人。因为，按份共有人依其份额，对共有物全部有使用收益权，仅在表述一个抽象的标准；实际上就标的物的使用收益，一般须当事人实际管领物，方得为之，所以除了共有人依共有物的性质在不妨碍他共有人的权利限度内（按其应有部分）行使权利外，② 在其他情形下，共有人对共有物的使用收益方法，应根据共有人的管理权限决定。③ 在我国，各共有人皆有单独管理共有物全部的权限。④ 出租人以外的共有人可对其请求损害赔偿、返还不当得利，或诉请法院分割共有物。⑤ 但是，有观点认为，各人可基于分管协议，向第三人请求返还各自使用收益的部分；我国台湾地区"最高法院"判决认为，在有分管协议时，共有人得各自行使返还请求权，不受其"民法"第821条共有物返还请求权的条件的限制。例如，公寓大厦的停车位无法被视为独立空间，向来被认为属于共有部分、不能作为区分所有人的专有部分，但其购买人可视为按分管协议使用该停车位，并得单独诉请无权占有人返还。由此产生一个问题，在我国各共有人皆有管理权的法制下，各共有人是否都可以单独就标的物全部请求无权占有人返还？如果各共有人都可以，那么与将返还诉讼作为类似必要共同诉讼的观点一样，都认为各人得分别起诉；而各人诉讼的判决效力是否及于其他共有人，仍然值得讨论。此外，由共有人皆有管理权可知，如共有人中一人未经其他共有人同意，自行占有使用标的物，其他共有人无权请求其返还，而仅得对之请求返还不当得利、侵权损害赔偿或根本地请求分割共有物。⑥

---

① "共有人按照约定管理共有的不动产或者动产；没有约定或者约定不明确的，各共有人都有管理的权利和义务。"

② 如通行其他共有人在共有土地上之应有部分。

③ 参见谢在全《民法物权论》（上），中国政法大学出版社1999年版，第279页。

④ 日本实务关于共有物使用收益的权限似乎与我国相近，参见黄国昌《民事诉讼理论之新开展》，北京大学出版社2008年版，第336—337页。

⑤ 参见黄国昌《民事诉讼理论之新开展》，北京大学出版社2008年版，第337—338页。

⑥ 同上。另外也可参见谢在全《民法物权论》（上），中国政法大学出版社1999年版，第280—281页。

综上，如果将共有物返还诉讼作为固有必要共同诉讼，[①] 在大陆地区不成问题——因为有诉讼法上强制追加制度及《物权法》规定各共有人权利状况相同。法院做出判决及于全体共有人，故无须反射效解决裁判歧异的问题（不发生反射效力）。

二　其他法域与学说的考察

关于共有物返还诉讼共同当事人的关系，日本、我国台湾地区现在的流行看法都认为是类似必要共同诉讼。[②] 类似必要共同诉讼，各共有人可能分开诉讼，容易发生各人所得裁判抵牾；所以很早学者即构想判决效力扩张及于其他共有人。

虽日本实务依据民法上不可分债权、保存行为理论放宽返还诉讼的当事人适格，[③] 但有日本学者认为那种理由只是事后附加的论据。[④] 新堂幸司教授认为，允许部分共有人起诉的理由有：其一，现实中存在各共有人无法一并起诉的情形；其二，从共有人间的关系看，各共有人一般愿意接受其他共有人诉讼的败诉后果；其三，对于发生其他共有人另行起诉的风险，可由被告将其他共有人追加进诉讼、对之提起确认给付义务不存在的反诉。但在各当事人不存在提起诉讼的事实上的障碍情形下，发生其他当事人起诉的概率较高，因此这时应要求共有人一并诉讼。

由于日本没有在民事诉讼法中规定强制追加当事人制度，起诉全凭原告意愿，所以就通过允许部分共有人诉讼来缓解问题。对于其他共有人不满前诉结果而提起的后诉风险，以被告在前诉提起反诉，将共有人合一确

---

① 这里的必要共同诉讼，因为《民事诉讼法》未详细区分，不清楚是否须合一诉讼。亦即，无法确定其为固有的必要共同诉讼，还是类似的必要共同诉讼。本书为简化讨论，未设想探讨共有物返还诉讼为类似必要共同诉讼的情形。

② 日本实务早期将共有物返还作为固有必要共同诉讼，后来因当事人中一人未合一诉讼即不适格的话，在案件上告审（第三审）中即将原判决撤销、驳回，过于苛刻，渐渐放开共同诉讼当事人适格。对于日本实务放宽共同诉讼当事人适格的方法及其理由，参见［日］中村英郎《新民事诉讼法讲义》，陈刚等译，法律出版社 2001 年版，第 78—79 页。

③ 参见［日］新堂幸司《新民事诉讼法》，林剑锋译，法律出版社 2008 年版，第 542 页。

④ 谷口安平、新堂幸司等。参见［日］谷口安平《程序的正义与诉讼》，王亚新等译，中国政法大学出版社 1996 年版，第 75—176 页；［日］新堂幸司《新民事诉讼法》，林剑锋译，法律出版社 2008 年版，第 543 页。

定（反诉的扩张）。由此理由也可推知，在部分共有人提起诉讼的场合，判决效力不拘束其他共有人。①

共有人一人所得确定判决，是否对其他共有人发生影响，对此日本实务及学说纷纭。大审院采否定说，认为部分共有人的确定判决既判力不及于其他共有人。日本学者加藤正治认为，各共有人虽然可单独实施保存行为，但如其败诉，无异于成为处分行为，已超过保存范围之外；因此部分共有人胜诉判决既判力及于其他共有人，但败诉判决不及于其他共有人。兼子一认为确定判决利于其他共有人，反射效力及于其他共有人，反之不及于其他共有人。②

我国台湾地区学者对于部分共有人起诉，所受判决效果，如何及于未起诉之其他共有人，有多种看法。③ 一类看法，将我国台湾地区"民法"第821条但书④、第828条第2项作为法定诉讼担当的规定，合乎其"民事诉讼法"第401条第2项诉讼担当既判力扩张的规定。⑤ 此处所谓"为共有人全体之利益"是客观的法律利益，不论事实上于共有人是否有利（共有物上可能存在共有人应履行的公法或私法上义务），也不论各共有人是否愿意行使权利。

我国台湾地区学者谢在全先生，称共有人在起诉时，不需要在诉之声明（应受判决事项的声明，相当于大陆地区的诉讼请求）中列出各共有人名姓，仅须概括地请求返还十共有人。⑥ 而后未起诉的共有人可持执行名义，请求法院对被告为强制执行，或将共有物提存于法院。被告人可提

---

① 至于是否对未起诉的其他共有人发生事实上的效果（证明效），不明。

② 这是铃木正裕认为共有人相互间为判决既判力扩张的例子。新堂幸司引用了此例说明反射效。

③ 参见黄国昌《民事诉讼理论之新开展》，北京大学出版社2008年版，第319—322页。

④ 我国台湾地区"民法"第821条但书："但恢复共有物之请求，仅得为共有人全体之利益为之。"

同"法"第828条："……第八百二十一条……规定，于公同共有准用之。"

⑤ 持此说者有谢在全先生。

⑥ 我国台湾地区实务，于其"民法"物权编修正生效前，部分法院坚持公同共有人必须全体提起返还诉讼。但通说认为两种共有类型均可由部分共有人起诉。另外，虽有我国台湾地区"民事诉讼法"第56条之一规定强制追加原告，但仅适用于"诉讼标的对于数人必须合一确定而应共同起诉"即固有必要共同诉讼的情形。所以，本条适用于公同共有物返还诉讼，在修正生效后则不再适用于所有的共有物返还诉讼。

出执行异议之诉，如法院判决被告有理由，执行申请人可提起许可执行之诉。对于受前诉败诉判决所及的共有人，则可据我国台湾地区"民事诉讼法"第三人撤销诉讼的规定，赋予其他共有人事后程序保障。

虽同为法定诉讼担当说，我国台湾地区学者杨建华先生鉴于未同时起诉的共有人有将受到前诉不利判决所及的顾虑，主张前诉败诉的既判力不及于其他共有人。理由是：首先，起诉共有人败诉时，已不符合其他共有人的利益，与我国台湾地区"民法"第821条不符。其次，未为诉讼的共有人受败诉判决所及，与保障人民诉讼权的理念不符。最后，此种情形也与选定当事人的情形不同。

另一类见解认为，我国台湾地区"民法"第821条仅规定各共有人均有请求返还共有物的权利，而并非法定诉讼担当。那么，不发生既判力扩张。在共有人中一人获得胜诉判决时，基于同条但书规定，无权占有人须向全体共有人返还，发生事实上有利于其他共有人的效力。我国台湾地区学者吕太郎先生认为此为反射效力。

我国台湾地区学者黄国昌，认为共有物返还诉讼，与不可分债权相近似，而不可分债权，又与连带债权的构造近似。我国台湾地区"民法"第287条规定除连带债权人因基于个人原因所获败诉判决的情形外，效力及于全体债权人；但同法第293条第2款①的规定似乎认为，不可分债权的债权人一人所受确定判决效力不及其他债权人。由于共有物诉讼与连带债权的近似性，可目的性限缩第293条第2款的规定而类推适用连带债权的规定（第287条）。那么，应具体区分前诉胜败诉及判决理由是否基于个人原因，以决定判决效力是否及于其他共有人，此种做法较"将部分共有人诉讼一律视为法定的诉讼担当"的做法，更为合理。上述推论，本诸所谓"代表诉讼法理"②，是为了贯彻纠纷解决一次性而所创设的事前程序保障机制。当其他共有人的主张与利益已于前诉被充分争执，即可将判决效及于其他共有人。③

笔者以为，上述推论是根据我国台湾地区相关规定得出的。在德国法

---

① "债权人中之一人与债务人间所生之事项，其利益与不利益，对他债权人不生效力。"

② 具体参见黄国昌《民事诉讼理论之新开展》，北京大学出版社2008年版，第269—270、290—292页。

③ 此处共有人返还诉讼准用连带债权判决效，其中扩张的条件"除非基于个人原因所得败诉判决外"，即体现此种法理。

上，就不可分债权、连带债权的判决是否及于全体债权人，有与之不同的规定；黄国昌的观点，恐怕也难以适用于大陆地区。单就返还共有物诉讼的实际情况看，上述操作是否可行，也有疑问。其主要理由在于，在债权契约当事人间并不存在基于该债之关系的占有，与大陆地区不同的是，我国台湾地区各共有人原则上不得任意出租共有物，当然不能使"承租人"取得使用收益权，① 即"承租人"不得对抗全体共有人——那么，共有物返还诉讼，不存在基于个人原因的胜诉或败诉。那么，黄国昌的结论似为，不问一共有人的诉讼结果利与不利，均及于其他共有人；但其他共有人可循第三人撤销诉讼，获得事后程序保障。虽说结果上与法定诉讼担当说貌合，实际上有差别；因为法定的诉讼担当，担当人的程序权、实体权可能受有限制。

不过，代表诉讼考量其他共有人利益与主张是否被充分代表的方面，与"实体法上依存关系"这个反射效发生的条件相比，过于宽松，因为实体法上依存关系认为败诉判决效力不及未实施诉讼的共有人。代表诉讼法理的示例，有诉讼担当及现代型诉讼当事人适格扩张等。那么，在推论中加上诉讼担当的程序、实体法限制，也不是很远离代表诉讼法理的原意。黄国昌的推论与法定诉讼担当说最大的不同在于，其认为我国台湾地区"民法"第821条之内涵仅限于承认分别共有人可单独对无权占有人起诉；理由是，按我国台湾地区当时的"民法"，公同共有返还诉讼原则上是全体起诉适格，但分别共有返还与公同共有返还在性质上同属保存行为，所以我国台湾地区"民法"第821条最大的意义，是放宽分别共有返还的共同诉讼当事人适格。然而，时至今日，我国台湾地区"民法"已修正，公同共有一人起诉返还也具有当事人适格，公同共有不再具有特殊性。可以说，即使早期"立法"时"立法者"作如是观，但在修正后，"规范"的功能也发生了变更。那么，反对法定担当说，似乎失去一个很坚强的理由。

我国台湾地区学者对此问题的讨论，似无定论，笔者也不知道其通说是哪一种。由于我国台湾地区存在第三人撤销之诉，即使之前共有人败诉，事后其他共有人也不是全无救济途径。我国一方面没有类似于法定诉讼担当之共有物返还诉讼的实定法明文规定，另一方面也有第三人撤销诉

---

① 《物权法》似乎认为各共有人皆可将共有物出租，并使承租人取得合法占有，得对抗全体共有人。

讼，如果将返还诉讼作为类似必要共同诉讼或认可共有人在特定情形可单独起诉，为统一裁判，在起诉的共有人胜诉时发生反射效力比较合适。

但此时反射效力的性质仍然不是附随效力，而是既判力扩张。与保证关系不同，这里前诉争执标的不是后诉法律关系的前提；各共有人的返还请求权，在实体法上理应同胜同负，实为平行并列关系。前诉判决，对于未起诉的其他共有人，不存在基于个人原因而胜诉的情形。由于各共有人间返还请求权应当是同等的、重叠的，从外观上看，是前诉判决主文效力及于其他共有人。按之前的论述，如果反射效力最终获得实定法承认，将之作为既判力扩张是妥当的。① 进而，既判力扩张导致执行力扩张。其他共有人可持前诉胜诉判决，请求前诉被告将共有物返还全体共有人。无权占有人可在执行异议之诉中，对执行申请人主张"申请人不是既判力扩张所及之人"；执行申请经法院裁定驳回，执行申请人可提起许可执行之诉。这是对共有物返还诉讼采类似必要共同诉讼说的结论。

第五节　转租关系纠纷中反射效力作用的分析

因转租所引发的出租人、承租人、次承租人间相互之间可能发生的纠纷甚多，学说上仅举了租赁物返还的例子来说明反射效力。有学说认为，如果因租期届满或因承租人不履行租赁之义务，经出租人终止租赁合同，次承租人不得对出租人主张租赁权存续；但是，如果承租人在次承租人不知的情况下，随意地与出租人达成合意——例如对出租人表示抛弃租赁权，或者出租人与承租人间达成终止租赁关系的合意，则此种行为不能对抗次承租人。② 新堂幸司教授进一步认为，在出租人与承租人之间的租赁物返还诉讼（前诉）中未将次承租人作为当事人，如果法院最后做出了对其不利的判决，就等同于出租人与次承租人间达成了终止租赁关系的合意。因为出租人与次承租人间达成终止租赁关系的合意在实体法上效力不

---

① 是否应依职权调查，学说上暧昧不明。

② 日本大审院做出过这样的裁判，日本民法学者我妻荣同采此说。参见史尚宽《债法各论》，中国政法大学出版社 2000 年版，第 187 页；吕太郎《民事确定判决之反射效力》，载吕太郎《民事诉讼之基本理论》，中国政法大学出版社 2003 年版；［日］新堂幸司《新民事诉讼法》，林剑锋译，法律出版社 2008 年版，第 513 页。

应及于次承租人，相应地，在诉讼法上，出租人与承租人之间的租赁物返还诉讼（前诉）中法院做出的返还租赁物的判决的效力不能拘束承租人；此时对于出租人与承租人间合同的效力，应在出租人与次承租人的诉讼（后诉）中再次得到单独的审理。① 不过，虽说新堂幸司教授采用该观点，但其仍有可疑之处。就兼子一的立论而言，所谓前诉当事人间达成和解契约，只是说前诉判决主文确定之法律关系对于第三人作用如何，而不是一般民法上的合意。新堂幸司教授将判决一概作为合意，如果前诉中双方当事人已经竭尽攻击防御方法之能事但承租人仍败诉，那么这种情形与民法上的"合意"之概念似有未合。进一步说，是否有必要区分承租人败诉原因而论？例如，前诉中承租人为认诺招致败诉判决，或败诉判决理由为承租人之抛弃租赁权，才能认为这是原被告间达成的、不利于次承租人的合意？然而，实际上辨别可能有难处。例如"承租人未提出攻击防御方法"这一情形是否构成"合意"？考虑到这一点，认为前诉败诉判决效力不及于后诉的观点，虽然有武断的嫌疑，但理论简洁明快。反之，在前诉承租人胜诉的情形下，如果承认前诉的判断理应对次承租人的后诉发生拘束力，这属于前诉判决主文效力及于后诉，应构成既判力扩张。

而在比较法上，日本实务中有承认反射效的裁判（经上告而废弃，未生效）。日本东京高等法院于昭和 29 年 1 月 23 日判决与大阪地方法院昭和 30 年 8 月 24 日判决两个判决，明确涉及反射效。

前者案例事实为：T 将其所有之土地出租于 A 公司，A 公司将该土地合法转租于 B 及 C，B、C 各自于该土地上拥有建物（建筑改良物）所有权。后 T 将该土地所有权移转于 X，同时 X 承受 T 与 A 公司的租赁关系。A 怠于缴纳逾 2 年的租金，土地出租人 X 催告后解除租约，而后向 A 主张解除契约后恢复原状，向 B 主张拆屋迁地，X 全部胜诉确定。在此前，次承租人 C 的建物已移转于 Z，C 的土地次承租关系由 Z 承受；Y 等人又租赁了次承租人 B、Z 的建物一部分居住。X 于是向 Z 及 Y 等人起诉，对 Z 主张拆屋迁地，对 Y 等人主张排除占有、返还土地。

---

① 日本最高裁判所第二小法庭昭和 31 年 7 月 20 日判决持相同结论，但判决中有反射效"法理上の根拠に乏しい"的语句。以下两个日本判决及最高裁判所第二小法庭昭和 31 年 7 月 20 日判决介绍，参见李亦庭《反射效之研究——自诉讼法及实体法兼顾观点》，硕士学位论文，台湾大学，2010 年，第 41—43 页。

　　一审判决租约解除合法。建物承租人 Y 等人及土地次承租人 Z 的占有为无权占有，判决 X 请求有理由。Y 等人与 Z 上诉。二审未就 X 对 A 的租约是否结束做出实质审理，而根据 X 对 A、B 的胜诉确定判决驳回 Y 等人与 Z 的上诉。二审驳回的主要理由是：土地租约完结后，以其为基础的转租关系也终了，而建物承租人占有系争土地以建物所有人享有的土地使用权为其范围，非独立权限，故于否定转租人或建物所有人的土地使用权的判决确定时，土地次承租人或建物承租人受到该"判决的反射效"，而不得主张基于土地次承租关系与建物租赁关系的土地使用权。判决判示："……于'第三人的法律地位系以诉讼当事人的法律地位所具有的法律地位为基础，并仅附随当事人的法律地位而成立，且该成立专门置于依存关系之上'的场合，既然当事人间的基本法律关系的终了是以确定判决为之，作为其反射效果，依存于第三人自己必须承认该基本法律关系的消灭，不许无视就相关的基本关系所为确定判决而主张附随的法律关系依然存续……即土地的租赁关系若终了，构筑于该基础上的转租关系也应终了，并且，建物的承租人占有基地，系于建物所有人具有的基地使用权的范围内享有，并非独立享有土地使用权限，故于否定次承租人或建物所有人的土地使用权的判决确定时，次承租人或建物承租人受到该判决反射的效力。其结果是，当事人不得主张基于转租权或建物租赁权所生的土地使用权限。"判旨认为，于否定土地承租人的土地使用权的判决确定时，土地次承租人（Z）及其上建物的承租人（Y 等人）皆受该判决之反射效所及。换句话说，以土地租赁关系、转租关系及建物租赁关系间的从属关系所生的反射效为其判决的论据。

　　第二个案例事实为：A 将系争土地出租于乙，后乙将在该土地上所有的建物出租于丙，而自称所有人的原告甲以丙不法占有为由，诉请拆除建物、返还土地。诉讼中，被告丙主张，于土地属于 A 公司所有时，诉外人乙向该公司租赁土地而建设该房屋，且经保存登记，故诉外人乙具有系争土地租赁权而得对抗原告，那么，合法承租系争建物的被告丙，并非属不法占有。法院依证据认为虽该建物是丙从乙承租而来，但乙已于大阪地裁昭和 26 年第 1841 号请求拆屋迁地事件中，受到"其无本件土地的占有权源，命其拆屋迁地"判决，该判决已经确定。基于反射效理论，法院不采被告上述主张而认同原告请求。法院判示："……于'第三人的法律地位以当事人所具有的法律地位为基础，仅附随此法律地位而成立，且该成立专门取决于依存关系'的场合，既然基于该当事人间的土地所有权的建物拆除、土地腾迁义务已经判决确定，故应为如下解释，亦即，作为其反射的效果，依存的第三人必须承认前述基本关系，不许其无视该基本关系所为之确定判决而主张附随的法律关系依然存续……因此本判决认为依前开确定判决的反射效果，不许被告丙就本件土地主张甲有土地租赁权，从而，不得以其具有本件建物的租赁权对抗原告。"

两案相似之处在于，建物承租人的土地占有权源从属于建物所有人的土地占有权。前一判决，当事人将本案上告至最高裁判所，三审昭和31年7月20日最高裁判所判示："依原审认定的事实关系下，认为三审上诉人Z与Y等人应如原审所判示般，在法律上当然受到原审认定的确定判决所拘束云云，乃'欠缺法理上的根据'，关于此点，原审的解释适用并不妥适。因此，原审就所论的权利关系未为实体法上的认定、判断，欲驳回上诉人关于此点的主张，乃属失当。"有论者认为，日本最高裁判所的见解，并不表示其全盘否定反射效的所有事例，从"依原审认定的事实关系下……"的表述看，可能仅为否定在该特定案例情形中发生反射效的结论。而赞同反射效理论的兼子一、中田淳一也肯定最高裁判所的结论，否定在该情形下的反射效。

第六节　反射效力作用的事例类型归纳

学说上对于反射效作用具体范围界定始终不明朗，该问题一直处于持续的争论中。[①] 高桥宏志教授提出，在前诉原告败诉而又对第三人起诉的场合，后诉被告（在前诉时尚作为案外人）可将前诉判决作防御性援用；但前诉中的案外人在后诉中对前诉判决作攻击性援引，亦即以前诉判决主文或理由对前诉败诉的原告起诉，原则上不可以。[②]

如本书理论考察的部分中所述，日本学者将反射效力与争点效利益

---

① 参见［日］高桥宏志《民事诉讼法——制度与理论的深层分析》，林剑锋译，法律出版社2007年版，第621—622页。

② 同上书，第616—619页。但是作为例外，可承认前诉外的第三人对前诉胜诉判决的攻击性援用，如日本法上公正贸易委员会等公益机关因某法人或自然人违反《日本反垄断法》而获得胜诉判决，其他人可援用该有利判决而对前诉被告提出损害赔偿请求（参照《日本反垄断法》第26条）。

对第三人扩张这一现象联系在一起，甚至将反射效力作为争点效扩张的例子。① 日本学者系基于美国争点效对第三人效力变迁的历史研究成果来界定反射效力的作用范围。简言之，美国法上争点效对第三人扩张的发展经历了两个阶段。早期美国法上的争点效（又称争点排除效，issue preclusion）仅在诉讼原被告间发生（相互性原则），但在求偿关系中存在着相互性原则的例外：求偿权利人可援引求偿义务人在前诉中提出的有利的争点，求偿义务人不得援引求偿权利人在前诉中提出的有利的争点。例如，保证人作为求偿权利人可援引作为求偿义务人的主债务人在债权人对其提起的前诉中所主张清偿之事实（该事实构成争点）。之后，美国大多数法院认为，就同一纠纷审理产生的争点，无赋予当事人再次争执机会之必要；应认可求偿义务人援引求偿权利人前诉中提出的有利争点效，再渐渐全面废除相互性原则，甚至许可前诉第三人对前诉争点作攻击性援用。彼邦学说也提出了例外不扩张的事由。② 部分日本学者即受到美国法上判例动向的影响而提出了上述"将反射效力作为争点效扩张"的理论。

　　我国台湾地区学者黄国昌经过框架分析后认为攻击性援用场合中存在的不正当性的总量超出正当性，对之应持否定态度；进而采取较为保守的态度，其提出的基准为"求偿权利人可援用求偿义务人前诉中的有利争点效"（属于防御性援用），③ 并类推适用于我国台湾地区"民法"第275条。所谓的求偿，不限于保证、连带债务中的求偿，而是涵盖所有第三人可向前诉被告求偿的情形。④ 此外，黄国昌认为，学说普遍承认在我国台湾地区"民法"第188条第1项所规定的"受雇人因执行职务，不法侵害他人之权利者，由雇用人与行为人连带负损害赔偿责任"情形中，受雇人与雇用人承担连带债务；根据我国台湾地区"民法"第275条的解释，雇用人（求偿权利人）因非基于个人原因（例如受雇人对受害人有违法

---

① 本书则提出了反射效力包括了争点效扩张的论断。

② 参见黄国昌《民事诉讼理论之新开展》，北京大学出版社2008年版，第385—400页。

③ 同上书，第430页。

④ 具体参见黄国昌《民事诉讼理论之新开展》，北京大学出版社2008年版，第429页脚注。求偿的具体例子还包括：一人将标的物出售后，买受人再售予他人，嗣后第一个出售人认为存在订立合同的欺诈，起诉主张返还买卖标的物；如果后诉中第二个买受人败诉，将向前诉第一个买受人请求承担债务履行责任。

阻却事由，故不成立侵权行为）获胜诉判决，受雇人（求偿义务人）可援用。如此，连带债务关系中包含了求偿义务人可援用求偿权利人获得有利争点效的情形。但由于我国台湾地区"民法"第188条末项规定了雇用人的求偿权，所以它虽然名为连带债务，实际上与不真正连带债务相似。另外，我国台湾地区"民法"第275条的目的是防止后诉连带债务人（求偿权利人）因无法援引前诉胜诉判决而获得败诉判决后，再向前诉债务人（求偿义务人）追偿，这种局面有可能导致前诉债务人所得胜诉判决结果化为乌有。因此我国台湾地区"民法"第275条只是涉及求偿权利人可援用求偿义务人获得有利争点效的情形；从规范意旨上看，本条并不涉及求偿义务人可援用求偿权利人获得有利争点效的情形；但从文义上看，本条又涵盖了上述雇佣关系中求偿义务人可援用求偿权利人获得有利争点效的情形。因此，我国台湾地区"民法"第275条存在"过犹不及"之处。但黄国昌并不绝对反对"求偿义务人援用求偿权利人获得有利争点效"，其认为，求偿义务人援用求偿权利人的有利争点效有相当强烈的正当性基础；且在比较法上，日本大阪地方裁判所曾经有承认受雇人可援用雇用人所取得的有利判断的见解。尽管我国台湾地区"民法"第275条存在"过犹不及"的缺陷，也需要扩张到连带债务以外的求偿关系的示例。这是黄国昌对相互性原则例外的政策分析的结论，颇有独到之处。不过，这里需要指出的是，受雇人因执行职务，不法侵害他人之权利时，受雇人与雇主之间应构成不真正连带债务，只是在理论上也适用连带债务的规定而已；受雇人与雇主之间的关系更类似于主债务人与保证人之间的关系。而且，上述的讨论也不能适用于我国，因为在《侵权责任法》制定之后，雇主或单位是雇员加害行为的直接责任人，且雇主或单位对受害人赔偿后并不能请求雇员最终承担损害赔偿责任；一般保证中，债权人对保证人起诉时也必须将主债务人列为共同诉讼的被告。

此外，在实体法上，一般的连带债务关系和保证关系之间也存在着相当大的差异。保证关系中，求偿权利人和求偿义务人之间存在着非常密切的依存关系，因为保证债务从属于主合同债务；因此，从实体法的角度看，容许保证人援用主债务人对主债权人所取得的有利判决结果通常并无太大问题。而一般的连带债务关系则不然。因为一般的连带债务关系中各连带债务人之间的联系可谓相当地松散而独立。假设债权人对连带债务人中一人起诉请求履行，该债务人在诉讼中主张其此前已经对债权人为全部清偿，法院判决认定该债权消灭，此时清偿的事实对全体连带债务人发生共通效力；不过，如果其他连带债务人与该债权人分别存在具有个别效力的事实（例如消灭时效经过等），① 则前诉中法院所为清偿之判断对于其他连带债务人而言未必有利；如果债权人又对该其他连带债务人起诉请求履行，倘若一概认为前诉中清偿的事实对于后诉双方当事人发生拘束力，这无异于侵害后诉被告所能提出的时效抗辩之实体利益。从这一点看，即使承认其他连带债务人能够援用前诉中连带债务人所主张的发生共通效力的事实，这也不符合既判力扩张的界定，而毋宁适宜被归入"实体法上的抗辩之援用"的情形。与其说黄国昌等所提出的立论是基于争点效对第三人的效力，倒不如说这主要是因为涉及的是实体法上的抗辩等事实的主张，因此需由当事人提出；而"该等事实是否存在"的问题则已经在前诉中由法院进行了审理，故可以参酌前诉的诉讼资料加以判断。与其在个案中判断前诉认定的具有共通效力的事实是否发生争点效（是否该当争点效的构成要件），还不如承认前诉的诉讼资料可在后诉中使用，因为后者更符合思维经济原理。

况且，黄国昌等所提出的上述标准可能并不能完全覆盖其他的一些范例，例如共有物返还、合伙关系、普通债务人及债权人间的关系，因为在上述三个示例中都不存在求偿关系。因此，如上述三个例子被承认是反射效作用的情形的话，以求偿关系作为判断基准可能会出现困扰。当然，黄国昌也未将范围限定在求偿关系，这样就保留了承认上述三个例子中发生反射效的余地。不过，因为共有物返还诉讼的情形属于攻击性援用（不是我国大陆的情况），但攻击性援用场合实不宜大量承认出现反射效力作用；攻击性援用所覆盖的案例，应通过我国《民事诉讼法》中的代表人诉讼或加强型选定当事人制度（参酌我国台湾地区 2003 年修正后的"民诉法"），亦即当事人适格的扩大化解决；应该说共有物返还诉讼实属例外，因为原本在实体法上返还请求权属于不可分债权。

就我国的实际情况而论，不存在我国台湾地区"民法"第 275 条那样的规定，除指导性案例外，我国司法实践中不存在之前的案例对后续司法实践的拘束力。所以，能否在实务中采用上述标准直接承认反射效力并划

---

① 此处只是举例假设，因为我国时效司法解释规定时效对于全体连带债务人而言具有共通效力。

定其作用范围，颇为棘手。笔者对此持否定态度。

　　另外，就本部分之讨论，可印证反射效力性质是什么的结论。如果上述四种例子（除去共有物返还诉讼）都被承认是反射效力的表征，那么反射效力的本质，或是既判力扩张，或是争点效力扩张。此处性质纯粹是从外部观察的结果，是为应对关联纠纷的复杂的法律关系构造而产生的。反射效力是否应依职权调查、前诉第三人为诉讼参加时究竟为辅助参加或共同诉讼辅助参加，恐怕将不得不依其他因素确定。[①] 另外，严格说来，共有物返还诉讼依照我国法制应当认为不发生既判力扩张或者反射效力。

---

① 之所以构成要件效力说不能采用，本书已陈述理由。

第五章

结　论

第一节　关联纠纷解决的恰当途径

提出反射效力的目的是应对关联纠纷因分开诉讼可能出现的歧异裁判的窘境。遗憾的是，我国实定法并不具备解决问题的规范条件，包括诉讼参加与反射效力。在此，实务上宜采用前文中的结论。笔者认为，个案的裁判正当要优先于关联纠纷的裁判一致的要求——无论是在法律的适用抑或事实的认定上。[①] 如此也衍生出另一个问题，亦即，如果后诉法院认为前诉适用法律显有错误，是否仍应依前诉的反射效力做出判决？恐怕仍有待通过反射效力理论的进一步充实来提出解答。

再比较诉讼参加制度与反射效力。从理论的明晰性、学说的统一性、易形成程序法条文等各方面因素来考量，诉讼参加制度比反射效力有优势。不过，反过来看，反射效力在实务操作上的风险较小，可以减少后诉

[①] 例如黄国昌指出的争点效对第三人效力的两个实例。第一个实例中我国台湾地区"最高法院"做出两个抵押人败诉之判决，据笔者推测，固然是因为这不是求偿权利人援用对己有利的求偿义务人诉讼的争点，然而第二份判决与第一份判决，在适用法律、从而判断抵押权存否上相互抵触，出现不一致的结果，很可能是我国台湾地区"最高法院"在不同个案中重新适用"法律"裁判的结果。参见黄国昌《民事诉讼理论之新开展》，北京大学出版社 2008 年版，第 376—379 页。

另外，在本书第四章第三节中所举日本的案件里，法院做出发回重审的判决，或许也是出于"正确适用法律的重要性大于防止裁判歧异"的考虑。

法院的办案风险、节约其办案成本，实务可能有兴趣跟从先前的判决；且诉讼参加复杂了程序运作，法院可能不愿大规模地采用。至于诉讼参加制度，日本的立法迟迟未能跟进其学说的发展，所以反射效力理论仍然有可能先于诉讼参加制度得到完善。

在诉讼法中规定发生反射效力，立法技术上存在困难。而在实体法上规定各个示例，以"……有既判力的判决对……发生效力"的表述方式，较为适宜。如果考虑到日本、我国台湾地区反射效力理论的不利处境，在不妨碍个案裁判公正的情形下，以公布指导性案例的方式引导反射效力的运用，更加恰当。①

值得注意的是我国台湾地区"民诉法"2003年修正的动向。"新法"建立了事前程序保障及事后程序保障制度。事前程序保障，是通过诉讼参加、诉讼告知方式，通知与前诉有关之第三人参加诉讼。如第三人果然加入诉讼，则有望在一个程序中解决所有纠纷。第三人因可归责于己之事由未能参与前诉，即不受事后程序保障——前述的第三人撤销之诉；反之，则可提起。

如此一来，发生反射效力的个案中，前诉第三人都可借助扩大适用的诉讼参加制度参与前诉。② 而法院依职权诉讼告知，则可充分发挥该制度所具备的纠纷一次解决的机能。③ 因此我国台湾地区部分学说立足于其"新法"，重新审视"是否有必要承认反射效力"。④ 只是这种说法能否成为通说、广泛为实务界接受，还须视后续的学说和实务的发展。

---

① 严格地说，此种情形同样欠缺实定法根据。因为我国不同于德、日等国，德、日判例中的法律意见对后来的诉讼中的法律适用有事实上的拘束力。

② "新法"将参加效力作了扩大，被辅助人也不得对参加人主张本诉讼裁判不当，不过，参加效力仍未扩张及参加人与对方当事人间关系。如此则纷争统一解决的目的实现恐怕打了折扣。那么，即使第三人在前诉中实施了辅助参加，反射效力还是可以发挥一定作用的。

③ 就诉讼告知本身，实际上亦有很多争议。我国台湾地区于"修法"时，骆永家等少数学者认为受告知人不参加诉讼即彻底遭受不利判决拘束，对该人程序保障不周；所以应该是受告知而未参加前诉也可提起第三人撤销诉讼（或未经合法代理的再审）。

④ 但是，由于第三人撤销诉讼制度本身饱受争议。骆永家等学者即认为因反射效力发生的多数场合有利于援用人，在这些场合下不需要通过第三人撤销制度保护该第三人。

对于我国当下的实际而言，第三人参加制度及其效力的规定性如何调整、设置也是非常关键的问题。根据本书第一章第三节中的分析，既然立法是将较弱的程序保障与强效的既判力拼接在一起，那么有两个途径修正它：一是接续较弱的程序保障，赋予弱化的判决效果。德、日等国立法均规定，一般的辅助参加产生参加效力，在被参加人与参加人之间发生的后诉中，参加人不得对被参加人主张前诉的判断错误；除非参加人在参加时，按照诉讼的进度已经不能够主张攻击防御方法，或者被参加人干扰参加人实施诉讼行为，或者被参加人因为故意或重大过失没有实施参加人未做出的诉讼行为。即使认为在被参加人的前诉对方当事人与参加人之间也发生遮断效（既判力及争点效），也受到上述例外的限制。二是按照参加人直接受到判决，逆推参加人在被拉进诉讼时，需要征得其同意；或者虽然不需要征得其同意，但除非参加人明示同意或自行援引被参加人的诉讼行为，被参加人的诉讼行为与诉讼进度不及于参加人。两个途径选择一个即可保障第三人的程序利益，不过，当事人的变更与追加属于独立的制度，与无独立请求权第三人参加截然不同，因此，确立无独立请求权第三人受到的判决效力为参加效力、取消第三人直接受到判决的做法，可以与建构追加案外人为普通共同诉讼被告的独立制度并行不悖，并恢复无独立请求权第三人参加的原貌。

除此以外，也有日本学者提出了多方当事人构造的设想，也就是要通过共同诉讼解决关联纠纷，固然这也不失为解决问题的一种思路，但日本实务一般认为共同诉讼操作过于麻烦。①就我国的实际情况而言，我国民诉法上所规定的共同诉讼的情形虽然广泛，但是实务上在一些案件中并未严格地要求全体当事人一同起诉或应诉。例如，在夫妻连带债务的诉讼中，债权人往往先起诉夫妻一方，在获得确定判决后再请求另外一方承担责任；如果按照相关司法解释的规定，连带债务诉讼应构成共同诉讼才是，但在前诉中，实务往往并不会将夫妻双方列为共同诉讼当事人。从这一点看，通过共同诉讼解决关联纠纷的构想在我国并没有太多实际运用的价值。

① 参见［日］谷口安平《程序的正义与诉讼》（增补本），王亚新、刘荣军译，中国政法大学出版社 2002 年版，第 180—181 页；［日］高桥宏志《重点讲义民事诉讼法》，张卫平、许可译，法律出版社 2007 年版，第 241—243 页。

第二节 反射效力的性质

反射效力构成要件说、附随效力说最主要的不当之处是以既判力实体法说为基础。但既判力扩张说亦无法涵盖本书第四章中列举的所有的示例。我国台湾地区学者吕太郎先生称，既判力扩张与反射效的区别，除本书第三章第一节中已列明者外，尚有：其一，既判力的扩张，在继承的示例中，没有前后两个诉讼标的并存的问题。而在保证关系中，主债务与保证债务诉讼标的不同，两者有可能在同一诉讼中并存。其二，若采构成要件效力说，依我国台湾地区"民诉法"，在后诉中当事人援用前诉判断时，法院应做出实体判决；而若采既判力扩张说，法院应裁定驳回诉讼。判决与裁定之间存在重要区别。其三，我国台湾地区当时的"立法"没有类似于日本法上诈害再审的规定，如果认为反射效力本质是既判力扩张，对于通谋诈害第三人的情形没有再审事由因应，所以应借助于构成要件效力说的"驯合诉讼"抗辩。

针对上述既判力扩张说与反射效力说差异的论述，可以提出以下几点反驳：其一，所谓类推，是就立法目的而论，而不要求被类推的对象与规定的情形在外观上完全一致。试举日常生活中的例子，某会客厅门口立牌告示：犬类不得入内；按照该"规范"目的，如果是主人为防止猛兽突入审走伤人，倘若拘泥于字面，则虎狼之属岂非得入而游哉？[①] 类推继承关系的规定，是考虑到实体法上依存关系与继承关系的类似而作。在前后诉之诉讼标的法律关系不同时，仍可能发生既判力扩张，而非反射效。例如，前诉物的所有人对无权占有人提起积极确认之诉，获得胜诉判决确定；该判决效力及于为无权占有人占有之意思管系争物的第三人，该第三人在判决确定后，故意损坏该标的物，物的所有人对第三人提起损害赔偿诉讼。前诉是后诉的先决问题，第三人受前诉判决效力所及，不得主张物非原告所有。这里前后诉之诉讼标的不同。其二，在某些情形，如保证关系，纵然采既判力扩张说，法院也是做出实体判决。因为在前诉标的是后诉判决的前提时，法院按照既判力做出的实际是本案（实体）判决。

---

① 参见杨仁寿《法学方法论》，中国政法大学出版社 1999 年版，第 171—172 页。

另外，裁定与判决的效力到底相差多大，也值得深究。例如，我国台湾地区学者陈荣宗、骆永家先生就曾认为，裁定也有既判力。大陆法系德、日等国，多认为诉讼判决和其他的一些裁定有既判力。其三，既判力有利与不利扩张以及前诉判断的调查方式问题，已在之前做出论述，兹不重复。当然，不用既判力或者争点效的表述而使用拘束力这样的较为笼统的概念亦可。其四，前诉判决结果对于第三人不利，如果采反射效力说而认为前诉判断拘束前诉第三人，如前诉中存在可以提起诈害再审或提出"驯合诉讼"抗辩的事由，该第三人同样可以另诉请求前诉双方当事人承担侵权责任；况且我国已有第三人撤销制度，足以救济。故按照我国的现行规定，再审、"驯合诉讼"抗辩等救济途径的差别不大。其五，执行力扩张与既判力扩张可分离，因此以反射效不扩张执行力主观范围作为两者的区别，进而认为反射效系独立地存在，这种结论并不妥当。其六，库特纳所主张的"反射效和执行力扩张在构造上不同，因此反射效与既判力扩张不同"的观点，在理论上并不牢固。因为，执行力与既判力扩张这两者也可互相剥离而单独发生；在比较法上例如，日本民诉法上关于口头辩论终结后发生权利承继情形的处理，即有学者采形式说的立场，强调发生移转占有的事实即认可既判力扩张，而执行力扩张与否仍由承继人能否提出独立的抗辩方法而定。前述无限公司、合伙债务中邱联恭的论述，也符合这种思维。

综上所述，本书第三章第一节中所提到的反射效力现象与既判力扩张的一些差别只是表面现象。而真正不可忽视的问题点在于，在个例中前诉判断对后诉的"作用状况"存在着差异（正如本书第四章中所分别分析的那样），因而性质并不完全相同；而且，欲以反射效力这个概念指涉全体事例的性质，有回避问题、无法因应具体情况的弊端。因此应从具体而又抽象的各个类型中的实体权利义务的关系，检讨前诉对后诉的影响具体是什么，是判决主文扩张还是争点效扩张，似乎稍微妥适。笔者赞同从"判决主文效力扩张"与"判决理由效力扩张"这一外观上的划分出发，在性质认定上分别归为既判力扩张与争点效扩张，以简化讨论。当然，不否认由于在某一个实体法律关系的类型中由于内部存在不同的作用机制，而表现出这种多元的、流动性的外部特征的可能性。

第三节 反射效力的作用范围

综上所述，在保证和连带债务关系等示例中，前诉判断对后诉裁判所发生的作用或影响应以实体法上的依存关系作为其基准。实体法上的依存关系，从本书第三章的分析看，包括平行并列与先决关系两种。平行并列关系是各当事人间权利义务一致，始能发生既判力扩张，例如共有关系诉讼的例子；于这种平行并列关系中，在日本和我国台湾地区，需要各共有人在实体法上有单独起诉或应诉的权能，但是德国学者则基于"《德国民法典》并未规定全体共有人必须全体提起返还诉讼""各共有人有分别提起返还诉讼的可能""在分别提起的返还诉讼中有出现矛盾裁判的可能"等理由否定各共有人单独提起的共有物返还诉讼的判决既判力扩及其余共有人；但我国《物权法》和《民事诉讼法》及其相关解释则要求全体共有人作为共同诉讼当事人，所以这显然不是既判力扩张未起诉之共有人的情形，而是既判力直接及于全体共有人的局面，故我国可能不存在这种平行并列关系引发的既判力扩张。而在连带债务诉讼中，则并非平行并列关系（债权人与各连带债务人间实非同一债务），从连带债务关系来看，各连带债务人之间的联系远没有共有关系中各共有人之间的关系来得紧密，所以不宜使得前诉判决既判力拘束其他连带债务人。先决关系则例如，主债务为保证债务的前提；基本上可用"求偿关系"的概念替换。因此如果出现本书第三章最后所提及的关联纠纷，欲研判前诉判断可否对后诉发生作用或可以发生何种作用，应当先从实体法上分析是否有上述两种关系。另外，原则上应否定攻击性援用。本书第三章中的结论可资参照。此外，基于区分实体法上的反射作用和程序法上的裁判拘束力的理由，似宜否定一般债权人受其他债权人、债务人之间判决既判力扩张的观点；本书认为其他一般债权人和债务人之间的债权债务关系的诉讼不能对于该债务人的一般债权人发生何种法律上的效力，尤其是既判力；否则，在前诉判决确定该债务人负有债务时，该债务人的一般债权人将不得不通过再审或第三人撤销诉讼主张该债务实际上不存在，这种结果对于该债务人的一般债权人的实体利益保障相当欠缺，因而难谓妥当。

另外，在我国强制追加当事人及通说将共有物返还作为固有必要共同诉讼的现状之下，仅存在先决关系下既判力之扩张，不宜认可共有物返还诉讼发生反射效力。另外，先决关系下的既判力扩张应剔除连带债务的情形；在理论上，至多可以承认连带债务诉讼对于其余连带债务人发生争点效扩张。

余 论

现代德国民事诉讼通说认为基于实体法上的依存关系可以对第三人发生既判力扩张（Rechtskraftwirkungen gegeueber Dritten infolge rechtlicher Abhaengigkeit），[①] 此种既判力扩张的根据系基于各个实体法的明确规定（例如民法保证、商法无限公司之规定），且多采用切断前诉或者后诉当事人抗辩的形式。对于此一制度的性质，历史上有过争议；即使在今日的德国，仍有学者将其视为实体法的作用，而非既判力的扩张问题。从笔者对于相关文献的解读看，德国学者对于实体法所规定的此种"前诉判决既判力切断第三人抗辩"的效力并未感觉有何不妥，其只是思索如何在理论上圆满解释这一法现象而已。而日本学者则研究如何运用一定的说理方法对其母法国制度做出解释并形成理论、学说以供本国学界及司法实务参考乃至于继受或变造。对于反射效力的现象的本质考察，还需要对保证、连带债务关系等实体法制度中处于依存关系的第三人之法地位的变迁展开法史研究，对存在实体法上依存关系的法律关系或权利义务关系展开详尽的比较法调查，另外还需要考察德国既判力相对性原则的历史渊源。笔者推测，《德国民法典》、商法对于"前诉判决既判力切断第三人抗辩"的规定很有可能只是继承历史上的制度的结果，而非有意识地、体系地被建构出来的产物。

如果从反射效学说的源头考察，就会发现反射效最初是既判力扩张的转换物。瓦赫、赫尔维希等学者皆出于特殊的考虑，将既判力扩张化为反射效。在既判力相对性原则确立前的时期，判决效力扩张的思想盛行，以至于相对性原则确立后，还残留着反射效这样的既判力扩张学说的变形。

---

① 参见廖浩《第三人撤销诉讼实益研究——以判决效力主观范围为视角》，《华东政法大学学报》2017年第1期。

在维持实体法秩序统一之要求下，不断有学者为反射效力寻求新的根据，并为其配置说理构成。由此围绕着该效力的性质，展开了令人炫目的学说纷争。既判力本质论、实体法上依存关系、程序保障分析、美国法的启示、法学方法论乃至于诉讼经济等论证途径渗入其中，并且，构成要件效说和早先的反射效力理论已处于鲜有问津的状态。学者观察到，在存在实体法上依存关系的示例中，前诉判断对于后诉当事人的拘束的作用表现出混合的、流动的多个性质效力的特征。期待今后有机缘能够通过充实文献资料以弥补本书的缺憾。

应该说，反射效学说史，是与民诉基础理论从未成熟状态发展到精密状态之过程联系在一起的，所以各说本来是与一定的（未完善的）理论前设连接在一起的；由于今日的民诉理论已久未剧变，反而不易察觉各说的优劣何在。

如果留意本书的脉络，或许会认为笔者对反射效或既判力扩张倾向于消极态度。那主要因为，只消稍稍关注我国民事审判实务，即会倾向于这种取向。该理论的研究现状欠缺可透视性，而且该学说所关联的其他制度，在我国尚不存在。不过，着眼于现状并分析反射效力的实用价值是一回事，评估学说自身的价值又是另一回事，此时毋宁应面向将来，故而在理论上探讨反射效力或既判力扩张理论仍有它的意义。

本书于引述学说发展后，转入了实体法领域。传统德、日的民法学说博大精深，本来对于分析反射效力或者既判力扩张有很高的造诣要求。作为民法外行，以笔者目前的能力，是无法自如地、彻底地结合民法学说进行论述的；笔者仅希望所述符合我国立法实际及比较法上学说的真貌，即很满足。当然，错漏也在所难免。本书通过对几个示例的讨论，揭示了我国语境下的实体法依存关系、平行关系下既判力扩张、争点效扩张的状况（应否扩张、如何扩张），意图回应将反射效引入我国的观点。

参考文献

一 中文参考文献

1. 著作类

［1］田平安主编：《民事诉讼法原理》，厦门大学出版社 2007 年版。

［2］周枏：《罗马法原论》，商务印书馆 1994 年版。

［3］刘荣军：《程序保障的理论视角》，法律出版社 1999 年版。

［4］［日］新堂幸司：《新民事诉讼法》，林剑锋译，法律出版社 2008 年版。

［5］［日］高桥宏志：《民事诉讼法——制度与理论的深层分析》，林剑锋译，法律出版社 2007 年版。

［6］［日］高桥宏志：《重点讲义民事诉讼法》，张卫平、许可译，法律出版社 2007 年版。

［7］［日］中村英郎：《新民事诉讼法讲义》，陈刚等译，法律出版社 2001 年版。

［8］［日］谷口安平：《程序的正义与诉讼》（增补本），王亚新、刘荣军译，中国政法大学出版社 2002 年版。

［9］［德］罗森贝克、施瓦布、戈特瓦尔德：《德国民事诉讼法》（上）（下），李大雪译，中国法制出版社 2007 年版。

［10］［德］棱特、奥特马·尧厄尼希：《民事诉讼法》，周翠译，法律出版社 2003 年版。

［11］［德］罗伯特·霍恩、海因·科茨、汉斯·G. 莱塞：《德国民商法导论》，托尼·韦尔、楚建译，中国大百科全书出版社 1996 年版。

［12］史尚宽：《物权法论》，中国政法大学出版社 2000 年版。

［13］史尚宽：《债法各论》，中国政法大学出版社 2000 年版。

［14］王泽鉴：《债法原理》（第一册），中国政法大学出版社 2001 年版。

［15］王泽鉴：《民法物权》，北京大学出版社 2009 年版。

［16］谢在全：《民法物权论》（上），中国政法大学出版社 1999 年版。

［17］孙森焱：《民法债编总论》（下），法律出版社 2006 年版。

［18］黄立：《民法债编总论》，中国政法大学出版社 2002 年版。

［19］林诚二：《民法债编各论》（上）（下），中国人民大学出版社 2007 年。

［20］杨仁寿：《法学方法论》，中国政法大学出版社 1999 年版。

［21］吕太郎：《民事诉讼之基本理论》（一），中国政法大学出版社 2003 年版。

［22］黄国昌：《民事诉讼理论之新开展》，北京大学出版社 2008 年版。

［23］杨淑文：《民事实体法与程序法争议问题》，元照出版社 2006 年版。

［24］［日］三ケ月章：《日本民事诉讼法》，汪一凡译，黄荣坤校订，五南图书出版公司 1997 年版。

［25］骆永家：《举证责任论》，商务印书馆 1972 年版。

［26］王甲乙、杨建华、郑健才：《民事诉讼法新论》，广益印书局 1983 版。

［27］赖来焜：《强制执行法总论》，元照出版社 2007 年版。

2. 论文类

［1］王锡三：《论本案判决对第三人的效力》，《现代法学》1993 年第 4 期。

［2］马登科：《自认之若干问题研究》，《广西社会科学》2001 年第 1 期。

［3］马登科：《基于案外人再审之诉民事执行救济扩展的比较与探讨》，《广东行政学院学报》2010 年第 6 期。

［4］李亦庭：《反射效之研究——自诉讼法及实体法兼顾观点》，硕士学位论文，台湾大学，2010 年。

［5］吴杰、林栩塑：《本案判决的反射效力——以连带债务诉讼为视角》，《法律适用》2010 年第 1 期。

［6］胡军辉：《判决如何影响实体从属第三人：既判力抑或反射效力?》，《社会科学家》2009 年第 4 期。

［7］吴英姿：《判决效力相对性及其对外效力》，《学海》2004 年第 4 期。

［8］林栩塑：《连带债务诉讼研究》，硕士学位论文，西南政法大学，2009 年。

［9］申卫星：《溯源求本道"权利"》，《法制与社会发展》2006 年 5 期。

［10］卢正敏、齐树洁：《连带债务共同关系之探讨》，《现代法学》2008 年第 1 期。

［11］沈冠伶等：《民事诉讼法研究会第 103 次研讨记录报告》，《法学丛刊》2009 年第 4 期。

［12］廖浩：《第三人撤销诉讼实益研究——以判决效力主观范围为视角》，《华东政法大学学报》2017 年第 1 期。

［13］廖浩：《德国法上重复起诉禁止制度评析》，载齐树洁主编《司法改革论评》2016 年第 1 期。

［14］肖建华、廖浩：《既判力基准时后的'和解'——以吴梅案"和解协议"与执行和解为例》，《国家检察官学院学报》2014 年第 6 期。

［15］吕太郎：《消极确认之诉与消极事实之举证责任——依特别要件分类说之观点》，《月旦法学杂志》2010 年总第 179 号。

［16］肖建华：《论我国无独立请求权第三人制度的重构》，《政法论坛》2000 年第 1 期。

［17］许士宦：《第三人诉讼参与与判决效主观范围（下）——以民事诉讼上第三人之程序权保障为中心》，《月旦法学杂志》2010 年第 4 期。

［18］陈荣宗等：《"民诉法"研究会第六十六次研讨纪录》，载"民事诉讼法"研究会编《"民事诉讼法"之研讨》（八），财团法人"民事诉讼法"研究基金会 1999 年版。

［19］梁书文：《民事诉讼法适用意见新解》，法制出版社 2001 年版。

［20］宋春雨：《生效裁判的事实证明效力》，载最高人民法院民一庭编《我国民事审判前沿》（2005 年第 2 辑），法律出版社 2005 年版。

〔21〕胡军辉：《民事诉讼中如何处理既判事实预决效力问题的思考》，《政治与法律》2010 年第 8 期。

〔22〕陈启垂：《争点效》，《月旦法学教室》2008 年第 12 期。

〔23〕许士宦：《新民事诉讼法之争点（一）——分公司之当事人能力与当事人适格》，《月旦法学教室》2010 年第 3 期。

3. 其他类

〔1〕《德国商法》，杜景林、卢谌译，中国政法大学出版社 2001 年版。

二　外文参考文献

〔1〕Langenscheidt Translation Service，"*Uebersetzung des Buergerlichen Gesetzbuches*"（englische Uebersetzung），Saarbruecken：juris GmbH，2009.

〔2〕伊藤真、高桥宏志、高田裕成编：《判决的反射效力》，载高桥宏志、高田裕成、畑瑞穗编《民事诉讼法判例百选》，有斐阁 2003 年版。

〔3〕Muenchener Kommentar zum BGB，7. Auflage 2017.

〔4〕Muenchener Kommentar zur Insolvenzordnung，Band 2，3.Auflage 2013.

〔5〕Andres/Leithaus，Insolvenzordnung，3. Aufl. 2014.

〔6〕Braun，Insolvenzordnung，7. Auflage 2017.

〔7〕Schmidt-Futterer，Mietrecht，12. Auflage 2015.

〔8〕Uhlenbruck，Insolvenzordnung，14. Auflage 2015.

〔9〕BeckOK BGB，Bamberger/Roth/Hau/Poseck，43. Edition，Stand：15.06.2017.

〔10〕BeckOK HGB，Häublein/Hoffmann－Theinert，17. Edition，Stand：01.07.2017.

〔11〕Jauernig，Kommentar zum BGB，16. Auflage 2015.

〔12〕Schulze，Buergerliches Gesetzbuch，9. Auflage 2017.

〔13〕Musielak/Voit，ZPO，14. Auflage 2017.

〔14〕Muenchener Kommentar zur ZPO，5. Auflage 2016，Band 1.

〔15〕Rosenberg/Schwab/Gottwald，Zivilprozessrecht，17. Aufl. 2010.

后　记

本书系重庆大学学院科技创新专项"公益诉讼当事人适格与判决效力扩张研究"（项目号 106112016CDJSK080007）、重庆大学法学院 2017 年度院级教学改革研究项目"卓越法律人才分类培养机制研究"（编号：LAW201704）的阶段性研究成果。

本书的初稿能够完成，首先要感谢西南政法大学马登科教授、博士生导师对学生的教诲、鼓励、帮助。因马老师一席郑重告诫，使学生最终选定写作本题；在论文初稿呈览后，老师认真检查论文，直到深夜，并逐一标记错处、详细讲解。回想过往，在惭愧之余，深深体会到老师的厚望与苦心。西南政法大学法学博士研究生马家曦先生博学多闻、才能卓越杰出，本书若干问题点我曾反复思索不得其解，有他的参与，才能够解决。并且，承蒙他福缘匪浅、寻得文献，使我得以一窥学说的真貌，由是本书谬误可望稍少，而我也能略微安心，于此向他表示感激。此外，同窗李顺前先生不辞暑热，为我提供了写作本题的建议与已有文献，解决了我选题的燃眉之急。中国社会科学出版社梁剑琴女士指导本书后期修改工作，在此一并表达谢意。

谢谢父母的资助，一直支持、监督我的学业，也谢谢亲人们的襄助。同时也要感谢母校、学院、教研室以及指导本书的众多师长与其他的朋友、同学、同门的兄弟姐妹们，多年来受其关心、理解、宽容，令我时常感受暖意。另外特别感谢中国政法大学图书馆、德国贝克出版公司、华南农业大学法学院陈鸣博士、西北政法大学高丰美博士等提供宝贵文献资料，感谢北京莱茵春天语言学校以及中国政法大学中德法学所的老师、同学们，非常怀念与大家共处拼搏学习的时光。

最后，向曾致力于反射效力研究的诸多伟大学者和先进致敬，即使历经百年，理性之光也让我动容。

廖浩

初稿 2012 年 5 月　重庆

二稿 2017 年 12 月　重庆

记于聆听莫扎特 Le Nozze di Figaro 之际